BURAK CANIPERK

AUF AUGENHÖHE

BURAK CANIPERK
MIT ALKE WIERTH

AUF AUGENHÖHE

Wie wir unsere Jugendlichen nicht verlieren

Ein Berliner Sozialarbeiter erzählt

KÖSEL

FSC www.fsc.org
MIX
Papier | Fördert gute Waldnutzung
FSC® C014496

Penguin Random House Verlagsgruppe FSC® N001967

Umschlaggestaltung: zero-media.net, München
Umschlagmotiv: © Sinan Özmen
Redaktion: Marlene Fritsch
Satz: Satzwerk Huber, Germering
Druck und Bindung: GGP Media GmbH, Pößneck
Printed in Germany
ISBN 978-3-466-37329-1

www.koesel.de

INHALT

Einleitung

WARUM SCHREIBT EIN SOZIALARBEITER EIN BUCH?

Hey, Freunde! Ich bin Burak, und ich bin Jugendsozialarbeiter in Berlin. Und weil ich oft erlebe, dass viele Leute denken, das ist so ein Job als Kuschelpädagoge, bei dem man Jugendlichen vor allem über das arme Köpfchen streicht und ihnen sagt, wie schwer sie es haben, schreibe ich dieses Buch. Denn das ist Quatsch! Ich arbeite nicht in einem Streichelzoo, sondern in einem ziemlich harten und schwierigen Stadtteil von Berlin. Und ja, da haben es viele Jugendliche tatsächlich ziemlich schwer. Das ist der zweite Grund, warum ich dieses Buch schreibe: Ich glaube, dass viele Menschen gar nicht wissen, warum das so ist, warum manche Jugendliche ziemlich schwierige Leben haben. Sie wissen kaum etwas darüber, unter welchen Bedingungen viele junge Menschen in Deutschland aufwachsen. Auch davon möchte ich hier erzählen.

Deshalb handelt dieses Buch vor allem von den Jugendlichen, die ich bei meiner Arbeit treffe: von Alex, der es von der Straße an den Strand geschafft hat, von Bilal, den seine Mutter stets vor allen Herausforderungen beschützt und den sie zugleich für den größten Versager hält, von Toni, der für seinen Traum von einer guten Zukunft im Jobcenter erst mal ausgelacht wird, von Leni, die ein Baby erwartet und von ihrer ebenfalls schwangeren Mutter kurzerhand auf die Straße gesetzt wird. Es erzählt von Abdul, seinem Kiez und seinen Freunden, und von Lukas, dem Systemsprenger, für dessen Probleme es leider viel zu wenig Hilfe gibt. Und von vielen anderen Jugendlichen und jungen Erwachsenen, denen allen gemeinsam ist, dass sie mit Problemen zu kämpfen haben, die Menschen in ihrem Alter eigentlich gar nicht haben sollten. In ihrem Umfeld ist aber oft keiner, der ihnen die Hand reicht oder reichen kann und ihnen hilft, da rauszukommen – und deshalb haben sie schlechte Chancen auf ein gutes Leben. Das zu ändern, ist dann der Job von uns Jugendsozialarbeitern. Wir reichen diesen Jugendlichen unsere Hand und unterstützen sie dabei, aus schlechten Chancen bessere zu machen.

Das Buch handelt aber auch von den Gründen, den sozialen Rahmenbedingungen, blinden Flecken und Verwerfungen in unserer Gesellschaft, die dazu führen, dass manche Jugendliche überhaupt erst in so schwierige Lebenslagen geraten. Es handelt von der Kraft, mit der sie ihre Probleme oft ganz allein zu bewältigen versuchen, und der unglaublichen Kreativität, die sie dabei entwickeln. Und es beschreibt, wie wir Jugendsozialarbeiter sie dabei unterstützen können.

Deshalb erzählt das Buch auch von mir selbst, weil meine eigene Geschichte ganz viel damit zu tun hat, warum ich überhaupt Jugendsozialarbeiter geworden bin – und davon, warum ich glaube, dass ich genau deshalb Jugendlichen ganz gut helfen kann. Denn im Grunde geht es bei all diesen Geschichten, ihren und meiner eigenen, immer um dasselbe: allen Jugendlichen gerechte Lebenschancen zu ermöglichen, selbst wenn die Ausgangslage dafür schlecht ist.

Ich lebe und arbeite seit mittlerweile sieben Jahren als Jugendsozialarbeiter in Berlin. Viele der Jugendlichen, denen ich in dieser Zeit begegnet bin, kommen aus Familien in schwierigen ökonomischen und sozialen Situationen, aus gesellschaftlich benachteiligten und ausgegrenzten Familien. Als Streetworker arbeite ich zudem oft mit jungen Menschen, die eine Menge Scheiße gebaut, mit Gewalt und Kriminalität zu tun haben – als Täter, aber auch als Opfer. Trotzdem handelt dieses Buch nicht nur von benachteiligten Jugendlichen.

Denn ich glaube: Pubertät, Jugendlicher zu sein, ist grundsätzlich schwer, ist immer erst mal Krise und Verunsicherung, man weiß nicht, wer man sein und wo man hin will. Pubertät bedeutet immer Ausprobieren, Auflehnung und Rebellion. Die Frage ist aber, unter welchen individuellen und sozialen Bedingungen junge Menschen durch diese wichtige Lebensphase gehen und welche echten Chancen auf Selbstverwirklichung, auf ihren eigenen, für sie guten Lebensentwurf sie bekommen. Und ob sie dabei Menschen in ihrer Nähe haben, die sie in dieser Lebensphase wirklich sehen und verstehen und auch akzeptieren und unterstützen können.

Deshalb handelt dieses Buch auch von Vorbildern und helfenden Händen, von Mut und Ermutigung, von Selbstwertgefühl, Selbstwirksamkeit und Selbstbewusstsein und der richtigen Unterstützung dabei, an all das heranzukommen. Denn das wollen alle Jugendlichen wie jeder andere Mensch auch: Respekt, Anerkennung und Wertschätzung. Sie wollen gesehen werden mit dem, was sie gut können. Und sie können alle etwas gut. Da bin ich ganz sicher. Ich glaube fest daran, dass jeder Mensch ein Recht auf ein gutes Leben hat und auch die Skills dafür mitbringt!

Genau deshalb bin ich Jugendsozialarbeiter geworden. Das war einfach schon immer mein Traumjob. Aber es ist eben auch kein Job für schwache Nerven, sondern einer, bei dem man sich seine Brötchen hart verdient und der mich manchmal wirklich an meine Grenzen bringt. Denn man bekommt auch ziemlich viel Schlimmes dabei mit. Wir Sozialarbeiter haben dafür ja auch exakt die richtige Brille auf: Es ist unsere Aufgabe, Scheiße zu sehen und dann sauber zu machen. So verdienen wir unser Geld. Man könnte als Jugendsozialarbeiter deshalb eine sehr negative Lebenseinstellung pflegen – wenn man das zulässt. Aber mir persönlich liegt das nicht so.

Das hängt mit meiner eigenen Lebensgeschichte zusammen, die mir gezeigt hat, dass es auf dieser Welt auch viel Liebe und viele liebevolle Menschen gibt. Und es liegt daran, dass ich bei meiner Arbeit auch eine Menge tolle Geschichten erlebe: Menschen, denen es gelingt, sich aus schwierigsten Lebenslagen heraus ein besseres Leben aufzubauen. Sogar bei Jugendlichen, die kriminell geworden sind, sehe ich immer auch gute Werte, Anlagen und Eigenschaften. Sie wünschen sich ebenfalls ein gutes Leben, Anerkennung und Respekt. Deshalb versuche ich, niemanden dafür zu verurteilen, was er getan hat oder wie er lebt, ob er drogensüchtig oder obdachlos ist, ob er bettelt oder klaut oder sich prostituiert. Meine Aufgabe ist, ihn dabei zu unterstützen, das hinter sich zu lassen, und meine Überzeugung ist, dass jeder Mensch sich ein gutes Leben wünscht, und das auch verdient.

Ich sehe meinen Job so: Ich versuche, Dinge wiedergutzumachen. Nicht bloß okay und auch nicht gleich perfekt, sondern gut. Gut ist etwas, womit ich mich anfreunden kann. Denn gut reicht! Gut hat Luft in beide Richtungen. Luft ist auch wichtig, weil sie den Raum schafft, in dem man sich dann weiterbewegen und weiterentwickeln kann. Und das ist doch einfach schon mal ein ziemlich gutes Lebensgefühl.

1

WAS MACHT ÜBERHAUPT EIN SOZIALARBEITER?

Als Sozialarbeiter kann man in ganz vielen verschiedenen Bereichen mit ganz unterschiedlichen Menschen arbeiten: mit Erwachsenen, Jugendlichen, Kindern, Senioren, mit geflüchteten Menschen oder Menschen mit psychischen oder physischen Einschränkungen. Man kann in Behörden wie Jugend- oder Sozialämtern, in Schulen, Gefängnissen oder bei der Jugendgerichtshilfe arbeiten, die Jugendlichen dabei helfen soll, dass sie gar nicht erst ins Gefängnis kommen. Man kann in Krankenhäusern arbeiten, in Altenheimen oder Obdachloseneinrichtungen, als Schul- oder Kita-Sozialarbeiter oder in betreuten Wohngemeinschaften für junge Menschen, die in ihren Familien Probleme haben oder kriminell oder drogensüchtig waren.

Man arbeitet dabei also meistens entweder in staatlichen Einrichtungen oder, wie ich, bei sogenannten Freien Trägern. Das sind überwiegend Vereine oder gemeinnützige Gesellschaften, die Aufgaben der staatlichen Fürsorge – etwa die Versorgung mit Kindergartenplätzen – übernehmen und deren Angebote und Arbeit, also auch die Personalkosten, deshalb mit staatlichen Geldern unterstützt werden.

Es gibt mittlerweile aber auch private Unternehmen, die Sozialarbeiter unter ihren Angestellten haben, weil sie Beschäftigten in persönlichen Krisen oder schwierigen Lebenslagen Hilfe anbieten wollen, diese Probleme zu bewältigen, um sie nicht als Mitarbeiter und dringend benötigte Fachkräfte zu verlieren.

In all diesen unterschiedlichen Arbeitsbereichen hat man als Sozialarbeiter jedoch eigentlich immer die gleiche Aufgabe: Es geht darum, Menschen dabei zu unterstützen, in schwierigen Lebenssituationen und in dieser Gesellschaft (wieder) zurechtzukommen und ihren eigenen, für sie richtigen Weg in das Leben, das sie führen möchten, zu finden und zu gehen. Unsere Aufgabe ist es dann, uns darum zu kümmern, dass sie dabei genau den Support bekommen, den sie ganz individuell brauchen und der ihnen laut Gesetz zusteht – entweder direkt von uns Sozialarbeitern oder von anderen Hilfsinstitutionen, zum Beispiel Bildungsträgern wie Schulen oder Fort- und Weiterbildungsanbietern oder von Schuldnerberatungen oder Drogenhilfeeinrichtungen, von Anwälten oder Therapeuten. Denn wir Sozialarbeitenden sind zwar Pädagogen, aber eben keine Therapeuten, keine Rechtsanwälte, Krankenpflegende oder Schuldnerberater. Wir haben in der Regel Soziale Arbeit oder Sozialpädagogik oder etwas Ähnliches studiert, manche meiner Kollegen sind gelernte Erzieher, ehemalige Lehrkräfte oder Sozialwissenschaftler. Dort, wo ich arbeite, gibt es zudem viele Quereinsteiger, die ganz andere Berufe gelernt oder studiert haben, aber dann oft noch berufsbegleitend eine Erzieherausbildung oder ein Zusatzstudium oder entsprechende Fortbildungen besucht haben, um diesen Job machen zu können. Wir alle begleiten unsere Klienten dabei, die für sie jeweils richtige Beratung und die passende Unterstützung zu bekommen. Und vor allem: auf diesem manchmal langen und schwierigen Weg nicht aufzugeben und die Hoffnung nicht zu verlieren. Wir motivieren und unterstützen Menschen, ihren Platz in dieser Gesellschaft, in unserem sozialen Gefüge zu finden. Deshalb heißt es Sozialarbeit! Und deshalb bin ich Sozialarbeiter geworden.

Jugendsozialarbeiter arbeiten natürlich mit jungen Menschen, genauer gesagt: mit Jugendlichen und jungen Erwachsenen. Als Jugendliche gelten in Deutschland laut Gesetz Menschen ab ihrem 14. Geburtstag bis zur Vollendung des 18. Lebensjahres, also bis zur Volljährigkeit. Volljährige junge Menschen zwischen 18 und 21 gelten nach dem Gesetz jedoch noch immer als Heranwachsende, die unter bestimmten Bedingungen deshalb zum Beispiel nach dem Jugendstrafrecht verurteilt werden können, wenn Gerichte der Ansicht sind, dass es ihnen an erwachsener Reife fehlt. Jugendsozialarbeit richtet sich deshalb vor allem an Menschen zwischen 14 und 21 Jahren, manchmal aber auch an etwas Jüngere oder Ältere, wenn sie unsere Hilfe brauchen.

Die jungen Menschen, mit denen ich als Streetworker arbeite, sind überwiegend zwischen 16 und 21 Jahre alt. Es sind Teenager und junge Erwachsene, die aus individuellen oder gesellschaftlich bedingten Gründen keine guten und gerechten Chancen haben, ihre eigenen Zukunftsträume und Lebensentwürfe zu verwirklichen, etwa weil sie aus armen und benachteiligten Familien kommen oder weil sie persönliche Probleme haben. Meine Kollegen und ich begleiten dabei zum Teil einzelne Jugendliche – das nennen wir Einzelfallhilfe –, oft aber auch Jugendgruppen. Am Anfang, gleich nach meinem Studium und meinem Umzug nach Berlin, habe ich im Stadtteil Charlottenburg junge Menschen mit intensiver Einzelfallhilfe dabei unterstützt, einen (Wieder-) Einstieg in Bildung und Ausbildung hinzukriegen, zum Beispiel einen Schulabschluss nachzuholen, nachdem sie die Schule hingeschmissen hatten oder einfach lange nicht hingegangen waren, oder einen Job oder eine Lehrstelle zu finden oder in vielen Fällen zunächst überhaupt erst mal den Mut und das Selbstwertgefühl dafür zu entwickeln, sich das zuzutrauen. Ich war dort ein sogenannter Berufscoach. Das ist eine der vielen Aufgaben, die wir als Jugendsozialarbeiter übernehmen können. Mittlerweile arbeite ich als Streetworker in Berlin-Schöneberg – und dort oft mit Gruppen von Jugendlichen, die einen großen Teil ihres Lebens draußen auf den Straßen verbringen.

Das hört sich jetzt vielleicht so an, als ob wir Streetworker bloß durch die Gegend spazieren und gucken, ob irgendwo ein paar Jugendliche abhängen, die nichts Sinnvolleres zu tun haben, als draußen herumzulungern und dabei auch noch andere Leute zu stören. Das stimmt so nicht ganz. Ja, wir laufen durch die Straßen, im Sommer wie im Winter, bei Regen, Schnee und Dunkelheit, und lassen uns immer wieder da blicken, wo Jugendliche rumhängen und dabei tatsächlich ziemlich oft jemanden stören. Wir tun das aber nicht, um dort für diese anderen Leute wieder Ruhe und Ordnung herzustellen. Wir tun das für die Jugendlichen: Wir suchen sie und quatschen sie an, um zu erfahren, warum sie überhaupt da draußen abhängen und warum sie nichts Besseres zu tun haben – und ob sie vielleicht eigentlich gern etwas Besseres zu tun hätten. Falls das so ist, helfen wir ihnen dabei, das zu erreichen oder erst mal anzugehen. Bis es so weit ist, schauen wir tatsächlich einfach nur immer wieder bei ihnen vorbei, um Hallo zu sagen und ein paar kurze Gespräche zu führen, um zu erklären, wer wir sind und warum wir auftauchen.

Denn es ist ja keineswegs selbstverständlich, dass diese Jugendlichen sofort sagen: »Da kommt jetzt endlich mal ein Jugendsozialarbeiter und kümmert sich um uns, darauf haben wir schon lange gewartet!« Schon gar nicht, wenn es sich dabei um

Gruppen von Jungs handelt, die auch mal kiffen oder vielleicht sogar selbst dealen, Schlägereien mit anderen Jugendlichen haben und wegen all dem vielleicht schon Ärger mit der Polizei hatten, was bei meiner Arbeit im Schöneberger Norden leider ziemlich häufig vorkommt.

Nur weil man Sozialarbeit studiert hat, hat man nämlich nicht automatisch gleich zu allen Menschen, mit denen man dann arbeitet, einen leichten Zugang. Man muss sich ihr Vertrauen erst verdienen. Jugendliche kommen nicht einfach zu uns und erzählen uns ihre Probleme. Stattdessen gehen wir zu ihnen und sprechen mit ihnen oder spielen mit ihnen irgendwelche Games, bis sie irgendwann genug Vertrauen haben, um uns etwas von sich zu erzählen.

Viele der jungen Menschen, mit denen wir arbeiten, sind »gebrannte Kinder«, sie haben miese Leben und oft schon eine ganze Menge schlechte Erfahrungen gemacht. Um sich zu schützen, gehen sie erst mal auf Abstand. Gerade zu Erwachsenen haben sie meist wenig Vertrauen – häufig ganz besonders wenig zu solchen, die von staatlichen Institutionen kommen. Ich muss den Jugendlichen bei meiner Arbeit auf der Straße dann erklären: Nein, ich bin nicht von der Polizei, nicht von der Kripo oder vom Ordnungsamt. Ich werde nicht zu euch geschickt, um auf den Straßen für Ruhe und Ordnung zu sorgen. Und ich bin auch nicht vom Jugendamt.

Wir erfüllen als Jugendsozialarbeiter zwar einen staatlichen Auftrag. Aber ich bin nicht im Auftrag des Staates hinter den Jugendlichen her und schon gar nicht, um sie irgendwo zu vertreiben, weil sie dort andere Leute stören. Mein Auftrag ist es, ihnen Unterstützung anzubieten, wenn sie als Einzelne Hilfe brauchen ebenso, wie wenn sie als Gruppe nach einem Ort suchen, wo sie sich in Ruhe treffen können. Die Jugendlichen nehmen das

Angebot entweder freiwillig oder gar nicht an. Niemand wird gezwungen, mit uns Jugendsozialarbeitern oder auch Streetworkern zusammenzuarbeiten.

Wir Streetworker versuchen aber, bei solchen Jugendlichen, die irgendwo auf der Straße rumhängen, möglichst so lange aufzutauchen, bis die irgendwann glauben und sehen: Die kommen ja tatsächlich immer wieder! Die sind da, die hören uns zu und verstehen uns. Die sind okay! Wir tun das, um erst mal eine Beziehung zu den Jugendlichen aufzubauen und ihr Vertrauen zu gewinnen. Damit sie dann anfangen, mit uns zu reden, weil sie kapieren: Die wollen wirklich wissen, was wir wollen. Das bedeutet: Unseren konkreten Arbeitsauftrag geben uns eigentlich die Jugendlichen selbst. Wir als Jugendsozialarbeiter sind dazu da, ihnen dann dabei zu helfen, einen Weg zu finden, um ihre Ziele zu erreichen.

Wir sind eben keine Polizisten, keine Ordnungshüter, die Verbote erlassen oder Strafen erwirken können. Wir arbeiten mit den Jugendlichen auf Augenhöhe. Vor allem aber hören wir ihnen wirklich zu, wenn sie Vertrauen gefasst und angefangen haben, mit uns zu reden. Denn das ist die Grundlage für unsere Arbeit: dass die Jugendlichen uns vertrauen und sich auf uns verlassen können.

Dann fängt unsere eigentliche Arbeit erst richtig an. Denn die jungen Menschen sitzen ja nicht ohne Not irgendwo draußen herum, treffen sich in ihrem Kiez, zwischen ihren Blocks in Grünanlagen, auf Spielplätzen oder in Kellereingängen, bei Regen auch mal in den Treppenhäusern oder auf U-Bahnhöfen oder in Einkaufszentren. Das hat ja einen Grund – und meistens gleich mehrere.

2

UND WAS IST JUGENDSOZIALARBEIT?

»In Deutschland leben so wenig junge Menschen wie noch nie: Zum Ende des Jahres 2021 waren gut 8,3 Millionen Menschen im Alter von 15 bis 24 Jahren. Das entspricht einem Anteil von zehn Prozent an der Gesamtbevölkerung.« Das erklärte das Statistische Bundesamt Destatis zu Beginn des »Europäischen Jahrs der Jugend 2022«. In Berlin, wo ich arbeite und lebe, waren Ende 2022 genau 364018 Menschen zwischen 15 und 24 Jahre alt, etwa 9,5 Prozent der Berliner Gesamtbevölkerung – und damit also etwas weniger als im Bundesdurchschnitt. Die Hälfte dieser jungen Menschen ist finanziell vom Einkommen ihrer Eltern oder anderer Angehöriger abhängig. Bundesweit lebt jeder zehnte Jugendliche von Sozialleistungen des Staates. In Berlin wächst beinahe jedes vierte Kind in einer Familie auf, die von staatlicher Unterstützung lebt; in manchen Stadtteilen sind es sogar bis zu 40 Prozent.

Jugend, das ist die Lebensphase, in der sich wichtige Weichen für die Zukunft stellen. Und das kann auch in Deutschland unter ganz schön schwierigen Bedingungen passieren. Jugend ist aber generell der Lebensabschnitt, in dem junge Menschen nach ihrem eigenen individuellen Lebensweg suchen und sich dabei fragen, wer sie überhaupt sind und wer sie eigentlich gerne sein wollen, wie sie sich ihr Leben, ihre persönliche Zukunft vorstellen. Dabei versuchen sie sich in neuen Rollen, neuen Looks, Moden und Musikrichtungen, probieren neue Verhaltensweisen aus und schlagen auch mal über die Stränge. Jugendliche sind häufig bockig und für Erwachsene schwer zugänglich, und manchmal sind sie geradezu unausstehlich. Denn sie stören und nerven und begehren auf gegen jene, die ihnen dabei Grenzen setzen wollen. Eltern wissen das, Lehrkräfte auch. Und die Jugendlichen gehen solchen Autoritätspersonen, die ihnen ihrer Erfahrung nach meistens nur irgendwelche Vorschriften machen wollen, was sie zu tun und zu lassen, wie sie zu sein haben, dann eben möglichst aus dem Weg. Sie schwänzen die Schule und hängen mit ihren Kumpels lieber draußen rum als bei den Eltern. Und stören und nerven dort dann oft andere Menschen. Denn in unseren Städten gibt es kaum Platz für sie, es gibt keine geeigneten öffentlichen Orte, an denen sie sich in Ruhe treffen und mit Freunden abhängen und das tun können, was Jugendliche eben tun, ohne dabei jemanden zu stören und ohne selbst dabei gestört zu werden.

Das betrifft vor allem arme und benachteiligte Jugendliche – ebendie, mit denen ich als Streetworker arbeite. Sie sind meist nur deshalb draußen auf der Straße unterwegs, weil sie zu Hause keinen Raum, kein eigenes Zimmer haben, wohin sie Freunde mitbringen könnten. Oft gibt es in ihrer Familie auch zu viel Stress und Probleme, und sie wollen dem einfach mal aus dem Weg gehen, wollen Ruhe und Platz für ihre eigene Selbstverwirklichung haben. Sie treffen sich daher an öffentlichen Plätzen, an Orten also, wo etwas los ist, wo es abends vielleicht Beleuchtung gibt und in der Nähe einen billigen Bäcker oder einen Kiosk, bei dem sie sich mal etwas zu essen oder trinken leisten können. Und dann stören sie dort die anderen Menschen, weil sie laut sind, Musik hören wollen oder Alkohol trinken oder kiffen und damit manchmal bedrohlich auf andere wirken. Weil sie eben sind wie alle Jugendlichen sind und tun möchten, was alle Jugendliche tun: sich ausprobieren. Das kennen wir alle aus unserer eigenen Jugendzeit, von unseren eigenen Kindern oder anderer Leute Kinder. Und nebenbei bemerkt: Kindern wird das in gewissem Rahmen ja auch zugestanden, mal zu laut zu sein, sich eigenen Raum zu nehmen, ganz ohne Rücksicht auf Erwachsene. Jugendliche sind also mit ihrem Übertritt von der Kindheit ins Jugendalter plötzlich mit anderen Erwartungen konfrontiert. Sie sollen sich jetzt »erwachsen« benehmen – und das wollen sie eigentlich auch. Sie wollen sich dabei aber eben nicht nur den Regeln anderer Erwachsener unterordnen, sich einfach bloß anpassen. Sie wollen ihren eigenen Weg in ihr individuelles Erwachsenendasein finden, sich selbst verwirklichen. Selbstverwirklichung ist eigentlich etwas, das in unserer Gesellschaft positiv betrachtet, akzeptiert und sogar gefördert wird. Leider haben trotzdem nicht alle Jugendlichen die gleichen Chancen dazu.

Im Türkischen, meiner Muttersprache, gibt es für Jugendliche ein schönes Wort. Man nennt sie »delikanlı«, auf Deutsch bedeutet das etwa: die mit dem verrückten Blut. Jugendliche sind ein bisschen verrückt. Und sie möchten sich gern selbst »zurechtrücken«, ihren eigenen Lebensweg und Platz in der Gesellschaft, in der Erwachsenenwelt finden und diese dabei vielleicht auch ein bisschen verändern. Das ging vermutlich uns allen mal so. Jugendliche wollen dabei in Ruhe gelassen werden, unter sich sein. In den allermeisten Fällen geht am Ende alles gut. Und: Es geht irgendwann vorbei.

Damit das Erwachsenwerden wirklich ein gutes Ende nimmt, brauchen Jugendliche aber Unterstützung, Anerkennung und

Ankerpunkte in dieser schwierigen Phase, Menschen und Orte, wo sie sich in ihrer »Verrücktheit« sicher aufgehoben und verständnisvoll akzeptiert fühlen. Im besten Fall finden sie all das in der Familie, bei den Eltern, den richtig(en) guten Freunden, manchmal auch den richtig guten Lehrern. Wenn ihnen solch ein sicherer Anker aber fehlt, wenn sie in der Familie wenig Verständnis oder Unterstützung bekommen, weil Eltern vielleicht zu viele eigene Probleme haben, oder wenn sie unter gesellschaftlichen Bedingungen aufwachsen, die ihre Entwicklungschancen, ihre Möglichkeit zur Selbstverwirklichung einschränken, kommen wir Jugend(sozial)arbeiter ins Spiel. Dann reichen wir ihnen unsere Hand.

Jetzt wird es etwas sperrig, weil ich zunächst die Grundlagen unserer Arbeit erklären möchte. Denn Jugend(sozial)arbeit ist eben – anders, als manche Menschen denken – keine Wohltätigkeitsveranstaltung, die auf ehrenamtlicher Arbeit basiert und mit den Geldern gütiger Spender finanziert wird. Sie ist ganz im Gegenteil eine gesetzlich verankerte staatliche Pflicht. Das Kinder- und Jugendhilfegesetz (KJHG) legt als achtes Buch des deutschen Sozialgesetzbuches in Paragraf 11 fest, dass der Staat allen jungen Menschen die »zur Förderung ihrer Entwicklung erforderlichen Angebote der Jugendarbeit zur Verfügung zu stellen« hat. Der Staat muss also Jugendarbeit anbieten. Und diese Angebote sollen »an den Interessen junger Menschen anknüpfen und von ihnen mitbestimmt und mitgestaltet werden, sie zur Selbstbestimmung befähigen und zu gesellschaftlicher Mitverantwortung und zu sozialem Engagement anregen und hinführen«. Diese sogenannte Jugendarbeit richtet sich an alle Jugendlichen und jungen Erwachsenen. Ohne Ausnahme.

Daneben gibt es zudem die Jugendsozialarbeit nach Paragraf 13 des KJHG: Sie muss solchen jungen Menschen angeboten werden, »die zum Ausgleich sozialer Benachteiligungen oder zur Überwindung individueller Beeinträchtigungen in erhöhtem Maße auf Unterstützung angewiesen sind«, also individuell oder sozial besonders benachteiligten Jugendlichen und jungen Erwachsenen. Ihnen müssen »im Rahmen der Jugendhilfe sozialpädagogische Hilfen angeboten werden, die ihre schulische und berufliche Ausbildung, Eingliederung in die Arbeitswelt und ihre soziale Integration fördern«. Dazu gehören Bildungsmaßnahmen, die Sicherstellung ihres Unterhalts und ihrer Gesundheitsversorgung sowie unter bestimmten Umständen auch die Unterbringung in sogenannten sozialpädagogisch begleiteten Wohnformen. Was das ist, davon erzähle ich später anhand einiger Beispiele aus meiner eigenen Arbeit noch mehr.

An der praktischen Umsetzung dieser Gesetze sind viele verschiedene Behörden und andere staatliche Einrichtungen beteiligt, zum Beispiel die Jugendämter, die Jobcenter oder staatliche oder staatlich geförderte Bildungseinrichtungen, die den jungen Menschen entsprechende Unterstützungsmaßnahmen zur Verfügung stellen und finanzieren. Wir Jugendsozialarbeiter übernehmen die sozialpädagogische Unterstützung der Jugendlichen – wir arbeiten also direkt mit ihnen. Manche Jugendsozialarbeiter sind bei den beteiligten Behörden oder Ämtern selbst beschäftigt, zum Beispiel in kommunalen Jugendfreizeiteinrichtungen, die meisten aber arbeiten bei sogenannten Freien Trägern. Das sind, wie oben schon erwähnt, in der Regel gemeinnützige Unternehmen oder auch Vereine, die diese Arbeit im Auftrag des Staates – in Berlin des Landes und der einzelnen Bezirke – übernehmen und dafür aus Steuermitteln bezahlt werden.

Der Berliner Träger, für den ich arbeite, die Outreach gGmbH, kümmert sich um beides: Jugendarbeit nach Paragraf 11 und

Jugendsozialarbeit nach Paragraf 13 KJHG. Deshalb nennen wir unsere Arbeit Jugend(sozial)arbeit und schreiben noch »mobil« davor, denn wir suchen die Jugendlichen und jungen Erwachsenen genau dort auf, wo sie sich in ihrer Freizeit häufig aufhalten – im öffentlichen Raum. Das heißt aber nicht, dass meine Kollegen und ich alle als Streetworker arbeiten. Wir machen den Jugendlichen viele verschiedene Angebote. Outreach hat zum Beispiel in fast allen Berliner Bezirken auch Räume für Jugendliche angemietet. Dazu gehören kleine Jugendclubs und Jugendstadtteilläden sowie größere Jugendfreizeiteinrichtungen. Dort gibt es Freizeitangebote im Bereich Musik und Sport, wir bieten aber auch Beratung oder Nachhilfe an – oder einfach nur einen Raum, wo Jugendliche sich treffen und zur Ruhe kommen können. Hier bieten wir ebenfalls unsere Unterstützung an, wenn sie die brauchen.

Die genauen Ziele, Arbeits- oder inhaltlichen Schwerpunkte unserer Angebote werden ebenso wie die Zielgruppe für diese Arbeit dabei schon zuvor in den Verträgen festgelegt, die die Träger von Jugendsozialarbeit mit den zuständigen Behörden abschließen und aufgrund derer sie dann Geld bekommen. Man muss also schon zu Beginn überlegen: Soll es in einer Großsiedlung ein Angebot für möglichst alle Jugendlichen geben, die dort wohnen, weil sie sonst keine Freizeitmöglichkeiten haben? Oder geht es um Mädchen, die einen Ort für sich brauchen, weil draußen die Jungs sie stören? Oder vor allem um Jugendliche aus benachteiligten Familien, die Raum und Unterstützung zum Lernen und für die Entwicklung beruflicher Perspektiven brauchen? Oder soll eine Gruppe männlicher Jugendlicher aufgefangen werden, die in die Kriminalität abzurutschen droht? So etwas geht meist nicht in einer großen Jugendfreizeiteinrichtung, die eigentlich für alle etwas bieten soll, sondern eher in den kleinen Jugendclubs, die wir Jugendstadtteilläden nennen.

Ganz wichtig ist: Unsere Arbeit ist ein Angebot. Ob die Jugendlichen es nutzen wollen, entscheiden sie immer selbst. Und sie entscheiden mit darüber, welche Freizeitangebote, Projekte oder Unterstützung wir Jugendsozialarbeiter ihnen anbieten. Es gibt kein Muss und keinen Zwang in unserer Arbeit – das würde auch gar nicht funktionieren –, dafür aber immer Akzeptanz der Wünsche und Ziele des oder der Jugendlichen oder der Jugendgruppe. Eine weitere wichtige Grundlage unsere Arbeit: Sie beruht immer auf Vertrauen und Vertraulichkeit. Wir sind so etwas wie Anwälte unserer Jugendlichen. Sie vertrauen uns Dinge an, weil sie sich darauf verlassen können, dass wir sie nicht weitererzählen, wenn sie das nicht möchten. Deshalb sind natürlich auch die Namen und alle Fallbeispiele in diesem Buch so verändert und verfremdet, dass keiner der Jugendlichen, mit denen ich arbeite, wiedererkannt werden kann.

Ich denke, ich bin ziemlich gut in meinem Job. Das liegt vor allem daran, dass ich so sehr daran glaube, dass jeder eine Chance auf ein gutes Leben verdient hat und bekommen muss. Und weil ich so sehr daran glaube, dass die meisten jungen Menschen, die aus persönlichen Gründen oder aufgrund schwieriger Lebensumstände keine gerechte Chance haben oder bekommen oder ihre Chance nicht aus eigener Kraft ergreifen können, einfach nur den richtigen Support brauchen und dann ziemlich viel schaffen können. Und ich habe unheimlich Bock darauf, sie zu supporten. Das ist einfach mein Ding. Außerdem mache ich meinen Job supergerne. Ich kann mir gar nichts anderes vorstellen!

Jedenfalls war mein erster Fall in Berlin – Alex – glücklicherweise gleich eine richtige Erfolgsgeschichte.

3

BEISPIEL ALEX: VON DER STRASSE AN DEN STRAND

Alex war mein erster »Fall« als Jugendsozialarbeiter in Berlin. Der Kontakt kam im Winter 2017 über das Jobcenter zustande, kurz nachdem ich angefangen hatte, als Berufscoach in Berlin-Charlottenburg zu arbeiten. Die Sachbearbeiterin, die ihn dort betreute, hatte mich gebeten, mal nach dem Jugendlichen zu sehen, weil er Geld vom Jobcenter bekam und ihr irgendwann aufgefallen war, dass er nicht mehr zu den Terminen dort erschien. Das war ein Glück für ihn, dass diese nette Frau so aufmerksam war und uns Berufscoaches eingeschaltet hat. Sie hatte damals sogar eine Idee, wo ich Alex finden könnte. Denn eine Adresse hatte er nicht mehr: Alex, gerade 20 geworden, lebte wohnungslos auf der Straße.

Ich fand ihn tatsächlich, er saß mit Schlaf- und Rucksack und einem kleinen Zelt auf dem kleinen Platz vor dem Bahnhof, wo die Frau aus dem Jobcenter ihn zufällig gesehen hatte. Aber der junge Mann hatte erst mal überhaupt keinen Bock auf mich. Er nahm damals Drogen und bettelte sich das Geld dafür irgendwie zusammen oder sammelte Pfandflaschen, um sie gegen ein paar Cents einzutauschen, bis es für die nächste Dosis reichte. Nachts schlief er in Notunterkünften für Obdachlose oder im

Freien in seinem Zelt in einer Grünanlage. Irgendwie kam er mit diesem Leben auf der Straße zurecht. Das finde ich immer wieder erstaunlich, wie Jugendliche mit solch schwierigen Lebenslagen klarkommen, mit welcher Kraft und Kreativität sie ein solches Leben bewältigen oder es überleben, muss man eigentlich sagen. Sie müssen ja tagtäglich lebenswichtige Probleme lösen: Wo kann ich heute Nacht gefahrlos schlafen? Woher bekomme ich etwas zu essen? Das ist gar nicht so einfach, und es ist auch nicht ungefährlich.

Ich bin jedenfalls immer wieder hin zu Alex, habe ihn angequatscht, gefragt, wie es ihm geht und ob er Hilfe braucht. Ich bin ihm wochenlang richtig auf die Nerven gegangen! Aber Alex blieb ziemlich lange unfreundlich und abweisend. Er war meist übel drauf, schimpfte auf alles und jeden und suchte dabei ständig Schuldige für seine Lage. Zudem war ich für ihn erst mal nur »der Türke« – und Türken mochte er nicht. Die waren für ihn auch irgendwie mit schuld an seinem Elend, vor allem, wenn sie ihr Leben besser auf die Reihe kriegten als er. Sie hatten dann ja etwas, was er nicht hatte, was ihm aber zustand, wie er fand. Mit Letzterem hatte er meiner Ansicht nach immerhin recht, und das sagte ich ihm auch. Für mich als Sozialarbeiter war das zudem der erste Hoffnungsschimmer, weil Alex trotz seiner miesen Lebenslage noch daran glaubte, dass ihm ein besseres Leben zustand.

Irgendwann hat er sich dann doch auf ein Gespräch mit mir eingelassen, ist mit mir etwas essen gegangen und hat mir dabei von seinem Scheißleben erzählt. An dem Tag hatte er irre Hunger. Tags zuvor hatte Alex wie immer Geld geschnorrt und Pfandflaschen gesammelt, um sich am Abend eine Tiefkühlpizza kaufen zu können. Das war so sein Tagwerk damals: den ganzen Tag unterwegs sein und sammeln, um sich von dem Pfandgeld Drogen zu kaufen und am Abend dann eine Tiefkühlpizza zu gönnen – sein Feierabendessen, »zu Hause« in der Obdachlosenunterkunft. An jenem Abend war er dort kurz duschen gegangen, und als er zurückkam, war seine Pizza weg. Jemand hatte sie aus dem Ofen geklaut, sein schwer verdientes Essen, und Alex musste hungrig ins Bett.

Das hat er mir an diesem Tag so erzählt, als wäre das eine lustige Geschichte – eben irgend so ein Mist, der einem mal passiert. Es ist oft so, dass die jungen Menschen, mit denen ich arbeite, erstmal selbst gar nicht sehen, in welch schwieriger Lebenslage sie gerade eigentlich stecken – und auch nicht, dass sie da gar nicht drinstecken sollten. Sie sollten solche Probleme nicht haben müssen, dass ihnen in einer Obdachlosenunterkunft jemand die zusammengeschnorrte Pizza aus dem Ofen klaut und sie dann eben nichts zu essen haben und hungrig ins Bett gehen müssen. Sie sollten schon überhaupt nicht in einer Obdachlosenunterkunft schlafen müssen! Andererseits war es bei Alex genau diese Geschichte, dieser Pizzadiebstahl, durch den er endlich kapiert hat, was für ein mieses Leben er gerade lebt. Dieses Erlebnis war so demütigend für ihn, dass sein Schutzmechanismus vor dieser Erkenntnis endlich versagte, auch wenn er erst noch versuchte, das einfach wegzulachen. Danach war er offen, Hilfe anzunehmen, und wir konnten zusammen seine Probleme angehen.

Und das sind in einem solchen Fall eigentlich immer eine ganze Menge: Alex bekam Geld vom Jobcenter, das waren monatlich etwa 360 Euro, die auf sein Konto überwiesen wurden. Dieses Konto wurde allerdings bereits gepfändet, denn Alex hatte mittlerweile ziemlich viele Schulden, bei Telefonanbietern etwa und bei den Berliner Verkehrsbetrieben, weil er ständig beim Schwarzfahren erwischt wurde. Und er war drogensüchtig und brauchte dafür viel Geld, deshalb das Flaschensammeln und Schnorren. Außerdem waren seine Zähne kaputt, und er hatte kaum noch Kleidung, denn Alex war sehr dünn und sehr groß, da findet sich schwer etwas Passendes in den Kleiderkammern für Obdachlose und andere Bedürftige, vor allem Hosen in passender Länge sind ein Problem. Das waren alles Dinge, um die wir uns dann gemeinsam kümmern mussten. Und natürlich um eine vernünftige Unterkunft. Vor allem aber um sein Drogenproblem.

Das dauerte aber alles eine Zeit, denn Alex lebte auf der Straße, und ein Mensch in dieser Situation hat natürlich nur wenige Sachen bei sich. Vor allem hat er nicht alle seine persönlichen Unterlagen und Papiere, Rechnungen oder Mahnungen, ordentlich in Aktenordnern abgeheftet, in seinem Rucksack dabei. Das mussten wir also alles erst irgendwie zusammensammeln. Für Alex hieß das auch, wieder Kontakt zu seiner Mutter, zu seiner Familie aufzunehmen. Das ist gar nicht so leicht für jemanden, der ja nicht ohne Grund von zu Hause abgehauen ist und den Kontakt zu seinen Eltern abgebrochen hat.

Alex kam aus einer anderen Stadt, mit 18 war er nach Berlin gegangen. Sein leiblicher Vater hatte die Familie verlassen, als er noch klein war, was Alex nie verstanden und deshalb auch nie richtig verarbeitet hatte. Wie viele Kinder in solchen Situationen suchte er die Schuld dafür, dass sein Vater weggegangen war und auch den Kontakt zu ihm abgebrochen hatte, bei sich selbst: Er war wohl irgendwie nicht gut genug gewesen. Seine Mutter hatte erneut geheiratet – wie Alex meinte, um ihrem Sohn wieder eine »richtige Familie« zu bieten. Ihr neuer Ehemann war ein höherer Angestellter, finanziell und vom sozialen Status her stand die Familie eigentlich gut da. Aber Alex' Stiefvater war sehr dominant und autoritär – ein Macher, vor dem alle Respekt hatten und der selbst große Erwartungen an Alex hatte. Für den Jungen, der auch aufgrund einer zu spät diagnostizierten Lernschwäche immer ein schlechter Schüler war, also vor allem eine einschüchternde Figur. Alex war in den Augen des Stiefvaters ein Versager, der nichts auf die Reihe kriegte. Von seiner Mutter fühlte Alex sich verraten und gegenüber dem übermächtigen Stiefvater nicht genug beschützt und gestärkt.

Vielleicht war all das der Grund, weshalb Alex die Schuld für seine Schwierigkeiten gerne bei anderen suchte – im Zweifelsfall eben auch mal bei »den Türken«. Aber ich bin Sozialarbeiter und kein Therapeut. Mich interessiert daher vor allem, wie wir die Lage ändern können, wenn ich einen Jungen wie Alex drogensüchtig und obdachlos auf der Straße finde. Natürlich stelle ich mir trotzdem oft auch die Frage nach der Verantwortung: Wie kommen Jugendliche eigentlich in solche Lebenslagen? Auch dazu später mehr.

Für Alex war es deshalb jedenfalls eine ziemlich große Sache, eine persönliche Herausforderung, seine Unterlagen bei seiner Mutter und seinem Stiefvater abzuholen. Er hatte Angst vor der Begegnung, Angst davor, erzählen zu müssen, wie er in Berlin gelebt hatte, und dann wieder hören zu müssen, was für ein Versager er sei. Er zögerte den Besuch möglichst lange hinaus, und ich musste ihm immer wieder klarmachen, dass wir ohne die Papiere nicht weiterkommen. Ich sagte ihm aber auch immer wieder, dass er sich den Vorwurf, ein Versager zu sein, nicht zu Herzen nehmen dürfe, weil er ja gerade deshalb diese Unterlagen holen wolle, um die Lösung seiner Probleme endlich anzugehen.

Nachdem er diese Fahrt dann irgendwann bewältigt und die Papiere nach Berlin gebracht hatte, haben wir Tage damit verbracht, seine Sachen zu ordnen. Dabei stellte sich heraus, dass bereits Briefe vom Gericht dabei waren wegen seiner Schulden, es gab also auch schon Strafsachen zu klären. All diese Probleme – Schulden, juristische Fragen – können wir als Sozialarbeiter nicht allein lösen. Wir sind keine Juristen oder Schuldnerberater. Unser Job ist es dann, die jungen Leute an die richtigen Stellen zu vermitteln, damit sie dort die nötige Beratung und Hilfe bekommen. Vor allem aber ist es unser Job, uns darum zu kümmern, dass die Jugendlichen an der Lösung ihrer Probleme dranbleiben und auch zu den vereinbarten Terminen gehen.

Man erkennt im Lauf dieser Prozesse, wie die jungen Menschen ticken, mit denen man zu tun hat. Ich habe damals gemerkt, dass Alex das wirklich nicht im Griff hatte. Er hatte nicht gelernt, wie man mit Geld, mit Papierkram, vor allem aber mit Problemen umgeht, wie man sein Leben aufräumt. Bei Alex hat es so etwa drei Monate gedauert, bis wir an dem Punkt waren, dass wir die Dinge wirklich angehen konnten.

Wie schnell sich dann etwas tut, liegt nicht nur an mir als Sozialarbeiter und an »meinem« Jugendlichen. Wir brauchen Termine auf Ämtern, bei der Schuldnerberatung, der Krankenversicherung ... Das dauert alles oft lange, denn es gibt überall zu wenig Personal. Manchmal muss man monatelang auf Termine warten – und das zusammen mit einem Menschen, der immer noch drogenabhängig ist und auf der Straße lebt, kaputte Zähne und nichts Vernünftiges zu essen, aber eine Menge Schulden hat.

Deshalb war für mich als Berufscoach die Suche nach einem Job oder einer Ausbildung für Jugendliche in Alex' Lage am Anfang oft noch kein Thema. Bei Alex ging es zunächst vor allem darum, eine vernünftige Unterkunft zu finden, um ihn von der Straße weg und aus seinem Drogenleben herauszukriegen. Glücklicherweise war er noch in einem Alter, in dem er Anspruch auf Jugendhilfe hatte. So konnten wir für ihn einen Platz in einer Wohngemeinschaft finden, die vom Jugendamt bezahlt und von einem Träger der sozialen Arbeit betreut wird. Das ist noch keine eigene Wohnung, aber schon viel besser als eine Obdachlosenunterkunft, wo man abends zum Schlafen hingeht und morgens mit Sack und Pack wieder auf der Straße steht – und wo es meist eine ganze Menge Leute mit Suchtproblemen und Suchtmitteln gibt.

Trotzdem kann es erst mal schwierig sein, sich in eine solche Gemeinschaft einzufügen, besonders für jemanden, der wie Alex lange allein auf der Straße gelebt hat. Denn dort wohnen ja noch viele andere junge Menschen mit schwierigen Geschichten und etlichen Problemen. Es passiert häufig, dass jemand aus solchen betreuten WGs wieder abhaut, besonders oft, wenn er drogenabhängig ist. Als Sozialarbeiter versucht man da meist schon vorab, die Chancen abzuschätzen: Kriegt er das hin? Hält er durch? Bleibt er clean? Oder geben wir den Platz besser jemand anderem? Denn freie Plätze in solchen betreuten Jugend-WGs sind selten und daher ziemlich begehrt.

Es war mir deshalb wichtig, dass Alex seinen Drogenkonsum in den Griff bekommt. Viele der Jugendlichen, mit denen wir arbeiten, nehmen Drogen, manche sind wie Alex davon abhängig. Für mich als Sozialarbeiter ist klar: Wenn der Jugendliche zu mir kommt, um mit mir zu arbeiten, darf er nichts genommen haben. Ob er das bei anderen Gelegenheiten tut, ist erst mal seine Sache, obwohl ich generell kein Befürworter von Drogenkonsum bin – auch dazu später mehr. Deshalb sage ich den Jugendlichen immer: »Von mir aus kannst du so viel kiffen, wie du willst – nur frag dich mal, ob dir das guttut, wenn du doch merkst, dass du dann dein Leben nicht in den Griff bekommst.«

Das ist vielleicht einer der großen Unterschiede zwischen Eltern und Jugendsozialarbeitern: Wir können viele Dinge leichter akzeptieren, weil wir sie nicht persönlich nehmen. Wir sind nicht enttäuscht, wenn einer einen Rückfall hat oder ein Schuljahr nicht schafft, weil er zu viel schwänzt. Wir haben keine persönlichen Erwartungen an »unsere« Jugendlichen, sie müssen uns nicht glücklich machen oder vielleicht sogar unsere unerfüllten Träume und Ziele realisieren. Es ist eben einfach »nur« unser Job, jungen Menschen dabei zu helfen, eigene Ziele zu entwickeln und sie zu erreichen. Ihre Hoffnungen, Wünsche und Träume sind dabei die Grundlage unserer Arbeit – unser Arbeitsauftrag, aus dem sich ergibt, wie wir sie auf ihrem Weg dorthin unterstützen können. Das heißt auch: Wir nehmen ihre Ziele ernst. Was wiederum nicht heißt, dass diese sich dann nicht manchmal der Realität anpassen müssen. Es ist jedoch nicht unsere Aufgabe, Jugendlichen zu sagen: »Das ist doch nichts für dich, vergiss das mal lieber gleich.« Oder gar: »Mach dich nicht lächerlich, das schaffst du nie!« Wir sagen ihnen stattdessen: »Na, dann lass uns mal zusammen schauen, wie du das erreichen kannst.« Und versuchen anschließend, dafür zu sorgen, dass sie nicht aufgeben – auch dann nicht, wenn sie Umwege gehen oder vielleicht selbst einsehen müssen, dass manche Steigung ihnen zu steil ist.

Im Grunde mache ich mit den Jugendlichen einen Deal. Ich sage ihnen: »Ich verspreche dir, dass ich der beste Sozialarbeiter bin, den du kriegen kannst, wenn du mir versprichst, dass du nicht aufgibst. Es kann ein Jahr dauern, es kann drei Jahre dauern, aber wenn du mitmachst, kriegen wir dich aus der Scheiße.«

Dass Alex das alles mit durchgezogen und in der ganzen Zeit, die das brauchte, nicht aufgegeben hat, dabei hat ihm und mir geholfen, dass er daran glaubte, ein besseres Leben zu verdienen. Und dass er ein echtes eigenes Ziel hatte: Sein großer Traum war es, das erzählte er mir irgendwann, sich mal einen richtig tollen Urlaub am Meer, an einem schönen Strand leisten zu können. Ihm war klar, dass er dafür einen einigermaßen guten Job brauchte. Und auch in dieser Hinsicht hatte Alex einen Traum: Er wollte immer schon Koch werden, vertraute er mir an. Eine Ausbildung zum Koch also und ein Urlaub am Strand – nichts Unerreichbares eigentlich, so ein ganz normales Leben eben. Für mich und meine Arbeit war das gut! Aber für Alex' Familie, vor allem für seinen Stiefvater, war dieser Zukunftswunsch nicht gut genug, nicht ausreichend gewesen.

Alex wurde in der Jugend-WG glücklicherweise gut aufgenommen und betreut. Er hat es dort ausgehalten und sich sogar wohlgefühlt. Als sich sein Leben dadurch etwas stabilisierte, er seinen Drogenkonsum und seine Finanzen in den Griff bekommen hatte und endlich auch seine schlechten Zähne behandeln lassen konnte, begannen wir mit der Suche nach einer Ausbildungsstelle als Koch. Wir haben dazu zuerst einmal geübt, wie man einen Lebenslauf und eine Bewerbung schreibt, wie und wo man nach freien Lehrstellen sucht, vielleicht auch einfach mal bei einem passenden Betrieb anruft.

Irgendwann hatten wir eine Bewerbungsmappe fertig und sogar ein paar ausgeschriebene Ausbildungsstellen gefunden, auf die Alex sich bewerben konnte. Doch sein Selbstbewusstsein war immer noch so von seinen alten Versagensängsten getrübt, dass ich ausnahmsweise etwas getan habe, was meine Rolle als Sozialarbeiter richtig überschritten hat: Ich habe mich beim ersten Anruf in einem möglichen Ausbildungsbetrieb als Alex ausgegeben und das Telefongespräch für ihn geführt. Eigentlich ein absolutes No-Go in unserem Job! Aber ich war noch Berufsanfänger und darum in diesen Fall emotional ziemlich involviert.

Als es dann im Frühsommer 2019, etwa eineinhalb Jahre nachdem ich Alex kennengelernt hatte, tatsächlich eine Einladung zu einem Vorstellungsgespräch gab, habe ich Alex bis zur Tür gebracht und draußen auf ihn gewartet. Als er wieder herauskam, hatte er zwar noch keine Zusage für den Ausbildungsplatz, aber das Angebot, über den Sommer dort in der Küche zu jobben. Würde er sich dabei gut anstellen, könnte er im Herbst eine Ausbildung beginnen, so lautete das Angebot, das man ihm gemacht hatte.

Die Kurzfassung: Alex hat dieses Angebot angenommen und sich in der Küche gut angestellt. Er hat wirklich den Ausbildungsplatz bekommen und am Ende die Prüfungen bestanden. In der Langfassung gab es in der Ausbildungszeit immer wieder Momente, in denen Alex hinschmeißen wollte, weil er angeschnauzt worden war, weil er Fehler gemacht hatte, für die er dann wieder die Schuld bei anderen suchte, oder weil es schlechte Noten in der Berufsschule gab. Dass er trotzdem durchgehalten hat, lag an seinem großen Ziel, das er unbedingt erreichen wollte. Es lag aber auch daran, dass sein Küchenchef und Ausbilder ziemlich gut gesehen und verstanden hatte, wen er sich mit Alex da ins Küchenteam geholt hatte – und sich wohl selbst noch ganz gut daran erinnern konnte, was es heißt, ein junger Mensch zu sein, der einen ganzen Sack voller Probleme und schlechter Lebenserfahrungen auf dem Rücken trägt. Er wollte, dass Alex die Ausbildung durchhält. Und so hat er ihn zwar manchmal ordentlich angeschnauzt, ihn dabei aber immer gut festgehalten. Das ist keineswegs selbstverständlich. Es ist eine Entscheidung, die jemand für einen anderen Menschen treffen muss, ihn nämlich unterstützen zu wollen. Es ist ein großes Glück, so jemanden zu finden – eins, das den Jugendlichen, die ich begleite, leider selten begegnet.

Mit dem Ausbildungsvertrag in der Tasche ist es uns gelungen, für Alex eine eigene Wohnung zu finden. Auch dabei helfen uns Jugendsozialarbeitern Behörden wie das Jugendamt oder staatliche Akteure wie die landeseigenen Wohnungsgesellschaften (in Berlin), die ein bestimmtes Kontingent ihres Bestands für Menschen vorhalten, die auf dem freien Wohnungsmarkt kaum mit anderen potenziellen Mietern konkurrieren können, weil sie beispielsweise wie Alex aus der Obdachlosigkeit kommen.

Und dann hat Alex auch noch eine junge Frau kennengelernt, mit der er eine Beziehung aufbauen konnte, die wirklich stabil war und die ihn weiter stabilisiert hat. Seine neue Freundin hatte Power: Sie ist mit ihm zum Sport gegangen, hat Energie und Struktur in sein Leben gebracht. Vor allem aber hat sie sein Selbstwertgefühl gestärkt. Das Letzte, was ich dann für lange Zeit von Alex hörte, war, dass er sich noch einen Nebenjob gesucht hatte, um eine Campingausrüstung kaufen und mit seiner Freundin Wandertouren machen zu können. Vor Kurzem hat er mir ein Urlaubsfoto geschickt, das ihn mit seinem kleinen Sohn am Strand zeigt. Das ist so krass: Er hat seine Ausbildung beendet, einen festen Job gefunden, eine Beziehung aufgebaut, ist mittlerweile Vater. Alex ist zwar kein Raketenwissenschaftler geworden, der Millionen von Euro verdient, aber er hat den Traum verwirklicht, den er hatte, als ich ihn als drogensüchtigen Jungen mit einem Berg von ungelösten Problemen auf der Straße kennengelernt habe.

Alex war, wie gesagt, einer meiner ersten Fälle als Sozialarbeiter in Berlin, und ich war in seine Geschichte ganz schön mit meinen eigenen Emotionen und Erwartungen an mich selbst verwickelt. Ich habe damals viel gelernt über den Umgang mit meinen Gefühlen und meiner Verantwortung in meinem Job. Oft war ich wütend auf Alex, wenn er mich mal wieder angelogen hatte. Dann hatte ich aber auch Mitleid mit ihm. Ich war manchmal traurig, manchmal stolz, wenn ich Erfolge gesehen habe. Und ich habe mich ungeheuer verantwortlich gefühlt – etwa, wenn etwas nicht schnell genug geklärt werden konnte und ich Angst hatte, dass Alex wegen seiner Schulden am Ende doch ins Gefängnis muss.

Mittlerweile bin ich pragmatischer geworden, realistischer vielleicht. Wie viele Emotionen ich bei meiner Arbeit zulasse, auch das hat sich sehr verändert, weil ich älter geworden und in meiner Rolle als Sozialarbeiter gereift bin. Heute weiß ich: Ich trage Verantwortung, so wie jeder, der sich in der Welt bewegt und beispielsweise nicht eingreift, wenn er etwas Schlimmes verhindern könnte. Ich bin verantwortlich für mein Handeln. Und ich glaube, ich habe mittlerweile ein ganz gutes Gefühl dafür, wenn mich jemand anlügt. Selbst wenn es am Ende keine Garantie dafür gibt. Es ist und bleibt immer eine Frage des Vertrauens.

Etwa drei Jahre lang habe ich Alex betreut, und in dieser Zeit hat er mich manchmal so genervt, dass ich mich selbst immer wieder an das Versprechen erinnern musste, das ich ihm gegeben hatte: Wir beide ziehen das gemeinsam durch. Alex hatte eigentlich keine unerreichbaren Ziele. Aber es war für ihn ein Weg, auf dem er einiges lernen musste. Zum Beispiel, dass es zum Leben dazugehört, dass nicht immer alles so läuft oder so schnell geht, wie man das gerne möchte. Aber auch, dass man das mit etwas Struktur besser aushalten und anders lösen kann als unter dem Stress eines Lebens auf der Straße.

Gleichzeitig war Alex in dieser Zeit natürlich nicht mein einziger Fall. Denn ich kümmere mich als Sozialarbeiter ja nicht nur um einen Jugendlichen, sondern immer um mehrere gleichzeitig. Ich widme ihnen manchmal zwei Stunden in der Woche, manchmal zwei Tage, je nachdem, was gerade ansteht. Und dazu kommt noch eine ganz Menge anderer Arbeit und Aufgaben.

4

MEIN ALLTAG ALS STREETWORKER

Als ich in meinen Beruf gestartet bin, war meine Aufgabe als Berufscoach, Jugendliche dabei zu unterstützen, Schulabschlüsse und Berufsausbildungen zu schaffen. Als Streetworker habe ich heute eine umfassendere Aufgabe und eine ziemlich abwechslungsreiche Arbeit – und manchmal recht ungewöhnliche Arbeitszeiten. Bei der eigentlichen Streetwork bin ich vor allem am späten Nachmittag und am frühen Abend unterwegs, wenn die Jugendlichen auf der Straße oder in Jugendfreizeiteinrichtungen zu finden sind. Aber mein Tag fängt häufig schon um sieben Uhr an, wenn ich zum Beispiel mit einem Jugendlichen einen Amtstermin habe oder zum Jobcenter gehe. Die übrige Zeit meines Vormittags ist meist gefüllt mit ganz klassischem Papierkram, den ich zu Hause erledige: Ich fülle Anträge für die Jugendlichen aus oder schreibe irgendwelche Berichte oder Projektkonzepte. Das ist der Teil der Arbeit, den man sich als Studierender der Sozialen Arbeit häufig nicht so ausmalt oder erträumt. Ich schreibe außerdem oft eigene Fallprotokolle und notiere mir Ideen, was ich mit den Jugendlichen so unternehmen will.

Danach führt mich mein Weg meist direkt nach Schöneberg. Als Sozialarbeiter ist man in den Stadtteilen, in denen man arbeitet, in vielen Gremien aktiv. Das sind zum Beispiel regionale Arbeitsgruppen der jeweiligen Bezirksämter zum Thema Prävention, Drogen, Grünflächen oder Gewalt, in denen Menschen von den zuständigen Behörden und von sozialen Trägern, Vereinen oder andere Experten zusammenkommen. Diese Gremien treffen sich regelmäßig, einige jeden Monat, einige vierteljährlich, und es ist für meine Arbeit sehr wichtig, an solchen Runden teilzunehmen. Denn dadurch lerne ich viel über den Bezirk und den Kiez, in dem ich arbeite, vor allem aber lerne ich die Leute aus den Ämtern oder von anderen Institutionen oder Beratungsstellen persönlich kennen, mit denen ich zur Lösung der Probleme meiner »Fälle« zusammenarbeiten kann. Manchmal treffe ich hier aber auch andere Jugendsozialarbeiter anderer Träger oder Institutionen, mit denen ich mich dann abstimmen und bei den Angeboten im Bezirk kooperieren kann. So kann man sich ein Hilfenetzwerk aufbauen für die Jugendlichen, mit denen man arbeitet – und man bekommt selbst ein Feedback zur eigenen Arbeit, das ist ebenfalls sehr hilfreich. Diese Runden finden meistens auch vormittags statt.

Danach geht es raus in die klassische mobile Sozialarbeit: Ich beginne mit meinem Kollegen – als Streetworker sind wir meistens in Zweierteams unterwegs – unsere Streetwork-Touren. Wir spazieren durch die Straßen und suchen »unsere« Jugendlichen auf. Es gibt in unserem Einsatzbereich bestimmte Orte, von denen wir wissen, dass dort eigentlich immer Jugendliche abhängen. Das sind zum Teil etwas verstecktere Ecken zwischen den Blocks, in denen sie wohnen, aber auch Plätze in Grünanlagen oder Parks in der Nähe, wohin sie sich zurückziehen, wenn sie mal nicht von den Nachbarn oder gar den Eltern gesehen werden wollen. Wir schauen aber, dass wir unser ganzes Gebiet im Blick behalten und mitbekommen, was sich entwickelt und tut, wo sich vielleicht neue Jugendgruppen aufhalten.

Wir reden auf diesen Runden auch mit anderen Leuten im Kiez, den Anwohnern oder den Kioskbesitzern, den Leuten in den Handyshops oder Lebensmittelläden, um zu hören, wie die Stimmung dort so ist, wie sie auf die Jugendlichen im Kiez blicken, ob es irgendwo Ärger gibt – oder ob sie vielleicht einen Praktikumsplatz oder eine Lehrstelle für einen unserer Jugendlichen anbieten könnten. Zudem gehen wir in die örtlichen Jugendfreizeiteinrichtungen und reden mit den Jugendlichen dort. Dabei kooperieren wir natürlich auch mit den Jugendeinrichtungen anderer Träger. Die Jugendlichen und die Kollegen dort sollen uns Streetworker kennen und wissen, dass wir da sind, wenn sie mal unsere Hilfe brauchen. Denn die Jugendsozialarbeiter in solchen Einrichtungen haben andere Schwerpunkte: Sie machen sogenannte offene Arbeit, also Gruppenangebote und Freizeitaktivitäten für alle Jugendlichen, die diese Angebote in Anspruch nehmen möchten. Wenn Jugendliche Ärger haben oder machen und intensivere Begleitung oder Beratung brauchen, fragen sie dann uns, ob wir das übernehmen können.

Häufig ist es den Jugendlichen sogar wichtig, dass nicht diese eine Person, der Sozialarbeiter, der im Jugendzentrum für die ganze Gang zuständig ist, jetzt auch die ganzen persönlichen Details und eigenen Probleme erzählt bekommt. Sie sprechen darüber meist viel lieber mit einem Menschen, der dafür ein anderes Setting anbieten kann – einen anderen Ort, eine vertrauensvollere Atmosphäre. Das ist ihnen angenehmer, als wenn die ganze Clique dabei nebenan sitzt.

Aus der Streetwork und unseren Besuchen in den Jugendfreizeiteinrichtungen ergeben sich dann feste Termine mit den Jugendlichen, die unsere Beratung brauchen. Die treffe ich häufig am frühen Abend in einem Café oder nachmittags in unserem Kiezbüro, das wir als Streetworker natürlich auch haben, denn wir können unseren ganzen Papierkram oder die oft sehr persönlichen und manchmal heikle Themen betreffenden Gespräche mit unseren Klienten nicht immer im Café oder im Freien erledigen. In diesen Gesprächen geht es um Probleme und Schwierigkeiten und die Vorstellungen, Ideen und Wünsche der Jugendlichen, wie sie einen Ausweg finden könnten. Manchmal geht es auch um amtliche Briefe oder Anträge, mit denen die Jugendlichen nicht allein klarkommen. Das dauert pro Treffen dann meist so ein, zwei Stunden. Solche Einzelfallhilfen erfordern jedoch oft längere Begleitungszeiten, und es braucht viele Termine und persönliche Treffen, bis ein Fall geklärt ist.

Neben all dem bieten wir regelmäßig Gruppenveranstaltungen an, wie zum Beispiel den Mitternachtssport an Wochenenden. Da können Jugendliche sich am Freitag oder Samstag spätabends bis nachts in Turnhallen treffen und Fußball oder Basketball spielen, damit sie nicht auf der Straße rumhängen. In Nord-Schöneberg gibt es das jeden Freitagabend, und es dauert meistens so bis ein Uhr nachts. Warum wir das machen und wie es da zugeht, erzähle ich später noch. Alles in allem kommen so bei meinem Job ziemlich schnell ziemlich viele Überstunden zusammen. Aber das gehört zum Berufsbild. Man muss sich vorher wirklich gut überlegen, ob man das will und kann, ob man die richtige Haltung dazu hat und ob man bereit ist, so viel von sich zu geben – auch mit Blick auf die eigene Lebensplanung, denn es ist in manchem Job als Jugendsozialarbeiter gar nicht so einfach, eine Familie zu gründen, selbst Kinder zu haben. Der Grund: Unsere Jugendfreizeiteinrichtungen haben meist bis in den Abend geöffnet, machen aber erst am Nachmittag nach der Schule auf. Das lässt sich schwer mit einem Leben mit kleineren Kindern vereinbaren, wenn man sie nicht nur beim Frühstück und am Wochenende sehen möchte.

Doch es gibt auch für Sozialarbeiter Jobs mit passenden Arbeitszeiten, bei denen man pünktlich Feierabend hat und im besten Fall nicht so viele Probleme oder Überlegungen mit nach Hause nimmt in sein eigenes Privatleben. Wenn man mit Jugendlichen arbeitet, ist das schwieriger, weil es hier meist um Beziehungsarbeit geht.

Ich mache mir natürlich selbst auch Gedanken darüber, ob und wie ich meinen Job irgendwann mit eigenen Kindern, einer Familie vereinbaren kann. Noch bin ich »nur« Onkel, aber ich bin jetzt schon Anfang 30. Und ich möchte gern eigene Kinder haben, selbst wenn ich von meiner Arbeit genau weiß, wie viel Verantwortung das bedeutet – und dass man als Eltern an dieser Verantwortung scheitern kann, wie wir aus der Erfahrung mit »unseren« Jugendlichen nur zu gut wissen.

5

WER SIND DIE JUGENDLICHEN, MIT DENEN ICH ARBEITE?

Alex war eher eine Ausnahme in meinem Job als Jugendsozialarbeiter. Zum einen, weil die meisten Jugendlichen glücklicherweise nicht erst obdachlos und drogensüchtig auf der Straße landen wie er, bevor sie wirksame Hilfe bekommen. Zum anderen, weil seine Geschichte so etwas wie eine echte Erfolgsstory ist. Er hatte ein klares Ziel, das für ihn erreichbar war – und er wollte es selbst auch erreichen, ist den Weg dorthin Schritt für Schritt mit mir gegangen und hat dabei immer mehr an Mut, an Stabilität und an Selbstwertgefühl gewonnen. Zudem hatte Alex Glück, etwa mit seinem Ausbilder, der viel Verständnis für ihn hatte, aber auch mit der aufmerksamen und verantwortungsvollen Betreuerin im Jobcenter. Die hätte ihm nämlich damals auch einfach seine Bezüge kürzen können, als er nicht mehr zu seinen Terminen erschien.

Das läuft keineswegs immer so gut mit unseren Jugendlichen und auch nicht mit den für sie zuständigen Behördenmitarbeitern oder anderen verantwortlichen Erwachsenen: Ich habe als Berufscoach einen jungen Mann betreut, der große Probleme in der Schule hatte, nennen wir ihn Toni. Lernen fiel ihm einfach sehr schwer, selbst mit dem Schreiben hatte er große Probleme, und deshalb hatte er außer im Sport kaum Erfahrungen mit Lernerfolgen. Toni war unkonzentriert und zappelig, aber ein friedlicher und umgänglicher Junge, kein Störer oder Krawallmacher. Vielleicht war deshalb seinen Lehrern nie aufgefallen, dass er mehr Unterstützung gebraucht hätte. Denn wie Alex hatte Toni eine Lernschwäche. Anders als Alex aber kam er aus einer Familie, in der die Eltern jeden Versuch, sich aus der Abhängigkeit von staatlicher Unterstützung zu befreien, schon lange aufgegeben hatten. Bei ihm zu Hause interessierte sich deshalb eigentlich niemand für Tonis Schulprobleme oder sein Lernversagen – oder dafür, ob er überhaupt zur Schule ging. Die Coronapandemie mit dem selbstverantwortlichen Lernen im Homeschooling hat seine Bildungskarriere dann vollends ruiniert. Zu Hause allein am Laptop lernen, ganz ohne Freundinnen und Freunde drum herum – das war gar nichts für ihn. Das war noch schwieriger und noch viel langweiliger, als in der Schule zu sitzen! Und dann locken am Laptop, im Internet ganz andere Ablenkungen als der digitale Einzelunterricht. Toni kam einfach nicht mehr mit – und machte irgendwann auch einfach nicht mehr mit. Das ging in der Coronazeit übrigens nicht nur ihm so, sondern auch vielen anderen Jugendlichen – und zwar quer durch die ganze Gesellschaft.

Toni war das allerdings erst mal egal. Er habe Bildung, Schule, Schulabschlüsse damals einfach nicht ernst genommen, nicht kapiert, was die für sein Leben, seine Zukunft bedeuteten, erzählte er mir, als er meine Unterstützung suchte. Er hing stattdessen lieber irgendwo mit Freunden rum. Seine Eltern interessierten sich nicht dafür, was ihr Sohn tat, und sie machten ihm auch keinerlei Druck, einen Schulabschluss oder eine Ausbildung zu absolvieren. Toni fing aber mit knapp 20 an, sich andere Gedanken zu machen. Er hatte mittlerweile eine feste Freundin, die einen Beruf gelernt und eine gute Arbeitsstelle hatte – und ganz konkrete Zukunftspläne. Da wollte er mithalten können und dachte zudem darüber nach, mit ihr irgendwann eine Familie zu gründen und diese (mit-)ernähren zu wollen. Deshalb kam er zu mir. Er wollte seinen Mittleren Schulabschluss nachholen – das ist in Berlin das, was früher Realschulabschluss hieß – und anschließend das Abitur machen. Der Grund war unter anderem, dass er dabei seinen Traumberuf vor Augen hatte: Toni wollte Pilot werden.

Hoppla, habe ich gedacht, und dem jungen Mann erklärt, dass das ein langer und schwieriger Weg für ihn werden wird. Ich habe aber auch gedacht, dass dieser Berufswunsch, verbunden mit seinen anderen Zukunftsplänen, genau die Motivation ist, die ihn jetzt zu mir geführt hatte – und die ihn vielleicht dazu bringen wird, diesen Weg wirklich anzugehen. Das ist meine Aufgabe, ihn dabei zu unterstützen und zu begleiten – und ihm, falls er eben doch kein Pilot wird, sondern sich für einen anderen Beruf entscheidet, dabei zu helfen, auch das als Erfolg und nicht als Versagen zu verbuchen.

Ich bin mit dem jungen Mann zunächst zu einer amtlichen Beratungsstelle gegangen, um die ersten Schritte auf seinem Weg zu besprechen. Als Toni dort gefragt wurde, was denn sein Berufswunsch sei und er – von mir gut vorbereitet – ehrlich mit »Pilot« antwortete, wurde er dafür allerdings erst einmal laut und lange ausgelacht. Und wäre am liebsten gleich wieder gegangen. Ich fand das mit dem Auslachen ziemlich unfair. Der Mensch am Schreibtisch uns gegenüber wusste gar nichts über Toni! Ja, er war ein schlechter Schüler, ein Junge, der besondere Förderung gebraucht hätte. Lernen fiel ihm ebenso schwer wie still sitzen, und da er außer in Sport immer nur schlechte Zensuren hatte, hat er auch keinen Sinn darin gesehen, sich anzustrengen. Es fehlte ihm einfach die positive Erfahrung, dass er lernen und etwas erreichen kann. Gegenüber seiner Freundin sah er sich deshalb plötzlich selbst als Versager – und genau das war seine Motivation, die Sache noch einmal anzugehen. Wenn man dann aber erst mal dafür ausgelacht wird, dass man sich endlich doch ein Ziel gesetzt hat, tut das eigentlich niemandem gut. Schon gar nicht Jugendlichen mit wenig Selbstwertgefühl und Selbstbewusstsein. Ich hatte jedenfalls später eine Menge Arbeit damit, Toni wieder aufzubauen und ihn zu motivieren, weiterzumachen.

Die meisten der Jugendlichen, mit denen ich arbeite, haben wie Toni und Alex wenig echte Aufmerksamkeit oder gar Wertschätzung für ihre Bedürfnisse, Wünsche und ihre Fähigkeiten bekommen und deshalb wenig Selbstwertgefühl. Sie hatten kaum Gelegenheit, positive Selbstwirksamkeitserfahrungen zu machen – sich eigene Ziele zu setzen und diese auch zu erreichen. Das kann viele verschiedene Gründe haben, zum Beispiel Versagen in der Schule, was wie bei Alex und bei Toni auf eine nicht erkannte Lernschwäche zurückzuführen ist. Oder durch Eltern und soziale Lebensumstände bedingte eng gesteckte Grenzen und Erwartungen, die Jugendlichen kaum Spielraum für ihre eigenen Wünsche und Ziele lassen.

Das ist häufig der Fall, wenn man in einer Familie aufwächst, in der die Eltern ständig unter ökonomischem Druck stehen, Mama und Papa also viel arbeiten müssen und wenig Zeit haben und trotzdem wenig Geld verdienen oder die Familie ganz von staatlicher Unterstützung lebt und jede Hoffnung auf sowie alle Bemühungen um eine Veränderung dieser Lage aufgegeben haben. Jugendlichen fehlen dann schlicht die motivierenden Vorbilder. Viele von ihnen teilen sich zudem das Zimmer mit drei oder mehr Geschwistern, sodass für die Bedürfnisse und Träume der einzelnen Kinder kein Platz, keine Zeit, kein Geld da ist. Gesangsunterricht an der Musikschule oder gar ein Sprachurlaub im Ausland als wertvolle Horizonterweiterung in der Zeit der Selbstsuche oder schon der eigene Laptop für das Homeschooling bleiben für sie daher in den allermeisten Fällen Wunschträume.

Was nicht heißt, dass es nicht auch Heranwachsende aus anderen, sozial und finanziell besser gestellten Elternhäusern ganz schön schwer haben können – wie der Fall Alex zeigt. Denn es geht natürlich nicht nur um Geld. Auch in armen Elternhäusern wachsen Kinder und Jugendliche oft gut auf, werden mit ihren Sorgen und Wünschen respektiert und ernst genommen, bekommen Ermutigung und Unterstützung. Und auch in finanziell besser gestellten Familien gibt es Eltern, die überlastet sind, vielleicht psychische Probleme haben oder einfach mit ihrem eigenen Leben nicht klarkommen und für sich selbst keine guten Entscheidungen treffen können. Sie sind dann häufig nicht in der Lage, ausreichend Verantwortung für ihre Kinder zu übernehmen, oder wälzen ihre eigene Verantwortung als Eltern sogar ganz auf ihre Kinder ab.

Natürlich können alle diese Jugendlichen, ganz egal, was ihr sozialer oder ökonomischer Hintergrund und was die Ursachen für ihre Probleme sind, die Unterstützung von Jugendsozialarbeitern in Anspruch nehmen – das legt, wie oben schon erwähnt, das Jugendhilfegesetz in den Paragrafen 11 und 13 fest. Ich selbst arbeite als Streetworker vor allem mit Jugendlichen zwischen 16 und 21 Jahren. Manchmal betreue ich auch jüngere oder ältere Menschen, die dringend Unterstützung brauchen, oder Einzelfälle über dieses Kerngruppenalter hinaus. Dabei sind es überwiegend solche Menschen, die nach Paragraf 13 als »schwer zu erreichen« gelten, weil sie, wie es in der Behördensprache heißt, bereits »aus den Regelsystemen herausgefallen« sind. Gemeint sind damit Jugendliche, die selten oder vielleicht gar nicht mehr zur Schule gehen oder dort eine Menge Probleme haben: schlechte Noten, viele Fehlstunden, Ärger mit Mitschülern und den Lehrkräften und häufige Schulwechsel durch Schulverweise als Folge all dieser Probleme. Schulwechsel führen oft zu noch mehr Fehlzeiten oder kompletter Abwesenheit, weil es irgendwann gar keine Bindungen an und Beziehungen zu Mitschülern und Lehrkräften mehr gibt.

Diese Jugendlichen besuchen in der Regel auch keine der öffentlichen, also kostenlosen und allen Jugendlichen zur Verfügung stehenden Jugendfreizeitangebote, weil diese nicht auf ihre Bedürfnisse und Problemlagen zugeschnitten sind – oder sie dort Hausverbote haben, weil sie eben »schwierig« sind: Krawall machen, Drogen nehmen, vielleicht gewalttätig sind. Und damit machen sie den anderen Besuchern solcher Einrichtungen Angst. Aus denselben Gründen sind sie meist ebenfalls in Sport- oder anderen Vereinen, in Clubs oder Bars nicht gern gesehen oder sie können sich solche Angebote gar nicht leisten. Es geht also um Jugendliche, die über die üblichen, allen jungen Menschen offenstehenden »Regelangebote« kaum noch oder gar nicht mehr zu erreichen sind. Aus all diesen Gründen halten sie sich daher meistens draußen im öffentlichen Raum auf.

Bei meiner Arbeit im Schöneberger Norden sind das meist Jugendliche aus Familien mit arabischem, türkischem oder kurdischem Hintergrund. In Charlottenburg war die Klientel gemischter. Viele waren wie Alex und Toni deutscher Herkunft oder kamen aus anderen europäischen Ländern, es gab aber auch Menschen russischer, asiatischer, arabischer und afrikanischer Herkunft. Aber bevor man jetzt falsche Schlüsse zieht: Alle diese Jugendlichen sind Berliner! Mit wenigen Ausnahmen – etwa bei der Arbeit mit Jugendlichen mit persönlicher Flucht- oder Migrationserfahrung – sind die Kids, mit denen ich arbeite, hier geboren. Und ihre schwierigen Lebenssituationen liegen keineswegs nur in einem wie auch immer gearteten »Migrationshintergrund« begründet. Denn auch in Einwandererfamilien gibt es Kinder, die ein Einser-Abi machen, die Akademiker, Politiker, Beamte oder erfolgreiche Geschäftsleute werden, wie man es in meiner eigenen Familie und im schwierigen Schöneberger Norden sehen kann. Und in Familien ohne Einwanderungshintergrund wachsen Kinder ebenfalls in Armut und/oder mit vielen anderen Problemen auf: Vernachlässigung, soziale Ausgrenzung und schlechte Startbedingungen ins Leben, kaum Unterstützung und keine faire Chance auf Selbstverwirklichung.

Die Jugendlichen, um die ich mich kümmere, sind häufig einerseits in Armut und unter Gentrifizierungsdruck in ziemlich abgefuckten Wohnblocks groß geworden. Andererseits erleben sie sozusagen direkt nebenan, dass es ein ganz anderes, tolles, wohlhabendes Deutschland gibt, an dem sie gerne teilhaben möchten. Das kann man in beiden Berliner Bezirken, in denen ich bisher gearbeitet habe (und in vielen anderen auch), sehr deutlich sehen: Charlottenburg, das sind neben alten Sozialwohnungsblocks im Norden eben auch der Ku'damm und Fünfsternehotels und teure Luxuswohnungen und wiederum direkt daneben der Bahnhof Zoo mit Strich und Drogenhandel und Obdachlosigkeit. Im Schöneberger Norden, seit Jahrzehnten Drogenhotspot und Ort der Beschaffungsprostitution, machen seit einigen Jahren immer mehr Nobelrestaurants, teure Boutiquen und Kunstgalerien auf. Gleich neben dem Straßenstrich und den heruntergekommenen Sozialwohnungsblocks stehen an der Kurfürstenstraße heute Luxuswohnungen. Da haben die Bewohner das soziale Elend und unsere Jugendlichen wiederum das gute und reiche Leben, das sie sich alle wünschen, direkt vor der Nase. Soziale Medien tun ein Übriges dazu: Hier wird ihnen ebenfalls das schöne Leben in allen Facetten vor Augen geführt – Erfolg, Reichtum, scheinbare Sorglosigkeit.

Erst mal ist es ja gut, wenn die Jugendlichen bessere Lebensverhältnisse haben wollen, rauswollen aus ihren Problemen. Sie haben aber von vornherein schlechtere Aussichten auf sozialen Aufstieg und ökonomischen Erfolg, weil sie aus der falschen Gegend, der falschen Familie, von der falschen Schule kommen oder vielleicht auch nur weil sie Hassan oder Mahmoud heißen und schon deshalb schlechtere Chancen auf einen Ausbildungsplatz haben. Ja, auch der eklige soziale Ausgrenzungsfaktor Rassismus einschließlich individueller Benachteiligung und sozialer Exklusion spielt bei meiner Arbeit eine Rolle. Das lastet zusätzlich zu den üblichen Pubertätsproblemen auf vielen der jungen Berliner, mit denen ich arbeite. Und es verbaut ihnen Möglichkeiten zur Selbstverwirklichung und versperrt ihnen den Weg in ihr gutes Leben.

Deshalb noch einmal – und das ist mir wirklich sehr wichtig, denn ich bin selbst ein Kind von Einwanderern und habe das alles am eigenen Leib erlebt: Manche der Kids, mit denen ich zu tun habe, haben Scheiße gebaut oder tun es noch. Aber keiner von ihnen macht das, weil er Hassan oder Mahmoud oder Burak heißt.

Klar, viele sind nach Deutschland migriert oder geflohen. In der eigenen Lebensgeschichte spielt es aber eine wesentliche Rolle, wie die Familie hier aufgenommen wurde, unter welchen Voraussetzungen sie sich hier ein Leben aufbauen und Teil dieser Gesellschaft werden konnte. Ob die einst sogenannten Gastarbeiter aus der Türkei, Jugoslawien, Spanien, Griechenland, Tunesien oder Italien oder die Vertragsarbeiter aus Vietnam hier freundlich aufgenommen und ausreichend dabei unterstützt wurden, in ihrer neuen Heimat klarzukommen, ist eine andere Frage. Aber immerhin hatten sie Aufenthalts- und Arbeitserlaubnisse. Sie konnten ihren Kindern vorleben, dass Arbeiten sich lohnt, und in vielen Fällen haben sie ihre Ziele erreicht, die sie mit der Migration in ein anderes Land verfolgt hatten. In den nachfolgenden Generationen konnten sie zudem so wie ich erleben, dass ökonomischer Aufstieg möglich ist, etwa durch Bildung.

Aber wenn du zum Beispiel als staatenloser Palästinenser in den 1980er-Jahren vor dem Krieg im Libanon aus einem Lager dort nach Deutschland geflüchtet bist, dann hast du eben kein Asyl, hast keinen sicheren Aufenthaltstitel und auch keine Arbeitserlaubnis und keinen kostenlosen Deutsch- oder Integrationskurs bekommen. Dann hattest du das Problem, dass du hier jahrzehntelang nicht arbeiten durftest und ständig mit der Angst leben musstest oder immer noch lebst, wieder gehen zu müssen, abgeschoben zu werden. Manche der Kids aus diesen Familien leben immer noch unter diesen Vorzeichen: Sie haben keinen sicheren Aufenthaltsstatus, sondern nur eine Duldung für jeweils sechs Monate. Dabei sind sie hier geboren. In ihren Familien ist Chancengerechtigkeit, Anerkennung und sozialer Aufstieg eine Erfahrung, die die allerwenigsten aus eigenem Erleben kennen.

Trotz alledem sind die meisten der Jugendlichen, mit denen ich arbeite, tolle Kids und starke Persönlichkeiten. Was sie alle gemeinsam haben, ganz unabhängig von ihrer Herkunft: Sie leben unter großem Druck, und sie haben Angst vor ihrer Zukunft. Denn sie müssen mit ihrer Lebenssituation und all ihren Problemen meist allein klarkommen, ebenso wie mit den Fragen, die sich alle Jugendlichen in ihrem Alter stellen: Wer bin ich, was kann ich, wer will ich sein, wie will ich leben? Und wie kriege ich das bloß hin?

6

WARUM ICH SOZIALARBEITER GEWORDEN BIN

Ich habe selbst von Kindheit an aufgrund meiner eigenen Situation und der meiner Freunde mein ganzes Leben lang gespürt, dass in dieser Gesellschaft vieles nicht fair ist. Als Kind und Jugendlicher erlebte ich, wie es ist, wenn man nicht nach Hause will oder kann. Wenn man mit Freunden draußen abhängt, weil die Eltern miese, anstrengende und trotzdem unterbezahlte Jobs haben und es deshalb zu Hause keinen Platz, keine Zeit, keine Aufmerksamkeit für die Kinder gibt, sondern nur Überforderung, Schulden, Armut, zu enge Wohnungen und manchmal auch Stress und häusliche Gewalt.

Meine Eltern sind als junge Erwachsene aus der Türkei nach Deutschland eingewandert. Wie die meisten der sogenannten Gastarbeiter hatten sie das Ziel, es hier vor allem zu ökonomischem Erfolg zu bringen. Und sie schufteten beide hart dafür, dieses Ziel zu erreichen. Mein Vater hatte ein kleines Taxiunternehmen und arbeitete später als LKW-Fahrer, meine Mutter war als Schneiderin beschäftigt, putzte ab und zu nebenbei und machte zu Hause am Küchentisch noch die Buchhaltung für den Taxibetrieb meines Vaters. Bei uns herrschte keine Armut, aber das Geld war trotzdem immer knapp. Meine Eltern haben wie viele Arbeitsmigranten ihre Familien finanziell unterstützt. Und sie haben sich ein eigenes Haus gekauft – das war ihr großer Traum. Aber Zeit für die Familie, für die Kinder oder ihr eigenes Privatleben blieb neben der Arbeit kaum übrig.

Deshalb saß ich eben mit Freunden, denen es nicht besser ging als mir (sondern oft schlechter), draußen auf der Bank. Wir waren meist uns selbst überlassen, während unsere Eltern dafür schufteten, dass wir es mal besser haben als sie. Wir kauften uns im Discounter Toastbrot und Ketchup und aßen auf dem Parkplatz oder an kalten Tagen im Einkaufscenter oder dem warmen Vorraum der Sparkassenfiliale Ketchuptoast, wenn wir mal wieder nicht nach Hause konnten oder wollten.

Als Jugendliche haben wir ganz schön viel Mist gebaut. Und irgendwann kamen das Kiffen, der Alkohol dazu. Unsere Eltern wussten wenig über unser wirkliches Leben – und wir haben gut aufgepasst und viel gelogen, damit sie nichts davon mitkriegen, wir wollten Mama und Papa ja nicht enttäuschen. Mein Vater war schon sauer, wenn er uns draußen mit Glasflaschen sah, weil er meinte, das sähe immer nach Bierflaschen aus. Er wollte nicht, dass »die Deutschen« denken, dass wir draußen Bier trinken und dann vielleicht auch noch Scherben rumliegen lassen. Wir waren selbst nicht stolz auf uns, denn von einem guten Leben, einem guten Job, einem Uniabschluss am besten, träumten wir damals alle. Doch kaum einer wusste, wie er den Weg dahin schaffen könnte, kaum einer kannte jemanden, der diesen Weg gegangen war. Das war eine trostlose Zeit. Erst später habe ich mich gefragt, warum niemand in der Schule unseren Kummer, unsere Trostlosigkeit bemerkt hat oder auch die vielen blauen Flecken mancher meiner Freunde, mit denen ich dort saß. Warum hat das niemand gesehen, keine Lehrerin, kein Sozialarbeiter? Das ist das »Aktenzeichen XY ungelöst« meines eigenen Lebens.

Glücklicherweise war meine Mutter sehr liebevoll, sie hat mir viel Halt gegeben. Ihr verdanke ich wohl meine Resilienz. Sie hat in der Türkei ein Wirtschaftsgymnasium besucht und den Abschluss dort gemacht, Bildung war ihr immer sehr wichtig. Für sie stand fest: Meine Kinder werden mal studieren. Leider war ich ein sehr schlechter Schüler, denn Lernen ging draußen auf der Straße mit den Freunden natürlich nicht so gut. Zu Hause musste ich dann meinen Vater anlügen, um die schlechten Noten zu verbergen, und meine Mutter war enttäuscht. Meine beiden großen Brüder hatten es gleich von der Grundschule aufs Gymnasium geschafft. Bei mir war der Weg zum Abitur lang und schwierig, ich habe erst mal nur den Hauptschulabschluss erreicht. Ich verdanke es meiner Mutter, dass ich trotzdem an einer Berufsfachschule eine Ausbildung zum Erzieher gemacht habe, Kinderpfleger hieß das dort.

Mit dem Start dieser Ausbildung begann eine Zeit, in der ich eigentlich nur noch draußen rumhing und aß – und kiffte. Ich machte die Ausbildung, ich verdiente etwas Geld, aber eine wirkliche Perspektive, was ich aus meinem Leben noch machen wollte, wie es weitergehen sollte, hatte ich nicht. Das Gefühl habe ich heute noch im Hinterkopf: den Gedanken, alles falsch zu machen, das schlechte Gewissen, daran selbst schuld zu sein. Ich hatte wenig Selbstbewusstsein, und irgendwann war ich dick und komplett am Boden – und habe mich unheimlich geschämt. Dazu kam das Kiffen, mit dem ich damals versuchte, das alles wegzudrücken, diese Gedanken von mir fernzuhalten. Das habe ich aber erst später verstanden.

In dieser Zeit kam der Hip-Hop in mein Leben, so ein Notorious B.I.G. zum Beispiel! Der war auch übergewichtig des Grauens, aber so cool, dass niemals jemand auf die Idee gekommen wäre, ihn wegen seines Gewichts auszulachen oder nicht ernst zu nehmen. Als ich ihn damals auf MTV gesehen habe, mit so einer Attitude: »Reich mir das Essen und dann verpiss dich«, das hat mir plötzlich Selbstbewusstsein gegeben. Das hat mir zum ersten Mal das Gefühl vermittelt: Man kann sein, wer man will, unabhängig davon, was andere dazu meinen. Dann habe ich ganz genau zugehört, was die so sagen, diese Rapper. Die redeten von Gewalt, von schweren Lebensumständen, von Drogen – alles, was mich ebenfalls betraf. Das hat mir das Gefühl gegeben: Ich bin nicht allein. Und den Impuls, dass es einen Weg da raus gibt.

Irgendwann rief wie aus dem Nichts eine alte Schulfreundin an und erzählte mir, dass sie an einer Schule in Darmstadt das Abitur nachholen würde. »Mach das doch auch«, sagte sie, und irgendwie konnte ich mich wirklich dazu aufraffen, zu dieser Schule zu fahren. Das war der Wendepunkt. Denn hier traf ich auf die Hand, die sich nach mir ausstreckte und mir eine Tür öffnete: Herrn Reibold, meinen Lehrer, der zu einer Schlüsselfigur in meinem Leben wurde. Er war genau der Mann, den ich damals brauchte – und der ich heute versuche zu sein.

Mit Sicherheit hatte ich vorher schon mal Lehrkräfte, die nett waren. Aber Herr Reibold hat mir erstmals gezeigt, was Respekt und Wertschätzung bedeuten. Ich sage bewusst: Er zeigte es mir, nicht: Er brachte es mir bei. Er war ein Vorbild und mein Halt. Nicht nur, weil er mich quasi in die Schule hineinschmuggelte, für die mir mit meinem Hauptschulabschluss eigentlich die Zugangsqualifikation fehlte. Auch weil Herr Reibold etwas Gutes in mir sah, er vertraute mir – und er traute mir etwas zu. Als ich einmal mit einem blutverschmierten T-Shirt in die Schule kam, weil ich mich mit ein paar Jungs geschlagen hatte, die ein Mädchen belästigt hatten, fragte er nur: »Was ist passiert?« Und nachdem ich es ihm erzählt hatte, sagte er einfach: »Ist okay.«

Er hatte nicht eine Sekunde lang daran gezweifelt, dass ich die Wahrheit sage. Und ich hätte ihn niemals angelogen. Warum? Weil es nicht nötig war. Ich hatte keinen Grund dazu. Ich sagte ihm, was ist, und er erkannte es an. Ich habe gemerkt: Der Typ ist wirklich für mich da. Der sieht etwas in mir. Er war vernünftig und hatte Geduld mit mir und Liebe für mich. Als ich nach dem ersten Schuljahr die Abiturprüfung nicht schaffte, sagte er: »Kein Problem, versuch es eben noch mal.« Er hat dann auch organisiert, dass ich das Schuljahr wiederholen konnte. Von ihm habe ich gelernt, was es heißt, für andere da zu sein, Wort zu halten, Rückgrat zu haben.

Beim zweiten Versuch habe ich mit der Hilfe einer Schulfreundin so lange geübt, bis ich die Sechs in Mathe, die mich im ersten Jahr hatte scheitern lassen, in eine Drei verwandelt hatte – und das Abitur bestand. Die Mathelehrerin hasste mich eigentlich, weil ich sie einmal mit einer Flasche beworfen hatte: Ich war in ihrem Unterricht eingeschlafen, und sie hatte mich deshalb gerügt – also beleidigt, wie ich es damals auffasste. Bei der Zeugnisverleihung hat sie mich in den Arm genommen und mir gesagt, dass sie stolz auf mich ist.

Ich bin damals jeden Tag morgens um vier Uhr aufgestanden, um pünktlich in der Schule in Darmstadt zu sein, und war abends so um sieben wieder zurück. Nach dem Abitur habe ich mir erst mal einen Job gesucht. Ich hatte ja die Erzieherausbildung gemacht und konnte endlich zu Hause ausziehen. Gekifft und gegessen habe ich weiter zu viel, aber ich fand mein Leben eigentlich gut: Ich hatte eine eigene Wohnung, Geld, Freunde kamen vorbei, wir hörten Hip-Hop, es ging mir nicht schlecht.

KLEINER EXKURS

HIP-HOP – SOUND DER JUGEND, SOUND DER STRASSE

Ich weiß, dass viele Eltern und andere Erwachsene, zum Beispiel auch Lehrkräfte, Rap und Hip-Hop sehr kritisch sehen. Das war schon so, als ich Jugendlicher war, und ist heute vermutlich eher noch ausgeprägter, vor allem durch den Deutsch-Rap, dessen Texte jetzt jeder richtig verstehen kann und den mittlerweile Jugendliche quer durch alle Gesellschaftsschichten hören. Ich verstehe die Sorge mancher Eltern, deren Kinder diese Songs hören, in denen es vordergründig nur um Drogen, Geld, Gewalt und Kriminalität geht – und das nicht selten in Verbindung mit Darstellungen von Geschlechterrollen oder Sexualität, die sogar den aufgeschlossensten Eltern tiefe Sorgenfalten auf die Stirn drücken können. Aber ich möchte hier trotzdem für diesen Musik- und auch Lebensstil eine Lanze brechen und um etwas mehr Verständnis werben. Denn mir persönlich hat Hip-Hop sehr dabei geholfen, zu erkennen, wer ich bin und wer ich sein möchte, und auch das Selbstbewusstsein für die Stabilisierung meiner eigenen Identität zu entwickeln. Ich bin nicht bloß Fan, ich moderiere selbst seit Jahren auf Youtube Sendungen des Hip-Hop-Kanals »TV Straßensound«. Hip-Hop ist einfach ein Teil meiner Kultur!

Rap und Rapper haben mich als Jugendlicher in der üblicherweise damit verbundenen Verwirrtheit und obendrauf einer kräftigen Deutsch-oder-Türkisch-sein-Identitätskrise dazu eingeladen, mich in den Geschichten, die sie in ihrer Musik erzählen, mit etwas zu identifizieren, selbst wenn der Hip-Hop, den ich als Jugendlicher gehört habe und auch heute noch überwiegend höre, aus den USA, also von der anderen Seite der Welt kam. Ich kann mich noch gut daran erinnern, wie ich mich gefühlt habe, als ich das erste Mal Rap hörte. Es war, als ob ich jemandem zuhörte, der mich kennt. Und der versteht, was ich durchlebe, weil er Ähnliches erlebt hat. Die Rapper haben über Dinge gesprochen, die man selbst auch gefühlt hat, aber nicht ausdrücken konnte.

Das kennt doch wahrscheinlich jeder aus seiner Zeit als Jugendlicher: »Mann, Mama, du weißt doch gar nicht, wie mein Leben ist!« Und dann hört man so ein Lied und denkt sich: »Okay, der hat es voll verstanden, der ist genau wie ich!« In meinen schwierigsten Jugendzeiten war Rap für mich da, und ich konnte mich, wenn es mir schlecht ging, ein bisschen trösten mit dieser Musik. Ich habe mich sehr wohlgefühlt und identifizieren können mit dem Stil, mit der Haltung der Protagonisten. Mir hat gerade das Rebellische daran gefallen: Die waren selbstbewusst, cool und modern – ich wollte sein wie sie!

Das hat sich mittlerweile natürlich geändert, ich will heute nicht mehr sein wie sie. Aber das starke Gefühl von Zugehörigkeit, das Rap mir vermittelt hat, ist mir auch heute noch ziemlich wichtig. Denn es hat mir ein Stück Heimat gegeben. Das liegt zum einen an der Sprache, dem Slang, der von der Straße kommt und sich nicht an offizielle Grammatikregeln hält. Hip-Hop ist die Musik der unteren Klasse, der armen Leute, wo man nicht erst jemand sein muss, um dazuzugehören. Und damit verbunden ist es auch die Haltung, die in vielen Rapsongs steckt: Wenn du nicht zur Party eingeladen wirst, dann mach eben selbst eine! Was dir nicht gegeben wird, nimm es dir einfach! Ich konnte und kann das immer noch in ganz viele meiner eigenen Lebensereignisse oder Lebenssituationen hinein übersetzen, Situationen, in denen ich gemerkt habe: Ich bin da nicht eingeladen. Ich konnte mir dann jedoch sagen: Okay, aber ich bin deshalb nicht scheiße! Ich mache einfach meine eigene Party. Das war und ist für mich ein ziemlich wichtiges Stück meiner Identität: Was du von anderen nicht bekommen hast, das gibst du dir einfach selbst.

Ich habe, wie gesagt, als Jugendlicher zuerst vor allem US-amerikanischen Rap gehört. Später kam dann auch Deutsch-Rap dazu. Und der war für mich ein Anreiz, dieser Musikkultur weiter zu folgen. Das war hier ebenfalls zunächst der Sound der Straße: die Lyrik der Kanaks, denen es scheißegal war, ob du Türke oder Afghane, Libanese oder Ukrainer, Schweizer oder aus Chemnitz bist, ob du klein oder groß oder dick oder dünn bist, dich als Deutscher oder als Hesse betrachtest. Wenn du diese Hip-Hop-Kultur lebst, brauchst du dich nicht zu rechtfertigen, weil du einfach gut bist, wie du bist. Das habe ich durch den Hip-Hop gelernt, und deshalb ist er bis heute meine große Liebe, einfach ein Teil meiner Identität.

Außerdem hat er mir erlaubt, meinem »inneren Kind« treu zu bleiben, weil Rap auch verspielt ist. Darin werden Rollen und Rollenbilder übertrieben, wie Jugendliche es eben tun. Rap spielt damit, probiert aus und provoziert absichtlich – selbst wenn es um Konsum, um Luxus wie die für Hip-Hopper klassischen Goldketten und dicken Autos geht. Das alles zusammen gibt mir ein gutes Gefühl, gerade in einer Welt, die so materialistisch ist und in der du der bist, der du bist, weil du hast, was du hast. Das erdet mich.

Das alles spüren natürlich auch die Jugendlichen, und sie lieben das. Hip-Hop bedeutet Identität, ganz besonders, seit es durch den Deutsch-Rap diese ganzen lokalen Szenen und Stile gibt: den Frankfurter und den Hamburger Rap, den Berliner Rap und jeweils die Kiezgrößen, mit denen die Jugendlichen sich insbesondere identifizieren, weil das meist solche Jungs sind wie sie! Nur dass die jetzt eben im Rampenlicht stehen, es geschafft haben, erfolgreich sind und gesehen werden. Damit geht oft ein gewisser Lokalpatriotismus einher, und das verschafft den Jugendlichen wiederum ein Gefühl von Identität und Zugehörigkeit, Selbstbewusstsein und Akzeptanz in einer Welt, in der sie all das bisher selten oder gar nicht erfahren haben. Hip-Hop war schon immer ein selbstbewusstes Repräsentieren dessen, was man ist und wo man herkommt, auch wenn das die Straße und die Arme-Leute-Kieze sind. Deswegen kann man, wenn man sich mit dem Thema beschäftigt, verstehen, warum ein gewisser materieller Anspruch einfach Thema in Rap-Texten ist.

Heute ist Hip-Hop jedoch insgesamt viel kommerzieller geworden, als er es früher war. Viele Künstler und Labels verdienen wirklich eine ganze Menge Geld damit. Und er ist unheimlich vielfältig geworden, es gibt Subkulturen in der Subkultur: Old School Rap, Trap, Drill und New Wave und viele andere unterschiedliche Bubbles, es gibt neue Sachen, gemischt mit Pop, es gibt große und kleine Szenen. Sido läuft im Radio, und Deutsch-Rapper machen Lieder mit Udo Lindenberg, Helene Fischer oder Otto. Musik entwickelt sich eben weiter! Und es muss ja nicht jedem alles gefallen.

Grundsätzlich kann man aber immer noch sagen: Hip-Hop ist offen für alle. Und es ist nicht alles nur oberflächliches Zeug! Das gilt auch für den Deutsch-Rap. Wenn man da zwischen den Zeilen liest, erzählen viele Texte Geschichten, mit denen ich etwas anfangen kann. Und viele der Jugendlichen, mit denen ich arbeite, empfinden das genauso! Es geht darum, wo man herkommt und dass man da nichts hatte und sich etwas aufgebaut, erarbeitet hat. Diesen Weg zu sehen, ist inspirierend, gerade für die Jugendlichen.

Natürlich gibt es Rapper, bei denen es nur um Drogen, Gewalt und Kriminalität geht. Ich verstehe Eltern, die dann befürchten, dass ihr Kind auf die schiefe Bahn gerät, weil es den ganzen Tag nichts anderes hört. Aber nach meiner Erfahrung können die Jugendlichen das ganz gut einordnen, was sie da hören. Wenn du als 14-Jähriger einen Actionfilm siehst und dir dabei denkst: »Boah, krass, wie der da alle umbringt!«, verstehst du trotzdem, dass das eben nur ein Film ist. Kein normaler Mensch wird auf die Idee kommen, das nachzuahmen oder zu glauben, dass das »echt« ist, die Realität widerspiegelt. Es ist Kunst, so, wie Hip-Hop eine Kunstform ist. Deshalb sage ich Eltern, die sich Sorgen machen, weil ihre Kinder Deutsch-Rap oder Hip-Hop hören und damit zu mir kommen: Wenn dein Kind wegen eines Rapsongs jemanden bedroht oder einen Raubüberfall plant, dann hilft es nicht, wenn man ihm diese Musik verbietet. Dann müsste man vielleicht eher an anderer Stelle gucken, was da wirklich schiefläuft. Denn in der Regel steht kein Jugendlicher, der ein gutes Zuhause, liebevolle Eltern und keine großen Sorgen hat, morgens auf, hört drei Lieder von Capital Bra, Bonez MC oder wem auch immer und geht dann raus und startet einen Überfall. In der Regel hattest du schon vorher ein Scheißleben, wenn du so etwas machst. Dann ist es deine Lebenssituation, die dazu geführt hat, dass du Scheiße baust. Aber das macht selten einer nur deshalb, weil der Sound dazu gerade so gut war.

Als Jugendlicher war für mich Hip-Hop wirklich eine ganz krasse Leidenschaft, und ich habe auch heute noch immer ein Album von einem Künstler oder einer Künstlerin in der Playlist, auf das ich nicht verzichten kann. Wenn ich schlechte Tage habe und es mir nicht gut geht, höre ich ein bisschen Hip-Hop und erinnere mich daran, dass eigentlich alles gut ist, das macht mich einfach glücklich. Deshalb kämpfe ich für diese Musikrichtung – weil sie es verdient hat! Für mich strahlt Rap immer noch ein Gefühl von Akzeptanz und Liebe aus. Und ich bin auch mit 30 noch nach New York geflogen, um Konzerte meiner Lieblingsrapper zu besuchen!

7

WIE ICH TATSÄCHLICH NOCH AN DIE UNI KAM

Irgendwann fragte meine Mutter mich: »Was ist denn nun mit Studium und so? Mach doch!« Vor allem ihr zuliebe habe ich mich dann tatsächlich an ein paar Unis beworben. Ich hatte die Erzieherausbildung abgeschlossen, das Abi an einer Fachoberschule für Sozialwesen nachgeholt und fand diese Berufsrichtung für mich irgendwie gut, weil ich anderen helfen wollte, denen es so ähnlich ging wie mir als Kind und Jugendlicher. Ich hatte allerdings leider auch einen sehr bescheidenen Abi-Durchschnitt. Es war deshalb das reine Glück, dass ich überhaupt an einer Uni angenommen wurde. Aber die Evangelische Hochschule für Sozialwesen in Darmstadt hatte eigene Auswahlkriterien, unabhängig von der Abi-Note, und so konnte ich mich tatsächlich einschreiben. Als es dann losging, war das ein Hammer für mich! Ich war überhaupt nicht vorbereitet aufs Studieren, ich wusste gar nicht, was mich da erwartet, ich wusste nicht mal wirklich, was Sozialarbeit ist. Und mir war diese ganze wissenschaftliche Welt fremd, ich hatte das überhaupt nicht drauf wie die anderen Studierenden, die richtigen Module auszusuchen und mir einen Plan für das Studium zusammenzustellen. Aber trotzdem wollte ich das, Soziale Arbeit studieren. Ich hatte damals schon den Begriff »Streetworker« im Kopf und dachte: Da geht es irgendwie darum, anderen Menschen zu helfen. Das passt zu mir, ich komme von der Straße, ich weiß, wie es läuft. An der Uni bin ich auf Professoren gestoßen, die sagten: »Ich komme zwar nicht von der Straße, aber ich habe 20 Jahre lang zu dem Thema geforscht und mehrere Bücher darüber geschrieben.« Irgendwann habe ich kapiert: Ich kann von denen wirklich etwas lernen.

Damit begann für mich ein ganz großer Selbstreflexions- und Entwicklungsprozess. Im Grunde habe ich mich an der Uni selbst neu kennengelernt. Ich habe damals noch richtig viel gekifft, wog 150 Kilo und saß viel zu Hause rum, ich war ein richtiger Stubenhocker. An der Uni hat sich das verändert, denn plötzlich bekam ich Aufmerksamkeit. Ich fiel auf unter den anderen Sozialarbeit-Studierenden, ich war wohl so eine Art Phänomen: der, der selten einen Block oder einen Stift dabeihatte und nur kam, wenn er Bock hatte; der immer Gras in der Tasche hatte und in der Pause zum Kiffen ging. Die Leute fanden mich schräg und lustig, irgendwie interessant, aber ich blieb doch erst mal der nette dicke »Bu«, wie ich damals genannt wurde, mit dem die Mädels gerne abhingen, der aber nie eine Freundin abkriegte.

Das Lernen für die Ausbildung war grauenhaft für mich gewesen. An der Uni war das anders, weil es dort einen ganz anderen Lernansatz gab: Ich schrieb Hausarbeiten, für die ich mir selbst ein Thema aussuchen und in der Bibliothek recherchieren konnte! Ich konnte die Sache ganz anders angehen. Das war mein Glück. Ich war zwar immer noch schlecht in den Fächern, die mich nicht interessiert haben. Aber als mir ein deutscher Mann erklärte, warum Menschen mit Migrationshintergrund eher nicht in Diskotheken reinkommen und dass das mit gesellschaftlichem Ausschluss, mit Rassismus, auch mit Kapitalismus zu tun hat, da fing es in mir an zu arbeiten. Ich war selbst noch in keine Disko reingekommen! Ich kapierte also irgendwann: Okay, wow! Das Thema Bildung sollte ich mir wirklich mal durch den Kopf gehen lassen. Die haben mir ja nicht umsonst diesen Bibliotheksausweis gegeben!

Ich merkte, dass ich einfach mein Leben lang in einer Blase gelebt hatte, die aus Hip-Hop, Kiffen und Stress mit den Eltern bestand – und dass es eine andere Wahrheit zu entdecken gab. Ich fing an, das Gesetz der Sozialen Arbeit zu studieren, befasste mich mit Recherche, Aufmerksamkeit, Wahrnehmung und Techniken des Zuhörens. Ich fand es superspannend, dass es auch in der Wissenschaft oft keine Einigkeit gibt, dass man gegeneinander argumentieren und sich seine eigene Meinung bilden kann. Und ich habe zum ersten Mal über das Thema »Haltung« nachgedacht. Das habe ich aufgesogen.

Das Studium in Darmstadt war zudem sehr praxisorientiert, wir sollten viel raus auf die Straße gehen, Obdachlose am Bahnhof ansprechen oder Ähnliches. Das kam mir entgegen, denn das konnte ich gut! Ich habe mich einfach zu denen gesetzt, ihnen die Hand gegeben, viel gefragt, gequatscht. Andere Kommilitoninnen und Kommilitonen hatten damit Probleme. Aber ich konnte hier auf meine eigenen Erfahrungen zurückgreifen, denn ich war als Jugendlicher ständig mit meinen Freunden draußen auf der Straße und habe dabei irgendwie immer gehofft, dass mal jemand kommt und fragt, wie es uns geht und warum wir eigentlich hier rumhängen.

Durch das Studium verstand ich auch, dass Soziale Arbeit und Politik zusammenhängen. Damit hatte ich mich vorher nie beschäftigt, politische Teilhabe hatte ich in meinem Leben noch nie gespürt. Ich war nie wählen gewesen, hatte keine parteipolitische Präferenz. Interesse daran entwickelte ich erst, als ich während eines Uni-Projekts verstand, wofür Politik zuständig ist. Es ging um einen Sportplatz nahe der Uni, den Jugendliche nutzten, der aber total heruntergekommen war. Wir haben damals Briefe an Politiker und Medien geschrieben, Petitionen gestartet und Videos mit Jugendlichen gedreht und so versucht, die örtlichen Verantwortlichen dazu zu bringen, sich darum zu kümmern, dass der Platz hergerichtet wird. Und plötzlich habe ich einen Sinn darin gesehen, Politik zu verstehen. Vor allem aber habe ich Anerkennung bekommen. Ich hatte Professorinnen und Professoren, die mir sagten: »Du musst einfach auf die Straße, du bist dafür gemacht, Sozialarbeiter, Streetworker zu werden.« Sie haben mich motiviert und unterstützt.

Im Studium habe ich zudem sehr gute Freunde kennengelernt, vor allem einen: David, der bis heute einer meiner besten Freunde ist. Er war der Erste, dem ich sagen konnte, was mich damals schon lange belastete: »Hör zu, ich habe ein Problem, ich will endlich abnehmen! Ich hatte noch nie im Leben eine Freundin!« David holte einfach nur Zettel und Stift raus und sagte: »Was hältst du davon, gesünder zu essen und dich mehr zu bewegen?« Er schrieb mir auf: »Morgens Haferflocken mit Milch und Früchten und viel Sport, am besten: Laufen.« Und ich sagte: »Ganz ehrlich, sieh mich an, ich trau mich so doch gar nicht, joggen zu gehen!« Also stand David nachts um zwölf vor meiner Tür und erklärte: »Dann joggen wir eben jetzt gemeinsam.« Was ich natürlich mit meinem damaligen Gewicht und nach dem vielen Kiffen überhaupt nicht konnte! Irgendwann kam ich deshalb mit blauem Gesicht und schweren Lungenproblemen ins Krankenhaus. Das und ein paar ernste Worte des Klinikarztes führten dann endlich dazu, dass ich begann, die Sache wirklich anzugehen. Ich hörte auf zu kiffen, machte weiter

Sport und wog irgendwann nur noch 90 Kilo. Das war krass: der neue Burak. Ich war ein anderer Mensch geworden, habe mich auf das Studium konzentriert, mehr gelernt und jeden Tag Sport gemacht. Nebenbei jobbte ich – und entwickelte dabei noch mehr Selbstbewusstsein, vor allem durch meine veränderte Identität. Denn über die Uni hatte ich noch einen weiteren Menschen kennengelernt, der mein Leben und meine persönliche Entwicklung stark beeinflusste: Muhsin, mein erster Chef. Er wurde ein Game-Changer für mich, genau wie Herr Reibold.

Dass ich ihn bei einer Praxisbörse an der Uni kennenlernte, war reiner Zufall, denn ich hatte gar nichts von dieser Veranstaltung gewusst, war mal wieder bekifft zur Uni gekommen und lief durch den großen Raum, in dem sich die Unternehmen präsentierten, bei denen die Studierenden ihre Pflichtpraktika absolvieren konnten. Plötzlich wurde ich von allen Seiten angequatscht, ob ich mich nicht für ein Praktikum bewerben wolle. Das war so ungewohnt für mich! An diesem Tag habe ich das erste Mal gespürt, was ich für einen Wert hatte: ein türkisch sprechender Mann, der eine Erzieherausbildung hat und Sozialarbeiter werden will! Es gab aufseiten der Studierenden einen Kampf um die besten Praktikumsplätze – und es gab aufseiten der Träger einen Kampf um jemanden wie mich! Ich hätte mir einfach einen Praktikumsplatz aussuchen können – und dabei hatte ich mir eigentlich nur einen Kaffee in der Cafeteria holen wollen!

Ich bin dann mit dem Kaffee und zig Broschüren in der Hand erst mal wieder raus auf den Parkplatz, habe noch einen Joint geraucht und war total baff: Ich hatte offenbar wirklich gute Chancen in dem Job! Das war eine super Erfahrung für mich, denn ich fühlte mich damals immer noch ziemlich fremd an der Uni. In diesem Moment quatschte mich ein Typ an und fragte:

»Sag mal, bist du hier Student? Studierst du Soziale Arbeit?« Und ich antwortete stolz: »Ja klar! Klar bin ich hier Student!« Er sah irgendwie türkisch aus, etwas älter als ich. Er sagte nichts dazu, dass ich dasitze und einen Joint rauche, sondern quatschte mit mir über Musik und fragte irgendwann, ob ich nicht Bock hätte, mein Praktikum bei ihm zu absolvieren. Er hatte sich im Bereich Jugendhilfe selbstständig gemacht. Ich sagte: »Warum nicht?«, und er: »Dann lass uns mal morgen gemeinsam was essen und reden.« Das haben wir gemacht. Erst wurde daraus tatsächlich ein Praktikumsplatz und anschließend ein Job – und eine richtig gute Freundschaft. Denn nach dem Praktikum bot er mir an, neben dem Studium für ihn zu arbeiten. Meinen Freund David holte er auch gleich noch dazu. Muhsin hat mir sehr dabei geholfen, in dem Job als Sozialarbeiter Sicherheit zu finden. Er hat mich zum Beispiel als Praktikant zu einem Treffen mit dem Jugendamt mitgenommen, bei dem es um einen »seiner« Jugendlichen ging. Da saßen solche Behördentypen mit Anzug und Krawatte mit Heftern und Stiften am Tisch und redeten ganz sachlich und fachlich über diesen Jugendlichen. Muhsin saß ihnen gegenüber und redete auf die gleiche Art mit diesen Leuten. Zwischendurch guckte er mich an und zog einfach irgendeine Grimasse, sodass ich voll lachen musste.

Er war ein Typ, der so etwas machen konnte, also einen eigenen Träger gründen und super Arbeit machen und trotzdem solche ernsten Situationen auch mal durchbrechen, Distanz dazu halten, sich eine unheimliche Leichtigkeit und positive Haltung bewahren. Er war wirklich ein Profi, aber er wusste: Es gibt Zeiten, da muss man ernst sein, und es gibt Zeiten, da muss man auch mal lachen. Es war total schön, zu sehen, dass es das gibt, das so etwas geht! Ich habe ihm nachgeeifert, er konnte mir beibringen, wie man an dieser Arbeit nicht kaputtgeht. Denn ich habe in dieser Zeit ganz schön harte Jobs gemacht. Zuerst war ich am Bahnhof, hier traf ich auf Süchtige, die schon Jahrzehnte auf Drogen waren und bei denen eigentlich klar war, dass man ihnen zwar in manchen Punkten helfen kann, dass man sie aber nicht mehr von der Sucht wegkriegt. Das war nichts für mich, das war mir zu hoffnungslos – und ich wollte ja auch eigentlich Jugendlichen helfen.

Ab 2015 haben David und ich dann mit jungen Geflüchteten gearbeitet, unbegleiteten Minderjährigen, die in einem Heim untergebracht waren. Die meisten kamen aus Syrien und Afghanistan, und ich war als angehender Sozialarbeiter mit Anfang 20, ohne Erfahrung im Job und ohne Sprachkenntnisse, zusammen mit David nun für 15 Menschen verantwortlich. Muhsin hatte uns einfach 15 Aktenmappen in die Hand gedrückt und gesagt: »Guckt die mal durch!« Plötzlich hatten wir die Fluchtgeschichten vor uns und all die Probleme, die daran hängen: drohende Abschiebungen, unvollständige Papiere, Traumatisierungen. Zudem haben diese Jugendlichen all den Mist gemacht, den alle Jugendlichen eben so machen, und alles Mögliche ausprobiert. Wir mussten selbst entwickeln und überlegen, wie wir jetzt mit ihnen umgehen, das heißt, von Woche zu Woche und von Monat zu Monat haben wir dazugelernt, was es bedeutet, mit diesen Jugendlichen zu arbeiten. Muhsin hat uns dabei unterstützt und mir unheimlich viel beigebracht: über Grenzen, über Haltung, darüber, was Professionalität bedeutet und wie es möglich ist, dabei ein Mensch zu bleiben. Aber eben auch, wie Soziale Arbeit funktioniert. Er hat uns wirklich trainiert! Ich weiß noch, wie er David und mich mit einer Kamera aufgenommen hat, während wir einen Vortrag halten sollen. Es ging ihm dabei nicht um den Vortrag, sondern darum, uns zu zeigen, wie wir reden, wie wir stehen, wie wir uns positionieren, wie unsere Stimmen klingen und so weiter. Ich werde dieses Video nie vergessen. Wir kamen uns so blöd vor, ohne Charisma, ohne Selbstbewusstsein! Das war ein großer Lern- und Entwicklungsprozess, den ich da durchgemacht habe. Muhsin hatte dabei Vorbildfunktion für mich, denn er war ein cooler und charismatischer Typ, den ich wirklich bewundert habe. Er war immer ein Hoffnungsschimmer, verbreitete immer einen gesunden Optimismus und sagte uns: »Egal, was ist, wir müssen einen Weg daraus bauen.« Das habe ich mir zu einhundert Prozent bei ihm abgeguckt. Muhsin hat bei mir ein großes Fundament gelegt, auf dem ich mich bewegen, auf dem ich fest stehen konnte.

Trotzdem kam für mich mit dem Studienabschluss ein Punkt, an dem ich dachte: Ich muss das hier alles mal hinter mir lassen. Ich hatte Erfolgserlebnisse gehabt und mich persönlich sehr verändert – ich wollte jetzt meine Komfortzone verlassen, etwas anderes erleben. Meine beiden Brüder lebten damals schon in Berlin, auch mein Neffe, und meine Eltern waren deshalb oft dort zu Besuch. Also zog ich nach Berlin und nahm die Stelle als Jugendsozialarbeiter bei Outreach an. Denn für mich stand fest: Ich will mit Jugendlichen arbeiten. Also war ich dort genau richtig.

Das war aber auch ein ganz schön harter Cut, ein Sprung ins kalte Wasser in jeder Hinsicht. Erstens kannte ich Berlin nicht, keine einzige Straße, keinen einzigen Kiez, in dem ich nun Sozialarbeit machen sollte. Und zweitens kriegst du im Studium der Sozialen Arbeit kein Handwerk beigebracht. Du bist kein Koch, der gelernt hat, wie lange man ein Schnitzel brät und das dann eben immer so macht, kein Arzt, der weiß, welches Medikament welche Krankheit heilt, kein Mathematiker, der die Formel für die Lösung eines Problems kennt. Es gibt keine Routine wie in anderen Berufen. Klar, du hast ein bestimmtes Know-how, hast bestimmte Techniken und Herangehensweisen erlernt. Aber es gibt kein Einmaleins der Sozialarbeit, keine Formel, kein Buch, in das du schauen und in dem du die Lösung für deinen Fall finden kannst. Stattdessen haben mir meine Professoren immer gesagt: »Es geht nicht darum, dass du eine Lösung findest, du musst nur einen Weg finden.« Hilfe zur Selbsthilfe. Kein Mensch ist wie der andere. Das ist nur so, wenn es um Recht, um Gesetze geht. In dieser Hinsicht hat mir das Studium wirklich etwas Routine gebracht: Ich weiß, wie und vor allem wo man ein Gesetzbuch aufschlägt, wo man also suchen muss, was Paragrafen sind, was sie bedeuten und wie man damit arbeitet. Ich weiß, wie man beim Jobcenter einen Antrag auf Erstausstattung stellt. Aber solche Sachen machen vielleicht fünf Prozent meiner Arbeit aus. Zu 95 Prozent arbeitest du mit Menschen, mit ganz individuellen Fällen. Alles beginnt immer mit Fragen: Was mache ich in diesem Fall? Was ist zu viel, wo ziehe ich Grenzen? Es ist vor allem wichtig, dass man gut zuhören, gut kommunizieren kann – und dass man nicht abwertet. Man muss sich als Sozialarbeiter in andere hineinversetzen können, man braucht so etwas wie soziale Kreativität, um herauszufinden, wie und womit man eine Person oder auch eine Gruppe Jugendlicher erreichen und motivieren kann. Das erfordert Empathie und auch Sympathie und natürlich ein Ziel, das man erreichen möchte.

Inzwischen mache ich den Job jetzt schon seit ein paar Jahren, in denen ich viel dazugelernt habe. Zum Beispiel habe ich mittlerweile verstanden: Ich kann nicht allen Jugendlichen helfen, ich kann nicht alle retten. Nicht weil das nicht gehen würde, sondern weil ich es einfach nicht schaffen kann. Es gibt zu wenig Jugendsozialarbeiter! Auch dazu erzähle ich später noch mehr. Ich halte deshalb heute nach dem »Klick-Moment«, wie ich es nenne, Ausschau, wenn ich mit neuen Jugendlichen, neuen Jugendgruppen arbeite. Ich brauche ein Zeichen von ihnen. Denn mein Gegenüber muss es wollen, muss danach fragen, muss mir ernsthaft versichern können: Ich bin an einem Punkt, an dem ich etwas verändern will. Auch wenn ich noch nicht weiß, wie das gehen soll. Dann biete ich meine Hilfe an.

8

BEISPIEL ABDUL: BILDUNG UND CHANCENGLEICHHEIT

Bei einer Gruppe von Jugendlichen, mit denen ich gearbeitet habe, war es Abdul, der mir dieses »Klick-Gefühl« vermittelte. Ich lernte ihn beim Mitternachtssport kennen. Wie schon erwähnt, bieten wir Jugendlichen Freitagnacht von 21:30 Uhr bis 23:30 Uhr die Gelegenheit, in einer Turnhalle Fußball oder Basketball zu spielen, damit sie die Wochenendnächte nicht auch noch draußen verbringen müssen – und dabei vielleicht irgendwas Dummes anstellen. Fußball spielen die meisten wirklich gern, außerdem ist es draußen kalt, dunkel und auf jeden Fall ungemütlich. Und drittens gibt es für die Jugendlichen kaum andere attraktive Angebote.

Was macht man in dem Alter am Wochenende? Man geht feiern in einem Club, geht ins Kino, hängt vielleicht mit Freunden ab, spielt Playstation. Aber Ausgehen kostet Geld: Die Kinokarte plus Popcorn, und dann hast du noch keine Cola. Club oder Bar kostet auch Geld, und in viele Clubs oder Bars kommen manche »unserer« Jungs aus anderen Gründen gar nicht erst rein: Sie haben die falsche Haar- und Hautfarbe, die falschen Klamotten, das falsche Benehmen. Sie werden ausgegrenzt und benachteiligt.

Natürlich gibt es auch Jugendliche, die reingelassen werden oder die zum Fußballspielen in Sportvereine gehen, auch in meinem Arbeitskiez in Nord-Schöneberg. Wir haben aber vor allem mit den Jugendlichen zu tun, die dort nicht hingehen, also den »schwer zu erreichenden« Jugendlichen. Das sind meist die, die sich das nicht leisten können und die zu Hause keinen Platz haben, um Freunde mitzubringen und zusammen abzuhängen oder Playstation zu spielen. Oft gibt es nur ein Zimmer für die Kinder, da will dann die kleine Schwester malen oder der kleine Bruder schlafen. Oder der Vater ist gerade von der Nachtschicht gekommen und schläft, und deshalb müssen alle leise sein.

Im Grunde will man als Jugendlicher ja auch gar nicht zu Hause sein – welcher Jugendliche will schon bei den Eltern rumhängen? Ich bin als Jugendlicher mit meinen Freunden auch nicht in der Straße geblieben, in der unsere Eltern wohnten. Wir sind mit dem Bus nach Hanau gefahren oder haben uns in irgendwelchen Grünanlagen versteckt, damit unsere Eltern uns nicht sehen konnten. Weil wir gekifft haben, weil wir Scheiße gebaut oder auch einfach nur Scheiße gelabert haben. Man will nicht, dass die Eltern wissen, was man so macht und wie man so ist, wenn man mit seinen Freunden unterwegs ist.

Viele von den Jungs, die zum Mitternachtssport kommen, erzählen mir, dass sie nur zum Essen und Schlafen nach Hause kommen und dann wieder rausgehen. Weil zu Hause für sie kein Ort ist, an dem man sich gehen lassen kann, wo man sein kann, wie man ist. Andere erzählen mir, dass sie nicht nach Hause wollen, weil es dort zu viele Probleme gibt, einfach zu viel Stress, weil die Eltern selbst nicht mit ihrem Leben klarkommen oder zu viel von einem verlangen. Der Mitternachtssport kostet nichts. Außerdem sind da coole Leute, und wir Sozialarbeiter bringen Unmengen an Süßigkeiten, Essen und Getränken mit, was ebenfalls kostenlos ist für die Teilnehmer.[1]

Dann hast du da also so um die 20 Jugendliche in einer Turnhalle, die alle Action haben wollen. Das ist meist ziemlich anstrengend und laut. Manchmal gibt es Streit und gegenseitige Beleidigungen oder sogar Schlägereien. Und in dieses Getümmel schmeißt du dann den Sozialarbeiter-Köder rein und hoffst, dass einer anbeißt, dem du helfen kannst. Ich versuche dabei immer, mir das Verhalten der einzelnen Jugendlichen ganz genau anzuschauen: Wer ist nur auf Ärger aus, wer hat eigentlich gar keinen Bock darauf? An einem Abend fielen mir zwei Jungs auf, die sich raushielten oder sogar versuchten, die anderen zu beruhigen und zu stoppen. Die knöpf ich mir vor, dachte ich. Ich meine natürlich: Mit denen möchte ich reden. Der eine der beiden, stellte sich heraus, hatte gerade eine Bewährungsstrafe bekommen und musste aufpassen, dass er keinen weiteren Stress mit der Polizei hatte. Er machte also vor allem deshalb keinen Ärger, weil er sich keinen mehr leisten konnte. Der andere, Abdul, war eigentlich der anstrengendste Jugendliche der Gruppe, genau der Typ, der allen auf die Nerven geht, weil er so laut und hyperaktiv ist, ständig Witze reißt und die anderen – auch die Sozialarbeiter – gerne provoziert. Er war aber auch derjenige, auf den alle in der Gruppe hörten, wenn er etwas sagte. Und: Er war es, der nach einer Mitternachtssport-Aktion von sich aus beim Aufräumen half und ganz selbstverständlich all den Müll mit aufsammelte, der dabei so anfällt.

Mir zeigte das: Er hat Selbstbewusstsein und Sozialkompetenz. Denn die anderen fanden das natürlich irgendwie blöd, beim Aufräumen zu helfen, hatten keinen Bock darauf. Sie konnten es aber auch nicht einfach lassen, wenn Abdul, der Anführertyp, mithalf. Dieser Abdul kam tatsächlich irgendwann von ganz allein zu mir und sagte: »Burak, hör mal, du hast doch studiert. Ich muss auch studieren. Ich will das nicht nur, ich muss das schaffen, hilf mir dabei. Hier ist meine Telefonnummer.« Für mich als Sozialarbeiter heißt das: Da bin ich jetzt dran. Der wird mich nicht mehr los. Er will nicht nur studieren, er muss studieren, hat Abdul gesagt. Er weiß also, dass das sein Weg in ein besseres Leben ist. Und er will das schaffen. Den rufe ich jetzt jeden Tag an, ich schreibe ihm, wo es kostenlose Nachhilfe gibt oder eine Jugendeinrichtung, wo er in Ruhe lernen kann. Denn Bildung ist das Wichtigste, finde ich. Nicht nur, weil man seine Gehaltsklasse verbessert, wenn man eine Ausbildung oder ein Studium absolviert. Man erweitert dabei seinen Horizont und entwickelt sich in diesen drei, vier Jahren auch persönlich weiter. Ich habe das selbst an der Uni erfahren, und das hat es mir persönlich leichter gemacht, die Person zu werden, die ich sein wollte. Man lernt Menschen kennen, denen man sonst nicht begegnet wäre, und verändert damit seinen Blick auf die Welt, die Menschen und sich selbst.

Viele der Jugendlichen, denen ich begegne, hängen immer nur in ihrem eigenen Viertel, in ihrer eigenen Hood und immer mit denselben Leuten ab. Der Kiez und ihre Gruppen dort geben ihnen das Gefühl von Zugehörigkeit, Identität und Sicherheit. Aber das führt auch dazu, dass die Jugendlichen oft nichts anderes kennen als Schöneberg oder Neukölln, ihre Straßen und Ecken dort, die meist aus in den 1980er-Jahren sanierten und längst wieder abgewohnten Berliner Altbauten oder aus riesigen Betonklötzen bestehen, die vor 40, 50 Jahren als moderne Großsiedlungen im sozialen Wohnungsbau errichtet wurden. Meist sind diese ebenfalls längst heruntergekommen: die Fassaden verschmutzt, die Müllplätze ungepflegt, die Grünflächen zwischen den Blocks verkümmert. Doch die Jugendlichen sind dort aufgewachsen, das ist ihre Hood, in der sie sich sicher und zu Hause fühlen und wo sie die Menschen, das Leben und seine Regeln kennen.

Meine Kollegen und ich versuchen, das aufzubrechen, ihnen mit Angeboten wie Ausflügen oder Reisen zu zeigen, dass die Welt größer ist und mehr zu bieten hat. Wenn die Jugendlichen mit ihren Familien überhaupt mal wegfahren, dann entweder zu Verwandten oder in den Urlaub in die »alte Heimat«, was sie meistens nur nervt – selbst wenn die meisten das niemals zugeben würden. Aber für den Kurztrip nach London oder gar den Schüleraustausch in die USA ist dann kein Geld mehr übrig. So etwas bleibt am fernen Horizont – genau wie ein Studium. Also Leuten vorbehalten, die anders leben und vermutlich auch anders sind als man selbst und die eigenen Freunde. Und von denen man niemanden persönlich kennt. Hinzu kommt das Gefühl, dass man da nicht hingehört, in diese Kreise, in denen Jugendliche oder Familien so etwas gemeinsam machen – und dass man dort auch gar nicht erwünscht ist, keinen Zutritt bekommt, genau wie in die schicken Matcha-Latte-Cafés, die im Zuge der Gentrifizierung direkt um die Ecke eröffnet wurden. Das münzen dann manche in Ablehnung um: Wenn ich da nicht reindarf, dann will ich da auch gar nicht hin. Das ist irgendwie nur für die Deutschen, sie selbst sind aber Ausländer: Türken, Araber, Kurden. Basta. Selbstabgrenzung für ein bisschen Selbstwertgefühl.

Übrigens: Manche der Jugendlichen – die in Deutschland von vielen noch »Ausländer« genannt werden und sich, siehe oben, manchmal selbst so nennen – können gar nicht ins Ausland reisen, weil sie keinen sicheren Aufenthaltstitel, sondern eben nur eine Duldung haben. Juristisch korrekt nennt man die Duldung mittlerweile »Fiktionsbescheinigung«, weil sie eben nur eine fiktive Aufenthaltsgestattung ist – die »Aussetzung einer Abschiebung«, wie es in Amtsdeutsch heißt. Jugendliche, die nur geduldet sind, brauchen daher sogar eine Extraerlaubnis, um beispielsweise bei einer Klassenreise mit der Schule ins Ausland mitzufahren. Das kann der Fall sein, wenn sie oder ihre ganze Familie noch im Asylverfahren oder wenn Jugendliche straffällig geworden und dafür verurteilt worden sind. Im letzten Fall kommt es vor, dass der eine Bruder mit den Eltern die Verwandten im Ausland besuchen kann, der andere aber nicht. Dabei bringt es einen unheimlich voran, mal andere Luft zu schnuppern, andere Welten und Lebenswelten kennenzulernen, seinen Horizont zu erweitern.

Dieses Potenzial, diesen Wunsch erkannte ich bei Abdul: Er weiß, dass es diesen »Klick« gibt, diese Tür. Ein anderes Leben als das in seinem Kiez, mit seinen Freunden. Dabei war Abdul sonst nicht anders als viele Jungs hier. Ich musste mich also gemeinsam mit ihm erst mal um seine Angelegenheiten bei der Jugendgerichtshilfe kümmern, denn auch er hatte Ärger mit der Polizei und der Justiz. Wir mussten uns darum kümmern, dass er überhaupt wieder zur Schule gehen konnte, denn dort war er schon länger nicht mehr gewesen. Abdul war 18 Jahre alt und hatte zehn Jahre Schule hinter sich, wenn auch ohne einen richtigen Abschluss, aber die gesetzliche Schulpflicht hatte er damit erfüllt. Wir mussten also eine Regelschule finden, an der er trotzdem seine Mittlere Reife nachholen konnte.

Und das alles versuche ich in einem solchen Fall möglichst schnell zu erledigen, damit der Jugendliche sieht, dass ich mich kümmere und dass es vorangeht, damit er also dranbleibt und seinen Mut nicht verliert. Aber ich tue das auch, damit die anderen sehen, was geht und was ich möglich machen kann, denn ich möchte ja, dass sich das herumspricht in meinem Arbeitsbereich. Ich möchte, dass die Jugendlichen darüber reden, wenn sie mal wieder mit ihrer Clique draußen rumhängen. Ich möchte, dass sie anfangen, darüber nachzudenken, ob sie aus ihrem Leben vielleicht doch etwas machen könnten. Ich möchte aber auch, dass sie anfangen, wahrzunehmen, dass da einer ist, der sich kümmert: der Sozialarbeiter. Und einer, der den Mut hat, es auszuprobieren: Abdul. Ich möchte, dass andere Jugendliche sich das merken. Dann sind wir da, meine Kollegen und ich, und sagen: »Hey, wir sind Streetworker, wir können euch unterstützen, hier ist unsere Nummer, ruft uns an, wenn ihr uns braucht.«

Die Reaktion der anderen aus seiner Gruppe war zwiespältig. Einerseits lachten sie Abdul für seine Initiative erst mal aus. Sie fanden das »schwul« – und jetzt ärgert euch bitte nicht gleich, dass ich das hier zitiere. Es ist das Wort, das viele Jugendliche benutzen, wenn etwas von ihrem Männlichkeitsbild abweicht (und ich werde später noch erzählen, wie ich damit umgehe). Dazu gehört zum Beispiel, dass sich jemand Hilfe holt. Gleichzeitig waren sie irgendwie auch stolz auf ihn – und ein bisschen neidisch. Denn er hatte etwas getan, was sie sich noch nicht trauten. Vielleicht, weil es ihnen so unerreichbar schien, weil sie bisher keine Vorbilder hatten in ihrem Umfeld, in ihren Familien. Und wahrscheinlich gab es auch niemanden, der ihnen ein bisschen Druck in dieser Richtung gemacht oder sie an die Hand genommen hat. Aus all diesen Gründen fanden sie es eben irgendwie »schwul« – anders als das, was sie kennen, was sie für die Norm halten, schon deshalb, weil es für sie so schwer ist, ihren Horizont zu erweitern.

Dabei würde wahrscheinlich keiner von ihnen Nein sagen, wenn man ihn fragen würde, ob er nicht gerne Abitur machen und studieren will. Denn eigentlich sind sie ganz normale Jugendliche, neugierig und offen für neue Erfahrungen und Ideen, nur dass eben manche von ihnen mit einem Bein im Knast stehen, weil sie mit Drogen dealen oder in Schlägereien geraten. Und Drogen nehmen viele: Sie kiffen, schlucken Pillen oder trinken Alkohol, häufig besorgen sie sich auch Lachgas, weil das derzeit günstig und legal zu haben ist.

Für diese Jugendlichen ist es die Gruppe, die ihnen zwar irgendwie ein Zuhause und Halt und Stärke gibt, aber sie andererseits auch in einer Situation festhält, aus der es kaum einen Ausweg gibt, weil sie verhindert, dass man sich da rausentwickelt. Die Jungs wundern sich selbst, warum sie auf der Stelle stehen bleiben und nicht vorankommen und immer wieder Scheiße bauen. Aber sie treffen sich jeden Abend wieder mit denselben Leuten an denselben Orten, obwohl sie wissen, dass es mit diesem Team und an diesem Ort nicht weitergeht.

Das ging mir als Jugendlicher genauso. Nur: Ich hatte richtig gute Vorbilder! Zum Beispiel meine beiden großen Brüder, die es, anders als ich, der erst mal in die Hauptschule musste, gleich von der Grundschule aufs Gymnasium geschafft hatten und später auch noch an die Uni! Nicht nur deshalb waren die beiden krasse Vorbilder für mich. Mein ältester Bruder war zudem so etwas wie eine moralische Instanz. Der hat ganz viel Bauchgefühl, Charakter und Haltung. Mein anderer Bruder war immer ehrgeizig und wollte unbedingt vorankommen. Bei ihm gab es kein Aufgeben, sondern nur Weitermachen, ein Schritt und noch einer. Beide haben mir sehr viel mitgegeben, selbst wenn ich erst mal nicht so der Überflieger war mit meinem schlechten Hauptschulabschluss. Ich konnte durch meine Brüder jedoch immer erleben: Wenn du was tust, dann kannst du auch etwas erreichen – es lohnt sich! Deshalb habe ich mich als Jugendlicher nie zu sehr in die Scheiße geritten; ich habe immer geguckt, dass ich keine allzu schlimmen Dinge anstelle. Denn bei meinen Brüdern habe ich gesehen: Du musst den geraden Weg gehen, es gescheit machen. Meine Brüder haben das durchgezogen: Schule, Uni. Sie haben mir gezeigt: Wir können das – und du kannst das auch.

Heute glaube ich: Ich habe mir als Jüngster von beiden ein bisschen was abgeschaut. Und ich weiß: Es war und ist mein großes Glück, dass ich solche Brüder hatte! Denn das sehe ich heute als Jugendsozialarbeiter bei den Jugendlichen, die solche Rollenvorbilder nicht haben. Das macht es für sie unheimlich schwer. Sie haben vielleicht auch große Brüder, aber die schaffen es leider nicht immer, ihnen ein wirklich gutes Leben vorzuleben.

Aus meiner eigenen Lebenserfahrung weiß ich also: Wenn einer kommt und sagt, er möchte Abi machen, muss ich ihn ein Stück weit von den anderen isolieren. Ich muss ihm klarmachen: Wenn du das wirklich willst, musst du lernen, dann musst du dich auch mal abends hinsetzen, statt draußen mit deinen Jungs abzuhängen. Ohne das geht es nicht. Du musst Opfer bringen! Und: Niemand sagt, dass das einfach ist. Der Jugendliche muss verstehen, dass er eine Wahl hat und dass er die Verantwortung dafür trägt, wofür er sich entscheidet – und die Konsequenzen! Wenn er das akzeptiert, kann er sich darauf verlassen, dass ich einhundert Prozent für ihn da bin – der beste Sozialarbeiter, den er sich wünschen kann.

Man darf nicht vergessen: Es gibt in den Problemkiezen, in den »strukturschwachen Gegenden«, wie das im Sozialarbeiter-Deutsch heißt, auch Jugendliche, die in der Schule nicht versagen, die klarkommen, eine Ausbildung oder Abi machen und an die Uni gehen. Die wollen und kommen raus – aus der Armut, der Perspektiv- und Arbeitslosigkeit. Und natürlich sind dabei auch viele, die von ihren Eltern ermutigt, unterstützt und gefördert werden.

Andere von den Jungs sind aber einfach schon sehr lange auf der falschen Spur, auf sich allein gestellt und ohne Plan und Perspektive. Sie haben es wirklich nicht leicht. Die Eltern wollen natürlich auch nicht, dass ihre Söhne kriminell werden! Aber bei den meisten Jugendlichen, mit denen ich arbeite, haben die Eltern selbst viele Probleme: sind alleinerziehend und haben viele Kinder, sind schwer krank, süchtig oder psychisch instabil. Viele Kinder erleben zu Hause in der eigenen Familie Gewalt. Sie kommen in der Schule nicht klar, weil sie vielleicht länger zum Lernen brauchen oder andere Unterrichtsformen bräuchten oder zu Hause keinen Raum zum Lernen haben.

Da haben auch die Coronapandemie und die Maßnahmen zu ihrer Eindämmung großen Schaden angerichtet, den wir bei den Jugendlichen, mit denen wir derzeit arbeiten, deutlich erkennen können: die geschlossenen Schulen, die die Schüler aus ihrer Gemeinschaft herausisoliert haben, das Homeschooling, das gerade in armen, kinderreichen Familien ein Problem war, weil nicht genug Platz und Computer für alle Kinder da waren. Es betraf aber ebenso manche neu eingewanderte Familie, weil die Eltern und manchmal auch die Kinder noch nicht genug Deutsch konnten, um das selbstständige Lernen zu Hause zu bewältigen. Und es gab keine Unterstützung an anderer Stelle: Jugendclubs und Jugendfreizeiteinrichtungen mussten schließen, ebenso die Sportvereine. Streetwork wurde eingestellt, denn Jugendliche durften sich ja nicht mehr draußen in Gruppen treffen. Und wir Jugendsozialarbeiter galten als »nicht systemrelevant« – dazu später noch mehr.

Viele Jugendliche – und das betrifft keineswegs nur die ohnehin schon benachteiligten jungen Menschen – sind in dieser

Zeit depressiv oder aggressiv geworden oder hängen seither nur noch in der virtuellen Welt herum. Sie machten in der Coronazeit einfach überhaupt keine positive Erfahrungen mehr. Für meinen Geschmack wurden damals ein paar Entscheidungen zu viel über die Köpfe der Kinder und Jugendlichen hinweg getroffen. Man hätte sie ja mal mit einbeziehen können, aber das hielt wohl keiner für wichtig oder richtig. Auch das ist ein Teil der Realität in unserer Gesellschaft: Kinder und Jugendliche haben erst mal Folge zu leisten. Die Erwachsenen entscheiden.

In der Coronazeit haben viele der Jugendlichen, die vorher schon Probleme in der Schule hatten, völlig den Anschluss verloren. Manche sind danach einfach nicht mehr hingegangen. Und dann locken auf der Straße Kriminalität und das schnelle Geld mit Dealen und Ähnlichem. Irgendwann wird es immer schwerer, eine Grenze zu ziehen. Manche haben Glück und landen bei uns, aber – und damit sind wir wieder am Anfang des Kapitels – wir Sozialarbeiter können auch nicht jeden retten. Wir sind einfach zu wenige.

Diese Gruppendynamik unter den Jungen, die auf der Straße gelandet sind, spielt eine wirklich große Rolle. Zum Beispiel in Bezug darauf, sich Hilfe zu suchen: Das machen, ihrer »Satzung« in der Gruppe gemäß, nur Schwache, und das wollen sie nicht sein! Ich finde das nicht richtig, aber erst mal nachvollziehbar, denn sie müssen in ihrem schwierigen Alltag immer funktionieren, immer stark sein! Deshalb ist schwach zu sein, zuzugeben, dass man ein Problem hat, für sie gleichbedeutend mit schlecht. Dagegen zu argumentieren, dabei hilft mir manchmal, dass ich so aussehe, wie ich aussehe, dass ich auch von der Straße komme und reden kann wie sie – nur eben mit hessischem Akzent. Das Gute dabei ist: Frankfurt kennen die meisten, weil da viele Deutsch-Rapper herkommen, und manche kennen mich auch vom Youtube-Kanal »TV Straßensound«. Das verblüfft sie meist: Ein türkischer Kerl, der Hessisch spricht, Sozialarbeiter und Youtuber ist – wie hat der das geschafft? Und warum? Für mich ist das ein wichtiger Gesprächsanker, da entsteht über Neugier eine Verbindung und dann häufig auch Vertrauen – vor allem, wenn ich ihnen erzähle, dass ich selbst jahrelang gekifft und manches von dem, was sie heute erleben, selbst erfahren habe. Das gibt mir eine gewisse Autorität, mit der ich dieses Tabu brechen und ihnen sagen kann: »Ich habe selbst eine Therapie gemacht – bin ich jetzt in deinen Augen schwach, kein ›richtiger Mann‹ mehr, sondern ›schwul‹«? Dann fängt die Reflexion an, dann kann man reden.

Vielleicht beginnen sie so zu verstehen, dass das Leben, das sie jetzt führen, bedeutet, dass sie sich eigentlich immer nur rumschubsen lassen und sie gar nicht so stark sind, wie sie meinen, weil sie nicht selbstbestimmt leben. Und dass es zu nichts Gutem führt, wenn sie so weitermachen. Aber ich kann niemanden durch sein Leben ziehen, wenn er das nicht will! Früher bin ich oft Jugendlichen hinterhergerannt, habe noch mal angerufen und noch eine Verabredung gemacht und bin noch fünfmal mit ihnen um den Block gelaufen und hab noch zehnmal auf sie eingeredet. Aber irgendwann habe ich gemerkt: Wenn ich diesen Job weitermachen möchte – und das möchte ich –, dann muss ich das anders angehen, sonst gehe ich kaputt daran. Denn es ist manchmal ganz schön hart, auszuhalten, was man alles mitkriegt und erlebt: die Existenzängste, die Perspektivlosigkeit, nicht nur der Jugendlichen, sondern auch der Erwachsenen. In Schöneberg ist das noch härter als in Charlottenburg, wo die Bewohnerschaft sozial vielfältiger ist. In Nord-Schöneberg gibt es nur Arm oder Reich, Elend oder Glanzfassade, Drogenstrich oder Luxusauto. Hier sehe ich minderjährige Jugendliche, Jungen und Mädchen, die neben neu gebauten Luxuswohnungen ihre Körper verkaufen. Das macht mich so wütend, wenn ich sehe, dass Menschen so etwas tun müssen. Das sind Kids, die in ganz schwierigen Lebensverhältnissen aufgewachsen sind und denen ich gerne helfen würde. Ich kann aber nicht einfach zu ihnen hingehen und sagen: »Du kannst alles schaffen, wenn du nur willst! Du musst einfach nur Gas geben!«

Ich weiß, dass der Wettkampf oft unfair ist. Die jungen Menschen haben ganz unterschiedliche Startbedingungen – aber trotzdem werden sie alle an den gleichen Kriterien gemessen, in der Schule, bei der Suche nach einer Ausbildung und Arbeit. Aber ich gebe nicht auf, weil ich immer wieder erlebe, was für ein Potenzial die Jugendlichen haben, wie viel Gutes in ihnen steckt. Wenn sie nach so einer wilden Mitternachtssportnacht auseinanderlaufen und sich dann doch noch mal umdrehen und beim Aufräumen helfen, sehe ich: Sie haben eine Haltung, mit der man arbeiten, mit der man ein Leben besser gestalten kann. Und das macht mir Spaß.

Außerdem finde ich, ich kann durchaus verlangen, dass jemand seinen Hintern bewegt, wenn er was verändern möchte. Es ist einfach so: Wenn du schneller rennen willst, musst du üben. Klar haben viele ein hartes Leben, ohne dass sie selbst dafür verantwortlich sind. Aber dafür, da herauszukommen und seine Lebenssituation zu verändern, muss man Verantwortung übernehmen. Genau dazu bin ich da: dabei zu helfen, wie man Veränderungen bewirkt. Ich kann den Jugendlichen, die das möchten, zeigen, wie man Eigenverantwortung übernimmt und dass man eine Wahl hat, sich entscheiden kann und darf, so, wie es bei Abdul der Fall war – oder bei Bilal.

KLEINER EXKURS

IDENTITÄT - WIE INTEGRATION GELINGT

An dieser Stelle muss ich aber erst mal von Torsten erzählen. Ich habe ihn an der Darmstädter Fachoberschule für Sozialwesen in Herrn Reibolds Klasse kennengelernt. Herr Reibold hatte mir gesagt: »Setz dich da hin!« Das tat ich, und so saß ich neben Torsten, der einer meiner besten Freunde wurde. Dabei war er fünf Jahre älter als ich – und Deutscher! So deutsch, wie man es sich nur vorstellen kann: Der babbelte ein Hessisch, das ich am Anfang gar nicht verstand. Ich kam aus Hanau an der Grenze zu Bayern und Torsten aus Darmstadt, er sprach also Südhessisch. Ich war erst mal voreingenommen, weil ich in Hanau immer nur mit Kanaks unterwegs gewesen war, mein ganzer Freundeskreis bestand aus Ausländern! Natürlich hatte ich vorher Kontakt zu deutschen Kindern. Ich bin hier aufgewachsen und zur Schule gegangen und habe auch mit deutschen Kindern gespielt. Aber mein richtiger Freundeskreis, gerade als Jugendlicher, das waren alles Menschen aus anderen Ländern. Ich saß also jetzt neben so einem Torsten und habe eine solche Loyalität, eine solche Freundschaft, eine solche Liebe erfahren! Torsten wurde mein erster richtiger deutscher Buddy.

Ich fuhr im ersten Jahr an der Oberschule für Sozialwesen täglich mit den Regionalzügen von meinem Dörfchen bei Hanau nach Darmstadt und stand dafür an jedem Morgen um vier Uhr auf, um pünktlich in der Schule zu sein. Nach meinem ersten gescheiterten Versuch musste ich im zweiten Jahr unbedingt den Abschluss schaffen, aber ich war einfach immer so müde. Herr Reibold hat mir damals gesagt: »Das ist unmöglich, Burak, das kann so nicht funktionieren.« Also bin ich nach Darmstadt gezogen. Torsten hat mir erst geholfen, eine Wohnung zu finden, und mich dann sozusagen in seine Familie aufgenommen. Das war wirklich ein Wendepunkt in meinem Leben.

Torsten kam aus eher bescheidenen Verhältnissen und war in einer Gegend aufgewachsen, wo er viel mit Leuten zu tun hatte, die türkischer und arabischer Herkunft waren. Er kannte das also, wie ich in Hanau groß geworden war. Übrigens ist er heute ebenfalls Sozialarbeiter, wir haben später an der gleichen Uni studiert! Und er ist heute noch einer meiner besten Freunde, einfach einer der authentischsten Menschen, die ich kenne. Der Typ hat keine Fassade, er ist superehrlich!

In der Schule haben wir damals viel Zeit miteinander verbracht, sind nach dem Unterricht zusammen durch die Stadt gezogen und haben uns gegenseitig unsere Geschichte erzählt. Ich habe seine ganze Familie kennengelernt, die auch unglaublich freundlich zu mir war und bei der ich mich immer eingeladen fühlte. Aber sie war auch ganz anders als die Familie, aus der ich kam. Nicht nur, weil die Hans und Renate und Lydia und Martin hießen, sie hatten einen ganz anderen Umgang miteinander, als ich das von zu Hause kannte: viel lockerer und gleichberechtigter, weniger autoritär. Das ist mir damals extrem aufgefallen: Torsten konnte mit seinen Onkeln umgehen wie mit Freunden, und sie haben ihn auch so behandelt. Für mich war ein Onkel immer eine Respektsperson, ich hätte nie Witze mit ihm gemacht wie mit einem Buddy oder sogar mal mit ihm eine Zigarette geraucht! Sicher haben die sich auch mal gezankt. Aber das war ganz anders: Man hat sich gestritten und wieder vertragen, wie unter Freunden, nicht wie in einer starken Hierarchie, wo der Unterlegene immer klein beigibt. Für mich war das völlig neu, zu sehen, wie so eine deutsche Familie funktionieren kann. Bei uns war das anders, da gab es bei Familienfeiern einen Kinder- und einen Erwachsenentisch, und es gab Regeln, wie man vor und mit den Älteren redet und wie nicht, da ging es um Respekt.

Ich bin in keinem religiösen, fundamentalistischen oder traditionellen türkischen Haushalt groß geworden. Meine Mutter kommt aus einem sehr liberalen Milieu. Es gab in meiner Familie keine Ansagen, die gegen die Deutschen gerichtet waren, oder die Vorschrift, dass wir nur türkische Freunde haben dürfen. Meinen Eltern war wichtig, dass wir gute, ehrliche Leute sind, die ihr Ding machen, arbeiten gehen, nicht faul sind. Aber es gab trotzdem im Umgang miteinander andere Regeln, die eingehalten wurden. Und nach diesen Regeln waren Eltern eben Eltern und Respekts- und Autoritätspersonen, vor denen man sich anders benahm als vor seinen Freunden.

Torsten und sein Vater erschienen mir gar nicht wie Vater und Sohn, sondern wie Menschen, die sich auf Augenhöhe begegnen. Das hat mir gezeigt, wie eine solche Beziehung auch sein kann, in der also die Rollen nicht so streng verteilt sind, und dass ein Vater eine Autoritätsperson und trotzdem ein Freund sein kann. Es hat mich extrem beeindruckt, dass Familie so funktionieren kann. Und auch, wie sie mich damals einfach aufgenommen haben in ihren Familienkreis.

Am Anfang war ich bei Torsten zu Hause immer »der Türk«, aber das war okay für mich, denn es war überhaupt nicht böse gemeint! In Torstens Familie hat mich niemals jemand abwertend angeguckt, weil ich Türke bin, die waren voll entspannt und okay damit. Damals habe ich zum ersten Mal festgestellt, dass es Deutsche gibt, die gar nicht von mir fordern, dass ich irgendwie anders sein müsste. Sie haben mir vor allem auch gezeigt, dass ich mich nicht ständig zwischen Deutsch- und Türkischsein entscheiden muss, sondern dass ich eingeladen bin, deutsch zu sein in meinem Türkischsein – einfach so, wie ich eben sein möchte. Torstens Familie hat mir an keinem Tag das Gefühl gegeben, dass sie mich anders haben wollen, als ich bin. Ich musste gar keinen Krieg mehr führen.

Das kannte ich so bis dahin einfach nicht. Ich hatte das immer anders erlebt. In der Schule oder bei meiner Arbeit als Kinderpfleger schien das meist ein Riesending: »Oh, jetzt dürfen wir ja kein Schweinefleisch mehr servieren, weil diese Türken das nicht essen wollen!« Es ging meist um Unterschiede, die immer Probleme darstellten, und die Ansage an mich, wie schwierig das alles machen würde. In Torstens Familie lief das anders, da war einfach klar: »Ach, du bist Türke, cool, komm, setz dich, was magst du essen von dem, was wir hier haben? Das hier isst du nicht? Voll okay, kriegst du das hier, kein Problem, so ist das eben, alles voll normal.« Nach einer Weile habe ich festgestellt, dass ich die andere Seite auch voll cool finde, also diese andere Identität in mir, mit der ich bis dahin immer ein Problem hatte. Ich habe mir damals sagen können: »Burak, du hast dir jetzt 20 Jahre lang Gedanken darüber gemacht, wer du eigentlich sein möchtest, wie du es allen recht machen und gleichzeitig mit dir selbst im Einklang sein kannst. Dabei ist das ja überhaupt kein Problem! Du kannst beides sein: türkisch und deutsch! Ja, du kommst aus einem türkischen Elternhaus. Aber dein türkisches Elternhaus steht bei Hanau!«

Damals habe ich auch gelernt, richtig Hessisch zu babbeln. In Torstens Familie war das Tradition – und ich habe am Anfang kaum etwas verstanden. Zwei Jahre später habe ich fließend Hessisch gesprochen. Das ist sogar ein wichtiger Teil meiner Identität geworden! Es ist meine Art, deutsch zu sein, ohne mich unwohl zu fühlen. Es macht mich immer glücklich, Hessisch zu sprechen, ich fühle mich dabei zu Hause. Genauso, wie wenn ich mit meiner Mutter telefoniere und dann selbstverständlich Türkisch mit ihr rede. Ich habe dabei nicht das Gefühl, zwischen zwei Identitäten zu switchen. Türkisch und Hessisch – das bin ich. Und das verdanke ich einem Freund, der mir gesagt hat: »Entspann dich, mach dir mal einfach nicht so viele Gedanken! Du bist so, wie du bist, ein stabiler und toller Typ, bleib einfach so, bleib dir selbst treu!« Plötzlich war einfach alles gut: Ich bin Türke, ich bin Deutscher, ich bin Burak.

Natürlich gab es immer mal wieder Leute, die das auf die Probe gestellt haben. Aber ich musste es nicht mehr allen recht machen, von allen akzeptiert werden. Ich komme jetzt ganz gut durch die Welt. Um mich da persönlich weiterentwickeln zu können, war es sehr wichtig für mich, dass ich auf einen Deutschen gestoßen bin, der gesagt hat: »Du bist Türke? Cool! Hättest du Bock, mal bei meiner Mutter Rinderrouladen zu essen? Die macht das unglaublich lecker!« Dass die Kulturen und Traditionen, mit denen wir aufgewachsen sind, kein Gegeneinander sein müssen, das habe ich damals verstanden. Torsten hat mir die Tür aufgemacht zu einer Welt, in der man beides ganz gut vereinbaren konnte, in der man aus einem türkischen Elternhaus kommen und trotzdem sein eigenes Ding machen kann und sich nicht verbiegen muss. Weil ganz andere Werte zählen, nämlich, ob du loyal bist, ob du ehrlich bist, ob du gerade bist, ob du ein guter Mensch bist mit einem Herzen, ob du da bist, wenn man dich braucht. All das ist heute mein Zuhause, ist der Ursprung meiner Story. Das war mir in meiner Identitätskrise ein kleiner Hafen, wo ich wusste: Ich kann Türke sein und Hessisch babbeln. Das versuche ich heute den Kids in Schöneberg zu sagen: Du kannst Türke, kannst Araber sein und trotzdem ein Mitglied dieser Gesellschaft. Dafür musst du dich nicht verändern, nicht deine Kultur und deine Religion ablegen und ein ganz anderer Mensch werden. Aber es ist auch nicht falsch, mal die Lauscher aufzumachen und wahrzunehmen, von wem man eingeladen wird oder dass man sich vielleicht trauen kann, seine Vorurteile abzubauen gegenüber irgendwem oder irgendwas. Es ist ein Geben und Nehmen! So habe ich jedenfalls Integration wörtlich genommen, indem ich gesagt habe: »Ach krass, da reicht mir einer die Hand? Ich gehe da mal mit!«

9

ELTERN UND SOZIALARBEITER 1: VERTRAUEN. BILALS HELIKOPTERMUTTER

Aber jetzt zu Bilal. Denn seine Geschichte hatte zumindest am Anfang auch viel mit Identität und Integration zu tun: Bei einer meiner Streetworker-Touren durch Schöneberg wurde ich von einer Mutter angesprochen, die mich fragte, ob ich ihrem Sohn helfen könne. Sie sprach mich auf Türkisch an. Das passiert mir bei meiner Arbeit öfter – und es ist für mich manchmal ein zweischneidiges Schwert. Grundsätzlich sind meine Sprachkenntnisse in meinem Job häufig von Vorteil. Denn manchmal ist es wichtig, dass man erst mal Türkisch spricht, um überhaupt miteinander ins Gespräch zu kommen. Aber in anderen Fällen steht dahinter auch Übergriffigkeit, der Versuch, mich in etwas hineinzuziehen, etwa, wenn mich eine Mutter gleich als »Sohn« anspricht, wie in diesem Fall. Das hat mit dem Türkischsprechen eigentlich gar nichts zu tun, es ist »nur« eine Strategie. Und das ärgert mich.

Ich bin hier geboren und spreche besser Deutsch als Türkisch. Dass man mir dabei anhört, dass ich aus Hessen komme, finde ich gut. Ich spreche aber auch sehr gerne Türkisch, deshalb rufe ich zum Beispiel regelmäßig meine Mutter an und spreche eben in meiner Muttersprache mit ihr. Ich schaue ab und zu türkische Filme, höre türkische Musik, damit ich die Sprache nicht verlerne. Aber ich identifiziere mich mit Deutschland – mit türkischer Politik habe ich zum Beispiel überhaupt nichts am Hut. Ich bin hier geboren und deutscher Staatsbürger, ich habe keinen türkischen Pass. Das ist alles nicht mein Thema. Ich bin eigentlich ein gutes Beispiel dafür, dass es überhaupt keinen Grund gibt, eine Identität zugunsten einer anderen aufzugeben, weil sich jeder seine eigene bastelt.

Dennoch verstehe ich, dass vielen türkischstämmigen Menschen, die hier leben, ihre Herkunft sehr am Herzen liegt. Sie sind in Deutschland 60 Jahre lang als Gäste behandelt worden und konnten so kein richtiger Teil des Ganzen werden. Viele aus der Generation meiner Eltern sind hier angekommen und hatten das Gefühl, sie müssten sich total unterordnen (man denke an die Geschichte mit meinem Vater und den Glasflaschen!). Die Bundesrepublik Deutschland hatte sie eingeladen, hier zu arbeiten, und die Deutschen waren dabei die Chefs. Ich glaube, dass auch in meiner Generation noch viele in der Haltung erzogen wurden, sich den Deutschen unterordnen zu müssen. Und oft führte das zu dem Gefühl, irgendwie anders zu sein als sie.

Aber ich bin nicht nur deshalb zunächst auf Distanz gegangen, als Bilals Mutter mich auf Türkisch gleich als »Sohn« ansprach, sondern auch, weil es eher selten vorkommt, dass Eltern uns Streetworker ansprechen – wir sind ja nicht für sie, sondern für die Jugendlichen da. Trotzdem fragte ich sie – auf Deutsch, das sie sehr gut beherrschte –, was ich denn für ihren Sohn tun könne. Er brauche einen Praktikumsplatz, erklärte sie mir. Eigentlich wolle er eine Ausbildung machen, aber das Jobcenter verlange, dass er erst ein Praktikum absolviere. Im weiteren Gespräch stellte sich dann heraus, dass sie eigentlich wissen wollte, ob ich ihrem Sohn eine Praktikumsbescheinigung besorgen oder gar selbst ausstellen konnte. Er sollte also ihrer Ansicht nach dieses Praktikum nicht absolvieren, sondern brauchte nur diesen Schein – ein Schein-Praktikum sozusagen.

Ich fragte sie, was ihr Sohn denn davon habe, wenn er gar nicht wirklich die Erfahrung machen könne, ob ihm der Beruf gefalle. Und so stellte sich heraus, dass sie schon einen kompletten Plan für das Leben ihres Sohnes hatte: Er solle Autoelektriker werden – »das interessiert ihn!« –, und sie habe da auch schon etwas organisiert, denn sie kenne jemanden, der jemanden kenne, der einen Onkel habe, der bei einer Firma arbeite, die Autoelektriker ausbilde. Der indirekte Weg über Beziehungen also, weil sie der Überzeugung war, mit einer normalen Bewerbung bei einer deutschen Firma würde das sowieso nichts werden: »Die nehmen ja keine Türken.«

Das verstehe ich. Die Erfahrung, dass es für junge Menschen mit Migrationshintergrund – oder jedenfalls bestimmten Migrationshintergründen – schwieriger sein kann, einen Ausbildungsplatz zu finden, machen wir Jugendsozialarbeiter oft. Viele bekommen trotz guter Schulabschlüsse und trotz Fachkräftemangels und freier Ausbildungsstellen immer noch hundert und mehr Absagen – oder nicht mal die, sondern einfach gar keine Antwort. Die jungen Menschen ahnen selbst, woran das dann liegt. Und das entmutigt sie.

Aber mir gefiel der Plan der Mutter trotzdem nicht – und als Sozialarbeiter bin ich für die Jugendlichen und ihre Pläne, nicht für die der Eltern da. Ich erklärte ihr das und fragte, ob ich nicht mal mit ihrem Sohn sprechen solle. Das blockte sie zunächst ab. Sie wollte einfach mithilfe der Praktikumsbescheinigung Ruhe vor dem Jobcenter, um ihren Plan weiterverfolgen zu können. Ich habe ihr dann gesagt: »Machen Sie das doch einfach, und ich rede zwischendurch mal mit Ihrem Sohn, okay?« Erst hat sie ein bisschen komisch geguckt, so nach dem Motto: »Wer bist du denn, dass du mir sagst, was mein Sohn machen soll?« Aber irgendwann hatte ich sie so weit überzeugt, dass sie ihm meine Handynummer geschickt hat. Kurz darauf schrieb er mir eine Nachricht, und wir telefonierten. Bilal wirkte ziemlich naiv und unselbstständig, aber er wollte tatsächlich gerne eine Ausbildung anfangen.

Ich verabredete mich deshalb für den nächsten Tag mit ihm bei einer Beratungsstelle, wo er erst mal gucken könnte, was ihm liegt und was überhaupt so geht. Kurz darauf rief mich jedoch seine Mutter an und erklärte mir, sie wolle nicht, dass ihr Sohn zu dieser Beratung gehe. Ihre Begründung: Dort würde er nur dazu gezwungen, irgendeine Ausbildung zu machen, auf die er keine Lust habe, »Einzelhandel oder so«. Erst habe ich noch versucht, sie zu überzeugen, dass keiner versuchen wird, ihren Sohn zu etwas zu zwingen, zu dem er nicht selbst Ja sagt. Und dass ich das ganz sicher nicht zulassen würde. Aber als mir ein paar Stunden später Bilal selbst schrieb, er wisse noch nicht, ob unsere Verabredung morgen klappen würde, wurde mir klar, dass es gar nicht wirklich darum ging, ob er Ja sagt. Es ging um die Wünsche der Mutter für ihren Sohn. Also habe ich dem Jungen vorgeschlagen, erst mal einen Tee mit mir zu trinken und mich kennenzulernen, dann könne er immer noch überlegen, ob er meine Unterstützung brauche und wolle. Das haben wir getan – und danach hat mich sofort wieder seine Mutter angerufen. Ich sollte ihr erzählen, was ich mit ihrem Sohn besprochen hatte.

Aber das ist nun wirklich nicht meine Aufgabe. Wie sollen mir Jugendliche vertrauen, wenn sie die Erfahrung machen, dass ich alles, was sie mir erzählen, an ihre Eltern weitergebe? Noch mal: Ich arbeite nicht für die Eltern, ich unterstütze Jugendliche in ihren Interessen und Erfahrungen. Ich bin parteiisch. Wenn die Jugendlichen ihren Eltern erzählen, was sie mit mir besprechen, ist das ihre Sache, aber es ist nicht meine Aufgabe, die Kontrolle der Eltern zu ergänzen.

Bei Bilals Mutter herrschte jedenfalls große Aufregung, als ich sagte: »Vielleicht möchte Ihr Sohn mit mir über Dinge reden, die Sie nicht hören sollen?« Das hat sie völlig entsetzt – was sollte das denn wohl sein? Ich habe sie erst mal gefragt, ob ihre Eltern alles über sie gewusst hätten – und hätten wissen dürfen. Da war sie verdutzt – und plötzlich still. »Lassen Sie Ihrem Sohn doch auch ein bisschen Freiheit!«, habe ich ihr gesagt.

Klar: Die meisten Eltern wollen einfach nur sicherstellen, dass ihre Kids keinen Mist machen. Und oft haben sie wirklich keinen Überblick, was ihre Kinder draußen so tun. Viele von den Jungs gehen nicht mehr zur Schule oder sind arbeitslos, schlafen bis mittags, gehen dann nach draußen und bleiben den ganzen Tag verschwunden. Den Eltern sagen sie, dass sie Arbeit suchen, aber in Wirklichkeit sitzen sie mit ihren Freunden irgendwo rum und kiffen. Oder dealen selbst, um Geld zu verdienen. Davon kriegen die Eltern oft gar nichts mit, auch nicht von dem Geld, das ihr Junge verdient, denn das gibt er gleich wieder mit seinen Kumpels aus. Mama und Papa sollen ja glauben, dass alles gut läuft und dass alles in Ordnung ist. Man will seine Eltern stolz machen. Einen Sozialarbeiter musst du nicht stolz machen. Das ist einfach ein Typ, der dir mal zuhört, bevor es wieder nach Hause geht. Aber Papa und Mama, die grübeln und die sind böse auf dich.

Das ist einer der großen Unterschiede zwischen Jugendsozialarbeitern und Eltern: Uns erzählen die Jugendlichen viel!

Und da ist oft eine Menge dabei, was Eltern nicht wissen sollen und wahrscheinlich lieber gar nicht wissen wollen. Zum Beispiel, dass sie uns sagen, wie es zu Hause so läuft. Auch deshalb ist unsere Arbeit wichtig: Das ist ein Ventil für viele Kids. Ich glaube, die würden früher oder später explodieren, wenn sie das nicht mal loswerden könnten. Viele können oder wollen den Eltern nichts darüber erzählen, wie es in ihrem Leben wirklich zugeht. Ich erlebe selten, dass ein Jugendlicher mir sagt: »Ich kann mit meinen Eltern über alles reden.« Oft haben sie wenig Zeit und viel Arbeit oder manchmal auch einfach kein Interesse. Oder sie mischen sich zu sehr ein – wie Bilals Mutter.

Bilal wirkte bei unserem ersten Treffen ziemlich motivationslos, aber immerhin war er gekommen. Zu der Zeit war er fast 18, der einzige Sohn der Familie und der große Bruder von zwei Schwestern. Seine Mutter arbeitete im Billiglohnsektor, sein Vater war meistens nicht da und schien die Familie finanziell nicht groß zu unterstützen. Einen richtigen Plan für seine Zukunft hatte Bilal nicht, aber den Führerschein wollte er demnächst machen, das stand für ihn fest. Und seine Mutter sollte das bezahlen: »Das muss sie, sie ist ja meine Mutter!«, meinte er. Am liebsten hätte er dann auch gleich ein Auto und eine eigene Wohnung. Immerhin wollte er nach unserem Kennlerngespräch beim Tee jetzt wirklich mit mir zu dem Termin bei der Berufsberatung gehen.

Der war morgens um neun, anders ließ sich auf die Schnelle nichts einrichten. Bilal war nicht begeistert. Seit seinem Schulabschluss machte er nichts mehr, hing meist draußen mit Freunden rum und schlief morgens lange. Fast schon wie erwartet rief mich am Abend zuvor die Mutter wieder an, um mir zu erklären, dass das mit der Berufsberatung nicht klappen würde. Der Termin sei zu früh, Bilal habe Bauchschmerzen und könne deshalb nicht kommen. Also habe ich kurzerhand den Jungen angerufen und gesagt: »Pass auf, morgen früh um acht stehe ich vor deiner Tür und hole dich ab.«

Glücklicherweise hatten wir dann einen richtig netten und vernünftigen Berater, der Bilal keineswegs in irgendetwas hineindrängen wollte. Stattdessen fragte er freundlich: »Was kann ich für Sie tun?« Bilal erzählte plötzlich, er habe sich schon beworben: bei einer Autowerkstatt als Lackierer. Er wolle jetzt abwarten, ob er eine Antwort bekomme, und dann eine zweite Bewerbung rausschicken. Der Berufsberater empfahl ihm, sich besser gleichzeitig bei mehreren Firmen zu bewerben, und fand in seiner Datenbank ein paar Firmen, die Azubis als Autolackierer suchten. Plötzlich war Bilal wieder ganz auf Abwehr und erklärte, er wolle das alles lieber allein machen. Deshalb habe ich dem Berater gesagt, wir hätten sehr gerne diese ganzen Adressen und ich würde Bilal beim Schreiben der Bewerbungen unterstützen. Der Berater fand das gut.

Draußen vor der Tür sind wir gleich Bilals Mutter in die Arme gelaufen, die uns hinterhergefahren war. Sie konfrontierte Bilal gleich wieder mit ihrem übertriebenen Lob und ihren ebenso übertriebenen Erwartungen: »Ich finde das so toll, dass du doch zu dem Termin gegangen bist! Und? Hast du nun einen Ausbildungsplatz?« Ich merkte, dass der Junge im Stillen ziemlich genervt war vom Redeschwall seiner Mutter, also eiste ich uns von ihr los und ging mit ihm wieder einen Tee trinken. Er war noch immer ein »neuer Fall« für mich, ich kannte ihn kaum und wollte ein bisschen besser verstehen, wer er eigentlich ist.

Tatsächlich taute er etwas auf, erzählte, wie sehr es ihn nervte, dass er für seine Mutter »der einzige Mann in der Familie« war und welche Erwartungen sie damit verknüpfte. Und wie sehr es ihn beschäme, dass seine Schwestern alles besser schafften als er: dass sie gut in der Schule seien und nebenbei auch noch jobbten, Abitur machen und zur Uni gehen wollten, während er gerade mal den untersten Schulabschluss geschafft habe. Und: Die Idee mit der Ausbildung zum Autoelektriker sei eigentlich die seiner Mutter, das sei ihre Wunschvorstellung. Er hatte dann Autolackierer daraus gemacht, weil er gerne zeichnete und malte, erzählte Bilal. Am liebsten würde er etwas Kreatives arbeiten. Aber das erzählte er seiner Mutter lieber gar nicht erst. Deshalb hatte er den Kompromiss mit dem Autolackierer gefunden – das hatte wenigstens etwas mit Farben zu tun. Mir wurde bei diesem Gespräch langsam klarer, was hinter seiner Abwehrhaltung stecken könnte.

Ich erlebe oft, dass Eltern unheimlich viel von ihren Kindern erwarten, ihnen aber nicht gleichzeitig das Gefühl geben: Du bist gut so, wie du bist, und ich vertraue dir. Diese Kinder hören eher, dass sie Versager, nie gut genug sind und nichts auf die Reihe kriegen. Das zerstört die Selbstachtung. Zudem wird die Beziehung zu den Eltern immer schlechter und der Druck, der auf den Jugendlichen lastet, immens groß. Das führt zu großem innerem Widerstand.

Ich sehe Ähnliches bei einem anderen Jugendlichen, mit dem ich arbeite. Er hat sehr früh seinen Vater verloren und ist wohl auch deshalb ziemlich depressiv. Mit 19 würde er jetzt gern eine Ausbildung zum Erzieher machen. Aber seine Mutter hat ihm heftig Kontra gegeben. Sie erwartet mehr von ihm, irgendetwas Besseres, Erzieher ist ihr nicht gut genug. Sie drängt ihn als Ältesten vielleicht ein bisschen in die Vaterrolle, der das Geld für die Familie verdienen muss. Was er selbst möchte, interessiert sie nicht. Ihre Erwartungen an ihn sind extrem hoch. Und er hat nicht den Mut und nicht genügend Selbstbewusstsein, dagegenzuhalten, und wird gerade so davon aufgefressen.

Natürlich gibt es auf der anderen Seite auch die »Das-schaffst-du-sowieso-nicht«-Eltern, die finden, dass ihre Kinder zu hohe Ansprüche und Erwartungen haben. Sie versuchen, ihren Kindern deren eigene Ziele auszureden, weil sie selbst diese für unerreichbar halten. Bei jedem Problem, jedem Scheitern an einem Schritt auf dem Weg dorthin sagen sie: »Das war ja nicht anders zu erwarten.« Oder: »Na, wenn du dies oder jenes immer wieder so machst, dann kann das ja nicht klappen.« Sie kritisieren und bewerten ständig, leisten aber nie einen positiven, unterstützenden Beitrag zur Erreichung der Ziele ihrer Kinder, zeigen keine Anerkennung für deren Bemühungen und kein Mitgefühl, wenn etwas nicht funktioniert. In beiden Fällen laufen die Kinder dann mit Selbstzweifeln und Angst, aber auch mit Frust und Ärger herum, weil sie nicht so sein dürfen, wie sie sein möchten.

Hinter diesem Verhalten der Eltern steckt meist eine eigentlich gut gemeinte Besorgnis oder gar Angst: Schafft er, schafft sie das auch? So fragen sich nach Deutschland geflüchtete Eltern, deren Kinder an die Uni wollen, häufig: Können sie in dieser Gesellschaft, ihren Institutionen und informellen sozialen Regelsystemen, die uns und denen wir noch fremd sind, überhaupt zurechtkommen und bestehen? Haben sie überhaupt das Recht, bekommen sie die Chance, hier ihre Wünsche zu verwirklichen? Schlimm wird es, wenn Eltern ihre eigenen Erwartungen und Wünsche, ihren persönlichen Lebensweg und Lebenshorizont zum Maßstab für ihre Kinder machen. Das kommt in allen Bevölkerungsschichten vor, ganz unabhängig von Herkunft oder Wohlstand. Zum Beispiel, wenn die Mutter nicht akzeptieren kann, dass ihre Tochter ihre gut gehende Arztpraxis nicht übernehmen möchte, sondern lieber Lehrerin oder Möbelschreinerin wird. Wenn der einst als Gastarbeiter eingewanderte Vater nicht versteht, warum sein Sohn lieber Sozialarbeiter werden möchte, statt als Ingenieur oder Anwalt mehr Geld und mehr Ansehen zu verdienen.

Auf der einen Seite wollen alle Eltern, dass ihre Kinder selbstständig werden, arbeiten, ausziehen und erfolgreich sind. Auf der anderen Seite fehlt ebenso oft das Vertrauen in die Kinder, dass sie ihren eigenen Weg finden und gehen können. Aber Vertrauen hat etwas mit Respekt zu tun: Respekt vor den Entscheidungen anderer und deren Fähigkeit, sie zu treffen. Respekt vor dem eigenen Leben, das die Kinder irgendwann führen. Das muss man, glaube ich, vielen Eltern erklären. Und sie daran erinnern, dass sie ebenfalls irgendwann ihren eigenen Weg gegangen sind – vielleicht als erste Frau in der Familie, die studierte und Ärztin wurde, vielleicht als der Sohn, der trotz der Besorgnis der Eltern einst aus der Türkei nach Deutschland ging, vielleicht, indem sie sich entschlossen haben, in ihrem Land wegen des Krieges alles aufzugeben und anderswo ganz neu anzufangen.

Nach diesem Gespräch hatte ich jedenfalls noch eine zweite Handynummer von Bilal – eine, die seine Mutter nicht kannte. Und ich hatte den Eindruck, dass er einfach ein 17-jähriger Junge mit vielen Träumen ist, der keinen richtigen Boden unter den Füßen hat, auf dem er laufen kann. Ein Junge, der mit viel zu vielen Erwartungen konfrontiert ist und dem das Fundament aus Selbstvertrauen und Mut fehlt, sich zwischen diesen Erwartungen und seinen eigenen Träumen etwas aufzubauen. Einerseits verwöhnte und überbehütete ihn seine Mutter. Gleichzeitig betrachtete sie ihn als Enttäuschung, weil er ihre hohen Erwartungen nicht erfüllte, obwohl sie ihrer Meinung nach doch alles für ihn tat! Ein Jugendlicher: fremdbestimmt und dennoch auf sich allein gestellt. Er wisse einfach nicht, wie er glücklich werden könne, sagte Bilal irgendwann zu mir.

So ist das manchmal: Da gibt es die Mutter, die einerseits sehr liebevoll ist und ihren Sohn andererseits genau damit terrorisiert. Und da gibt es den Jungen, der kaum Freiheit und Entfaltungsmöglichkeiten hat, weil er sich mit seiner Mutter und zwei Schwestern eine Zweizimmerwohnung teilt und eigentlich wie die meisten Jungs im Kiez meist draußen ist, wenn er nicht gerade schläft. Bilals Familie war arm und die Mutter in Panik, sie machte das alles aus Sorge um Bilals Zukunft. Gleichzeitig zeigte sie ihm nie das Vertrauen, dass er seinen Weg schon selbst finden würde. Sie wollte alles für ihn planen und kontrollieren. Dabei war Bilal keiner von denen, die kriminell geworden waren. Er kiffte manchmal, aber es war ihm bewusst, dass er damit vorsichtig sein musste. Er setzte sich mit Drogen auseinander.

KLEINER EXKURS

DROGEN – KIFFEN, BIS DER SOZIALARBEITER KOMMT

Ich habe selbst lange Erfahrung mit Drogen. In meinem Fall waren das Cannabis und Alkohol, ich hatte keinen Drang nach chemischen Drogen. Aus meiner Arbeit als Jugendsozialarbeiter kenne ich aber alle Arten von gängigen Drogen, ich weiß, wie sie aussehen, wie sie wirken, wo man sie herbekommt und wie man sie verkauft. Aber ich habe nie etwas davon genommen. Außer Gras und Alkohol, Koffein und Zucker habe ich nichts konsumiert. Trotzdem sage ich heute: Ich habe eine Drogenidentität. Mein früheres Leben, meine ganze Jugend basierte auf Cannabiskonsum; ich war ein leidenschaftlicher Kiffer und habe mich viel damit beschäftigt. Das war ein Stück meiner Identität. Du hast mich im Studium oft mit einem Joint hinterm Ohr getroffen. Ich habe manchmal zehn Gramm in der Woche konsumiert, meine Freunde sind mit zwei ausgekommen. Ich habe gearbeitet und gekifft, studiert und gekifft, und ich habe es geliebt. Und: Ich war abhängig davon. Kiffen war mein Ding, und auch meine ganze Hip-Hop-Identität hing mit dem Kiffen zusammen, das eine hat das andere ergänzt. Meine Lieblingsrapper waren ebenfalls die, die viel gekifft haben. Das hat mich meine ganze Jugend lang begleitet. Irgendwann habe ich gemerkt: Ich muss damit aufhören. Nicht weil ich wollte, sondern weil ich musste.

Ich hatte eine krasse Lungenentzündung, extreme Atemnot. Als ich deswegen ins Krankenhaus kam, sagte der Arzt mir: »Du musst mit dem Kiffen jetzt und hier aufhören, sonst wird es ein böses Ende mit dir nehmen.« Das war etwa eineinhalb Jahre nachdem ich angefangen hatte zu studieren. In dieser Zeit hatte ich den starken Wunsch, mich zu verändern, weil ich extrem übergewichtig war, nie eine Frau kennengelernt hatte. Das hat mir damals sehr wehgetan, dass die Kumpels immer die Mädels mit nach Hause nahmen und ich immer außen vor war.

Für mich war es dann der einfachste Weg, komplett aufzuhören. Der liebe Gott und die Natur haben ihr Bestes getan, mich dabei zu unterstützen: Ich konnte zwei Jahre lang nicht richtig atmen! Da kriegt man Panik. Aber leicht war das trotzdem nicht, denn ich hatte auch gekifft, um vieles zu unterdrücken, das ich in meiner Kindheit und meiner Jugend einfach nicht verstanden und nicht verkraftet hatte. Ich habe mich mit Gras betäubt, weil ich gemerkt hatte: Wenn ich nicht kiffe, mache ich mir viel zu viel Gedanken, und diese Gedanken fressen mich auf. Ich habe mich mit dem Kiffen quasi selbst medikamentiert.

Damals verlagerte ich diese Sucht dann erst mal sozusagen: Ich machte wie wahnsinnig, wie süchtig Sport. Die Tür zu all den quälenden Gedanken schlug das, anders als das Kiffen, natürlich nicht zu, aber ich spürte irgendwann, dass ich anders damit umgehen konnte. Sie quälten mich nicht mehr so sehr, diese Gedanken. Über meinen Körper konnte ich meinen Geist entlasten und viele Dinge anders wahrnehmen. Beim Sport spürte ich mich plötzlich zum ersten Mal wirklich selbst. Ohne Betäubung.

Das war einerseits ein Riesenerfolg, andererseits beängstigend. Ich stand manchmal abends vor dem Spiegel und erkannte mich selbst nicht wieder. Ich habe damals insgesamt 60 Kilo abgenommen: von 150 auf 90 Kilo. Ich hatte mir nie vorstellen können, dass ich mal so aussehe. Und ich fand: Ich sehe gut aus! Überdies konnte ich mich als jemanden sehen, der stark ist, Durchhaltevermögen hat. Vorher hatte ich immer fünf Pullis übereinander an, damit bloß niemand etwas von meinem Körper sieht. Nun war ich der neue Burak. Bis dahin nannten mich meine Freunde Bu. Jetzt sagte ich ihnen: »Bitte nennt mich nicht mehr so. Ich heiße Burak.«

Warum ist es mir wichtig, das zu erzählen? Weil ich selbst mal einer von den Jugendlichen war, die sich mit Drogen betäubt und vor ihren

Problemen gedrückt haben. Deshalb kann ich heute gut mit Jugendlichen arbeiten, die Drogen nehmen. Auch, weil sie kapieren, dass sie sich vor mir nicht rausreden können: Ich sehe, dass sie rote Augen haben, und ich weiß, wovon. Ich weiß, was der Grund ist, weshalb sie konsumieren, also ob sie bloß mal aus Langweile einen Joint geraucht haben oder sich betäuben wollen. Ich habe ein Feingefühl dafür. Zudem kann ich sie zur Seite nehmen und ihnen sagen: »Hör zu, ich kenne deine Ausreden, ich kenne die Art und Weise, wie du dich vor einem Thema drückst – ich habe das auch alles durchgemacht. Hier ist meine Nummer, wenn es zu viel wird, wenn du irgendwas besprechen willst, ruf einfach an!«

Ich lege bei meiner Arbeit großen Wert darauf, dass die Jugendlichen nichts genommen haben, wenn sie zu mir zu einem Beratungsgespräch kommen. Aber ich habe noch nie jemanden weggeschickt, der bekifft gekommen ist. Ich sage dann: »Schau mal, wir müssen das hinkriegen, dass du bei unseren Gesprächen nicht drauf bist. Das hat etwas mit Respekt vor mir zu tun, aber es kommt auch dir zugute, weil das wichtig ist, was wir hier machen. Weil du das sonst nicht auf die Reihe kriegst.«

Ich bin nicht per se, immer und in jedem Fall gegen Drogen, aber ich finde es auch falsch, wenn es als selbstverständlich angesehen wird, dass man immer und überall Drogen konsumieren kann: Cannabis, Zigaretten, Alkohol. Denn das macht etwas mit dem Kopf, es hat körperliche und geistige Konsequenzen, weil es Betäubungsmittel sind. Deshalb veröffentliche ich auf meinen Social-Media-Kanälen auch viele Videos dazu. Ich sehe mich als Sozialarbeiter da ein bisschen als Vorbild. Und ich sehe tagtäglich, was Drogen anrichten können.

Mir fallen die leeren Lachgasflaschen auf den Plätzen auf, wo sich Jugendliche treffen. Das ist hier in Berlin-Schöneberg gerade das große Ding. Lachgas verschafft nur ein ganz kurzes High, aber man kann es ganz legal am Kiosk kaufen, jedenfalls, wenn man 18 ist. Das regt mich wirklich auf, denn auch das kann eine Einstiegsdroge sein. Genau wie Alkohol, der in unserer Gesellschaft so toleriert ist und den man legal und billig einfach überall kaufen kann. Den konsumieren die Jugendlichen hier ebenfalls, sogar jene, die das als Muslime aus religiösen Gründen niemals zugeben würden. Aber die leeren Dosen liegen überall herum: Bier, Whisky-Cola.

Ein anderes großes Ding bei den Jugendlichen ist immer noch Tilidin. Das ist ein Opioid, also ein sehr starkes Schmerzmittel, das zum Beispiel Krebskranke bekommen. Es wirkt wie Morphium und Heroin und unterdrückt Schmerzempfindungen direkt im Gehirn. Gleichzeitig unterdrückt Tilidin auch Angstgefühle und wirkt euphorisierend. User fühlen sich deshalb oft ungeheuer stark. Eigentlich gibt es dieses Mittel nur in der Apotheke, und es ist natürlich verschreibungspflichtig, aber die Jugendlichen besorgen sich das zum Teil mit gefälschten Rezepten aus dem Internet, und viele handeln auch damit.

Trotzdem kriegen die meisten der Jugendlichen es irgendwann auf die Reihe – wie ich selbst, wie Alex, der eine Zeit lang für Drogen gelebt hat und es heute schafft, sich nur ab und zu einen Joint oder ein Bier zu gönnen. Die meisten kapieren irgendwann von selbst oder mit unserer oder der Hilfe anderer, dass Drogen der Lösung ihrer Probleme und einem guten Leben nur im Weg stehen. Gute Voraussetzungen dafür kann man schaffen, indem man ihr Selbstwertgefühl und ihr Selbstvertrauen stärkt, ihren Glauben an sich selbst und daran, dass sie ein gutes Leben verdient haben und es erreichen können. Und dann unsererseits Vertrauen in sie zu haben.

10

ELTERN UND SOZIALARBEITER 2: DIE FRAGE NACH DER SCHULD

Zurück zum Thema Jugendsozialarbeit und Eltern, zurück zu Alex, der von zu Hause abgehauen ist, zu Leni, die rausgeworfen wurde (die Geschichte kommt erst noch!) und zu Bilal und seiner Helikoptermutter mit all ihren Erwartungen und ihrer übergriffigen Fürsorge für ihren Sohn. Für mich als Jugendsozialarbeiter ist in solchen Situationen eins klar: Ich stehe nicht zwischen »zwei Fronten«. Natürlich muss ich mit der Gesamtsituation, mit der Helikoptermutter irgendwie umgehen, aber ich stehe eindeutig auf der Seite des Sohnes, des Jugendlichen. Das ist der Job, für den ich bezahlt werde: Jugendsozialarbeiter ergreifen Partei für die Jugendlichen. Ihre Eltern kenne ich – wie in Alex' Fall – oft gar nicht. Vielleicht stelle ich mir bei meiner Arbeit auch deshalb eher selten die Schuldfrage. Es ist nicht meine Aufgabe, mich damit zu befassen. Mich beschäftigt, wie das Leben der Jugendlichen zum Besseren hin verändert werden kann und was für ein Leben sie sich selbst wünschen.

Natürlich fragt man sich trotzdem manchmal: Wer hätte etwas besser machen können, was ist falsch gelaufen, wer hat Schuld? Zum Beispiel bei Alex: War die Mutter schuld, die sich von seinem Vater scheiden ließ und dann wieder heiratete, weil sie dachte, das sei gut für ihren Sohn? Oder war sein leiblicher Vater schuld, der einfach abgehauen ist? Der strenge Stiefvater mit seinen hohen Erwartungen? Ich glaube nicht, dass es für Kinder immer besser ist, wenn Eltern nur wegen der Kinder zusammen sind oder bleiben. Aber bei all den Erwachsenenproblemen ist dieses Kind, der Junge Alex, allein auf der Strecke geblieben. Er hatte niemanden, der sich seiner wirklich angenommen hat. Das hätten nicht mal unbedingt Mutter oder Vater sein müssen, das kann auch ein Onkel, ein guter Freund, eine Lehrerin übernehmen.

Für mich beginnt die Aufgabe damit, dass ich den Jungen mit seinem schmuddeligen Zelt am Bahnhof gefunden habe und mir die Frage stellte: Was machen wir jetzt? Das gilt so eigentlich immer für meine Arbeit: Ich starte sozusagen meine Uhr in dem Moment, in dem ich dem Jugendlichen begegne. Alles, was davor passiert ist, interessiert mich erst mal wenig, denn ich kenne es meist nur aus Erzählungen – und da macht oft der eine den anderen verantwortlich, da sind eigentlich immer die anderen schuld. So auch bei Alex, der immer irgendwem die Schuld für seine Probleme zuschob. Bis er verstanden hatte, dass ihm das nichts bringt, dass er jetzt trotzdem selbst die Verantwortung für sich übernehmen muss. Wirklich raushelfen kann man sich am Ende nur selbst – im besten Fall mit der Unterstützung von Sozialarbeitern, die helfen, die nötigen Strukturen dafür aufzubauen.

Und um das klarzustellen: Natürlich höre ich bei meiner Arbeit mit den Jugendlichen in meinem Kopf manchmal diese

Stimme, die sagt: »Selbst schuld, wenn du diese Gelegenheit jetzt nicht ergreifst, wenn du doch lieber wieder im Bett bleibst, als zur Schule zu gehen, wenn du es auch in dieser tollen Jugend-WG mit Suchttherapie nicht aushältst. Wer nicht will, der hat schon, dann sieh jetzt mal selbst zu, wie du klarkommst!« Aber es ist auch mein Job, diese Stimme zu unterdrücken, wenn Jugendliche Entscheidungen treffen, die für mich nicht nachvollziehbar sind. Ich kann beraten, unterstützen, Angebote machen, ich kann kritisieren und Ratschläge geben. Aber ich kann niemanden am Kragen packen und zu seinem Glück zwingen. Das ist das Grundprinzip unserer Arbeit: Ihr Leben ist nicht mein Leben. Das habe ich zu respektieren, so, wie ich selbst auch möchte, dass andere mein Leben und meine Entscheidungen respektieren. Selbst wenn ich ihnen eine rosige Zukunft entwerfe: Am Ende müssen sie es in der Jugend-WG aushalten, müssen ihr Leben leben. Und ich gehe in meine Wohnung und lebe meins.

Die Frage nach der Schuld überdeckt zudem oft, was die Jugendlichen alles können. Sie haben Skills, sie gehen mit den vielen Problemen, die sie haben und für die sie eigentlich nichts können, ganz erfolgreich um. Sie überleben, etwa wie Alex, ohne Geld und drogenabhängig auf der Straße. Das ist ganz schön hart und herausfordernd! Ich weiß nicht, ob ich das könnte. Und obwohl sich Alex nichts zutraute, überlebte er so und gab nicht auf. Das ist eine ganz schöne Leistung, ebenso, wie es eine Leistung ist, vor einem Krieg zu flüchten, alles zurückzulassen und sich hier ein neues Leben aufzubauen. Es ist doch stark, dass diese Menschen nicht aufgeben, dass sie sich immer die Hoffnung bewahren, dass es weitergehen und besser werden kann, dass sie Träume und Ziele haben.

Natürlich denke ich trotzdem über Verantwortung nach. Ich sehe Muster, ich sehe die Lasten, die viele Jugendliche tragen.

Aber bei meiner Arbeit blende ich die Frage, wer schuld daran ist, aus. Mein Job ist es, Dinge wiedergutzumachen. Ich bin einmal von einer jungen Klientin zur Beerdigung ihrer Mutter eingeladen worden. Ich ging tatsächlich hin – und war außer der gerade mal 18 Jahre alten Frau der einzige Mensch dort. Das ist mir damals sehr nahegegangen. Ich stand da und dachte: »Was ist denn hier los? Wie kann es sein, dass ein junger Mensch so allein ist, so allein gelassen wird? Wo ist der Rest ihrer Familie, sie hat doch einen Vater, Onkels, Tanten, Cousins und Cousinen?« Ich kannte ihre ganze schwierige Familiensituation. Aber ich konnte nicht verstehen, dass niemand die Verantwortung übernahm, niemand ihr zur Seite stand! Sie ist übrigens heute auch Sozialarbeiterin, die junge Frau von damals.

Aber im Fall eines anderen Jugendlichen war die Sache für mich nicht so klar. Paul, so stellte sich bei unseren Gesprächen bald heraus, litt unter schweren Depressionen, weil er nahezu keinen Freiraum mehr für sich hatte. Sein Vater war vor Kurzem einfach abgehauen, und seine Mutter musste sich seitdem unglaublich anstrengen, das ökonomische Überleben der Familie zu sichern. Sie ging neben ihrem Job als Aushilfe in einem Laden früh und spät noch putzen, und Paul musste unsere Gespräche ständig abbrechen, weil er dann auf seine kleinen Geschwister aufpassen musste. Der 17-Jährige hatte von einem Arzt bereits Tabletten gegen seine Depressionen bekommen, außerdem kiffte er ziemlich viel und hatte überhaupt keinen Plan und keinen freien Kopf mehr dafür, darüber nachzudenken, wie er mit seinem eigenen Leben klarkommen sollte. Seine Mutter sah in ihrer Panik und ihrer Sorge um ihre Familie einfach nicht mehr, wie schlecht es ihrem Ältesten ging.

Wen will man in dieser Situation zur Verantwortung ziehen – und wie helfe ich einem Jugendlichen in einer solchen Lage?

Seine Mutter hatte ja Verantwortung übernommen – es war einfach nur zu viel für sie! Und auch Paul hat verantwortlich und gut gehandelt, indem er versuchte, seiner Mutter in der schwierigen Lage beizustehen. Aber auch für ihn war das zu viel.

Ich habe also erst mal der ganzen Familie geholfen, indem ich mit Paul und seiner Mutter Anträge auf Familienhilfe und Unterstützungsleistungen gestellt habe, damit die Mutter nicht mehr ständig arbeiten muss und etwas zur Ruhe kommen kann. Dann habe ich mich um Paul und seinen Wunsch, eine Ausbildung zu machen, gekümmert.

Als Mutter oder Vater hast du keinen Feierabend. Da hast du die Bürde der Familie auf den Schultern oder das große Glück, je nachdem. Es ist in jedem Fall eine andere Art von Verantwortung, und darin liegt für mich eine Grenze, die ich nicht überschreiten will. Zudem ist es gefährlich, sich als Sozialarbeiter in eine Art Elternersatzfunktion zu begeben. Unsere Arbeit funktioniert gerade deshalb, weil wir eine andere Rolle übernehmen, sozusagen außerhalb des »Systems Familie« stehen. Damals bei der Beerdigung und auch heute war und bin ich glücklicherweise noch etwas zu jung, um mich meinen Klienten gegenüber in einer Vaterrolle zu sehen. Ich bin nicht ihr Vater, ich bin ihr Sozialarbeiter. Natürlich baue ich dabei eine Beziehung zu meinen Klienten auf und übernehme auch Verantwortung. Aber ich habe irgendwann Feierabend. Und dann bin ich weg.

Ich grenze mich ab – selbst wenn mal jemand »Papa« zu mir sagt, was ich schon erlebt habe. Natürlich arbeite ich trotzdem nicht immer nur nach Lehrbuch, man überschreitet ständig Grenzen. Man entwickelt sich zudem darin, wie weit man gehen, welche Rolle man bei welchem Jugendlichen einnehmen kann oder sollte. Aber ich setze da Grenzen und überprüfe sie immer wieder, denn das verändert sich mit meiner wachsenden

Arbeitserfahrung und entsprechend den Bedürfnissen oder der Persönlichkeit der jeweiligen Jugendlichen.

Trotzdem gehört zu meiner Arbeit, dass ich manchmal autoritär sein muss. Wir hatten kürzlich beim Mitternachtssport heftige Auseinandersetzungen, da gingen die Jugendlichen irgendwann sogar auf mich und meinen Kollegen los. Es waren junge Männer darunter, die eigentlich nicht mehr meine Klientel sind, nur zwei, drei Jahre jünger als ich. Sie hatten vor uns überhaupt keinen Respekt, haben gesagt: »Wer seid ihr überhaupt, dass ihr glaubt, ihr hättet hier das Sagen?« Ich habe mit ihnen gesprochen, und irgendwann haben sie kapiert, was meine Rolle in dem Ganzen ist: dass es in der Halle ganz einfach keinen Mitternachtssport mehr gibt, wenn sie uns angreifen. Es war die Verantwortung, die wir übernehmen, mit der wir am Ende punkten konnten, und unsere Haltung: dass wir ihre Wut aushalten konnten.

Wichtig ist mir in jedem Fall: Wie auch immer die Jugendlichen in die schwierigen Lebenslagen, die Probleme, in denen sie stecken, hineingeraten sind – das ist ihr Alltag, ihre Normalität. Und sie können – meistens – nichts dafür. Sie müssen Schwierigkeiten händeln, die sie nicht haben sollten, müssen erwachsener sein, als sie tatsächlich sind. Sie selbst sehen das oft gar nicht, denn sie gehen tagtäglich damit um, oft gut und kreativ. Sie überleben in schwierigsten Situationen, selbst in der Obdachlosigkeit wie Alex. Oder wie Leni.

Die 17-jährige Leni kam zu mir, weil sie ein Baby erwartete und von ihrer noch jungen und gerade ebenfalls schwangeren Mutter deshalb auf die Straße gesetzt worden war. Sie hatte ihr einfach gesagt: »Wir haben hier sowieso keinen Platz, und außerdem will ich mein eigenes Leben leben.« Also musste Leni zu Hause raus und war nun obdachlos. Das hängt mir heute noch nach: Was sind das für Startbedingungen für eine junge Mutter! Von den Startbedingungen für ihr Baby einmal ganz zu schweigen! Da denke ich: Wie kann man so verantwortungslos sein? Aber Leni saß damals vor mir und grübelte schon darüber nach, wie sie die Situation jetzt bewältigen könnte, was der nächste beste Schritt wäre. Sie sagte mir noch: »Meine Mutter hat ja auch ihre eigenen Probleme.«

Sie hat keinen Moment darüber nachgedacht, dass es eigentlich nicht normal ist, dass sich ein 17-jähriges schwangeres Mädchen den Kopf darüber zerbrechen muss, wo sie nun bleiben kann mit ihrem Kind. Für sie war es nicht normal, dass ihre Mutter, ihre Eltern jetzt für sie da sein, ihr zur Seite stehen sollten. Ich sehe das aber so. Ich finde, da müssten im besten Fall eigentlich Mama und Papa oder wenigstens eine oder einer von beiden da sein. So unsensibel das klingen mag, aber wenn deine Mutter Probleme hat, dann sind es ihre Probleme. Die kann sie nicht auf dich abwälzen. Eltern haben doch die Verantwortung für ihre Kinder! Wenn aber Bilals Mutter ihm die Verantwortung des Vaters als Familienernährer überträgt, wenn dieses Mädchen an meinem Schreibtisch sitzt statt zu Hause bei ihrer Mutter, weil die sie einfach alleingelassen hat in ihrer Lage, dann macht mich das total traurig.

Das erlebe ich leider häufig in Familien: dass Rollen vertauscht werden oder Eltern ihre Verantwortung für ihre Kinder einfach an die Kinder abgeben. Ich finde, es ist wichtig, in einem Familienkonstrukt klare Positionen und Rollen festzulegen, wer also wofür verantwortlich ist. Und wer nicht. Deshalb kann ich nicht verstehen, wenn Eltern ihren Kindern sagen: »Dir geht es schlecht, aber mir geht es ja auch schlecht.« Eltern sind Menschen, die ebenfalls Gefühle haben. Aber sie haben mich auf die Welt gebracht und haben dafür die Verantwortung zu übernehmen. Ich kann doch als 17-Jährige nicht sagen: »Meiner Mutter geht es schlecht, ich muss jetzt auf der Straße leben!« Oder: »Mein Vater hat einen harten Job, deshalb schlägt er mich.« Kinder zu haben, heißt für mich, bedingungslos die Verantwortung zu übernehmen.

Darum sage ich das Jugendlichen wie Leni auch mal deutlich: »Hör zu, ich würde dich gerne kurz unterbrechen bei deinen Überlegungen. Denn ich möchte, dass du wenigstens einmal gehört hast, dass es nicht normal ist, was du hier gerade bewältigen musst. Du solltest nicht in dieser Lage sein.« Klar sage ich auch »Ich helfe dir« und »Du bist klug und stark« und »Alles wird gut«. Aber ich möchte solche Jugendlichen wenigstens kurz herausholen aus ihrer Matrix. Ich möchte, dass sie erleben, dass jemand sieht, wie beschissen es ihnen geht. Und dass sie das nicht verdient haben, sondern dass ihr Alltag, ihr Leben anders sein sollte. Dann nämlich, so hoffe ich, kann sich die junge Frau später auch mal selbst auf die Schulter klopfen und sich ehrlich gratulieren und Stärke daraus gewinnen, was sie alles geschafft und bewältigt hat – sich sagen, dass sie kein Niemand ist.

Ich verstehe, dass es schwer ist, Kinder großzuziehen und sie dann irgendwann loszulassen in ihr eigenes Leben. Und ich glaube, das braucht vor allem viel Mut. Mich überfordert es auch manchmal, wenn ich meinen kleinen Neffen den ganzen Tag bei mir habe. Er ist laut, er will die ganze Zeit irgendwas, und ich muss mich mit meinen Bedürfnissen hintanstellen. Man muss sich ein bisschen aufopfern für das Kind. Wenn Eltern unter Druck stehen und sich nicht selbst helfen können, wenn kein Geld da ist, um mal einen Babysitter zu organisieren und sich eine Auszeit zu nehmen, wenn Armut und Angst vor der Zukunft dazukommen, werden manche wütend oder sind verzweifelt und lassen das an den Kids aus. Das ist eine giftige

Mischung, und die finden wir heute leider in vielen Zusammenhängen.

Man hat es dabei sicher etwas leichter, wenn man keine Geldprobleme hat. Dann kann man vielleicht ein bisschen mehr Zeit in die Familie investieren, ohne in Existenznot zu geraten. Aber ich habe auch schon mit Kindern aus wohlhabenden Familien zu tun gehabt, die wirklich vernachlässigt waren, deren Eltern sich nicht um sie gekümmert haben. Die kamen dann lieber zu uns Sozialarbeitern. Und ja, leider gibt es auch richtig schlechte Eltern, ganz unabhängig von diesen äußeren Bedingungen. Und wirklich viele, die sich enorm anstrengen und das Beste für ihre Kinder wollen, aber einfach verzweifeln an dem Leben, das sie selbst führen.

Eigentlich wollen doch alle Eltern, dass ihre Kinder in die Schule gehen und etwas Vernünftiges lernen. Die meisten würden sie dabei auch gern unterstützen. Ob und wie gut man das dann umsetzen kann, hat wahrscheinlich etwas mit den eigenen Ressourcen zu tun. Was aber alle Eltern tun könnten, ist: ihren Kindern, ihren Jugendlichen richtig ernsthaft zuhören. Das wünschen sich die meisten Kinder vor allem, dass ihnen mal jemand zuhört und sie ernst nimmt mit ihren Bedürfnissen, Wünschen und Träumen. Sie möchten Aufmerksamkeit, Anerkennung, Wertschätzung.

11

JUGENDLICHE UND GESELLSCHAFT 1: WERTSCHÄTZUNG. KEIN PLATZ FÜR TEENAGER?

Gesehen zu werden mit dem, was sie können und schaffen, das wollen alle Jugendlichen und das haben auch Bilal, Leni und Alex gemeinsam. Sie wollen Anerkennung, Wertschätzung, Respekt. Deshalb ist das ein Teil unserer Arbeit als Jugendsozialarbeiter: Jugendliche dabei zu unterstützen, etwas von sich zu zeigen, mit dem sie Wertschätzung finden, sei es, dass sie eine graue Wand in ihrem Block mit einem tollen Graffiti bemalen oder bei einem Nachbarschaftsfest am Grill stehen, sei es, dass sie sich selbst an lokalen Gremien beteiligen oder mit einer Plakataktion auf ihre Perspektiven und ihre Bedürfnisse hinweisen.

Es geht bei unserem Job nicht nur darum, einzelne Jugendliche bei der Lösung ihrer persönlichen Probleme zu unterstützen. Es heißt nicht ohne Grund JugendSOZIALarbeit: Unser Auftrag ist auch, ihnen dabei zu helfen, einen Platz in unserer Gesellschaft, unserem sozialen Gefüge zu finden, als Individuen und ebenso als ein Teil des Ganzen. Und mal ganz ehrlich:

Wir Erwachsenen machen es ihnen nicht wirklich leicht, oder? Dabei finden wir Jungsein doch eigentlich alle toll, alle wollen möglichst lange jung bleiben. In der Werbung sind die Leute fast immer jung und schön und super drauf. Aber wenn man sich umschaut: Es fängt schon damit an, dass Jugendliche in dieser Gesellschaft keinen Platz haben. Wo können sie sich denn – gerade in Großstädten wie Berlin – noch ungestört und auch ohne andere zu stören mit ihren Gruppen treffen? Es gibt Spielplätze für die Kleinen, es gibt Parks oder andere Grünflächen, es gibt ab und zu öffentliche Fußball- oder Basketballflächen. Ziemlich selten gibt es auch mal eine öffentliche Skateanlage oder eine Fläche für Graffitisprayer. Aber diese Sportflächen schließen (wegen des Lärms, den ihre Nutzer bei der vorgesehenen Nutzung unvermeidlich machen) spätestens um 20 Uhr, und außerdem wollen gar nicht alle Jugendlichen ständig Ballspielen oder skaten. An den Spielplätzen gibt es Schilder: »Für Kinder bis 12 oder 14 Jahre«. Gehen Jugendliche dennoch dorthin, geraten sie ebenso wie in Parks oder auf Grünflächen häufig in Konflikte mit anderen Nutzern. Denn sie stören sie.

Ich frage mich wirklich manchmal, ob Eltern – und Stadtplaner, Lokalpolitiker und Mitarbeitende in Grünflächenämtern sind doch auch Eltern! – ab und zu vergessen, dass aus ihren Kindern mal Jugendliche werden. Es gibt ältere und neue Wohnsiedlungen, bei deren Planung daran gedacht wurde, Orte vorzusehen, wo sich die Bewohner treffen können. Diese Gemeinschaftshäuser heißen oft Familienzentrum oder Nachbarschaftstreff und sollen von Eltern und Kindern, Frauen, Senioren und Jugendlichen genutzt werden. Die Jugendlichen fliegen dann dort meist als Erste wieder raus, denn: Sie stören. Sie stören, weil sie tun, was Jugendliche eben so machen: Sie hängen rum und sind dabei trotzdem ständig in Bewegung, sie hören komische laute Musik und quatschen dann noch lauter drüber, sie trinken Alkohol oder kiffen heimlich und gehen manchmal ganz schön grob miteinander oder auch mit anderen um. Sie benehmen sich daneben, sie provozieren, sie probieren sich aus und treten dabei meist auch noch in Gruppen auf. Dann machen sie anderen manchmal sogar Angst – vor allem, wenn sie keine Bertrams, sondern beispielsweise Buraks sind.

Wenn sie verständnisvolle und nicht zu arme Eltern haben, ein eigenes Zimmer zu Hause oder sogar eine Kellerbar im Eigenheim, dann können sie sich vielleicht dort mit ihrer Clique treffen. Oder können von ihrem Taschengeld mal ins Café oder ins Kino gehen. Wenn sie das aber nicht haben, wenn sie sich zu Hause das Zimmer mit mehreren Geschwistern teilen, keine Playstation, kein eigener Laptop da ist und auch kein Geld fürs Kino oder wenn sie, Geld hin oder her, von ihren Eltern nicht beim Jugendlichsein und Sichausprobieren gesehen werden wollen, hängen sie auf öffentlichen Plätzen rum, zwischen ihren Blocks in ihrem Kiez (da stören sie dann die Anwohner) oder in Einkaufszentren (da stören sie dann die Geschäftsleute und Kunden).

In Berlin zum Beispiel kommen Jugendliche aus Wohngegenden, die ihnen keine Orte bieten, wo sie sich treffen könnten, oder aus den engen, dicht bewohnten Flüchtlingsunterkünften in Scharen zum Alexanderplatz. Da gibt es Raum, da ist meist was los, da gibt es wenigstens ein paar Sitzgelegenheiten und anders als im Park abends sogar Beleuchtung, da kann man sich beim Billigbäcker wenigstens einen Kaffee oder ein Brötchen leisten. Und: Es gibt dort wenig Wohnhäuser, also kaum Anwohner, die sich beschweren könnten, sondern vor allem Touristen und anderes »Durchgangspublikum« sowie Büros und Einkaufszentren drum herum, wo man sich aufwärmen kann.

Allerdings führt das oft auch zu Streit und Ärger unter den verschiedenen Gruppen von Jugendlichen, zu Krach und Schlägereien. Dagegen soll die Präsenz der Polizei vor Ort helfen – in einem Container hat man mitten auf dem Platz eine Wache eingerichtet.

Wir Jugendsozialarbeiter machen das anders. Wir sprechen solche Jugendlichen natürlich mit unserer Streetwork an, aber wir haben ihnen noch mehr zu bieten, nämlich Orte, an denen sie sich treffen und selbstbestimmt ihre Freizeit verbringen können. Und das, ohne zu stören oder gestört zu werden. Das können große Jugendfreizeiteinrichtungen sein, in denen es viel Platz und viele Angebote gibt, vom Billardtisch und Kicker über Tanz- oder Boxräume, Musikstudios, Computer zum spielen oder um die Hausaufgaben zu erledigen, Küchen, in denen man selbst kochen kann, Spiele und Sportgeräte und andere Freizeitangebote.

Es gibt auch Jugendtreffs, die nicht so viel bieten, aber immerhin einen Raum mit Tisch, Sesseln und Sofa, ein Klo und eine Küche zur Verfügung stellen, sodass man sich ungestört zusammensetzen und einfach mal zur Ruhe kommen kann. Diese kleineren Jugendclubs oder Jugendstadtteilläden sind in Berlin oft in ehemaligen Ladenlokalen untergebracht und damit mitten in den Kiezen, wo man Jugendgruppen erreichen will, die dort bisher auf der Straße abhängen. Solche Orte sind sehr hilfreich, denn die Jugendlichen sind dann nicht raus aus ihrer Hood, der vertrauten Umgebung, in der sie wohnen und leben und sich sicher und zu Hause fühlen. Sie können im Sommer vor dem Laden auf der Straße sitzen und bleiben in Kontakt mit ihrer Nachbarschaft, die sie vorher, als sie keinen eigenen Raum hatten, oft ziemlich genervt haben. Auch das gehört zu unserem Job als Jugendsozialarbeiter: Gemeinwesenarbeit, also gute Begegnungen und Kontakte zwischen Jugendlichen und den Menschen in ihren Kiezen zu ermöglichen und damit die gegenseitige Wertschätzung zu erhöhen. Denn natürlich gibt es an all diesen Orten, in den großen Jugendfreizeiteinrichtungen ebenso wie in den kleineren Clubs, Sozialarbeiter, die unterstützen, wenn man Sorgen hat, oder einfach dabei helfen, seine Freizeit sinnvoll zu verbringen, eigene Wünsche zu verwirklichen, eigene Projekte zu entwickeln und sie umzusetzen. Und vielleicht am wichtigsten: Es gibt Jugendsozialarbeiter, die einem dafür zunächst mal einfach richtig zuhören.

Solche Räume für Jugendliche darfst du dir jetzt aber nicht allzu schick und luxuriös vorstellen. Es gibt natürlich ganz tolle Jugendfreizeiteinrichtungen, die eigens für diesen Zweck geplant und erbaut wurden. Das ist dann wirklich Luxus für die Jugendlichen und für uns Sozialarbeiter! Aber wir haben auch Einrichtungen in alten Gewerbehallen, einer früheren Kirche oder einem alten Bunker. Wir haben Jugendorte in ausgemusterten Bauwagen oder neueren Containern oder in Kellern von Bürogebäuden. Das sind teilweise sehr schöne Räume! Aber sie sind oft schwer (und teuer!) zu heizen, haben wenig Tageslicht, es gibt Probleme mit der Elektrizität oder dem Internetempfang oder sie haben marode Sanitäranlagen. Es ist nämlich gar nicht so einfach, schöne und gut geeignete Räume für die Sozialarbeit mit Jugendlichen zu finden, die bezahlbar sind. Mieten für Gewerberäume sind rechtlich leider nicht gedeckelt, und in Berlin können Vermieter in vielen Bereichen der Innenstadt für solche Räume mittlerweile Mondpreise verlangen. Jugendeinrichtungen konkurrieren dann zum Beispiel mit gewinnorientierten Unternehmen wie Gastronomiebetrieben. Die Etats gemeinnütziger Unternehmen und der öffentlichen Geldgeber für Mieten können da meist nicht mithalten. Es gibt aber noch einen anderen Grund, warum es schwierig ist, Räume für Jugendliche anzumieten. Du ahnst es wahrscheinlich schon: Jugendliche stören andere Leute, sie machen Krach ...

Mich ärgert es, wie heute oft auf Jugendliche geblickt, wie über sie geredet wird, meist, ohne vorher mit ihnen zu reden und ihnen mal zuzuhören. In Berlin haben wir das im Jahr 2023 ganz deutlich gespürt, nachdem es zum vorangegangenen Jahreswechsel in der Silvesternacht Randale und Gewalt gegeben hatte, Angriffe auf Polizisten und auf Feuerwehr- und Rettungskräfte und daraufhin viele Festnahmen. Das war wirklich schlimm, da gibt es gar kein Vertun! Aber dadurch entstand gleich eine so große Debatte um Jugendgewalt, dass man den Eindruck hatte, Jugendliche tauchen in den Medien oder in politischen Debatten nur noch als Gewalttäter und großes Problem der Gesellschaft auf. Dabei ist das nicht so!

Es bestätigte sich dann auch nicht, was am Anfang viele gleich vermutet hatten: dass die Täter vor allem Jugendliche und vor allem solche mit Migrationshintergrund gewesen seien. Übrigens: In Berlin leben nun mal viele Einwanderer, unter den Jugendlichen sind das, je nach Altersgruppe und Stadtteil, um die 40 Prozent. Klar waren auch welche von denen unter den Jugendlichen, die Krawall gemacht haben oder festgenommen wurden. Aber dass Jugendliche mit Migrationshintergrund »krimineller« sind als »biodeutsche«, lässt sich nicht belegen. Glaub mir das, ich habe mich in meinem Studium erst vor ein paar Jahren intensiv mit diesem Thema beschäftigt. Und neuere Untersuchungen zeigen das ebenfalls[2].

Ich will hier ganz sicher nichts weg- oder kleinreden: Jugendgewalt und -kriminalität sind ein Problem! Ich habe viel damit zu tun in meinem Job – und ärgere mich total, wenn mir wieder mal ein Jugendlicher erzählt, er tue dies nur, um Mama irgendwann ein Haus zu kaufen (dazu später noch mehr). In der Silvesternacht 2023/24 war ich wie viele meiner Berliner Kollegen in meiner Funktion als Sozialarbeiter in Nord-Schöneberg auf den Straßen unterwegs und habe gesehen, was da abgeht.[3] Du kannst mir glauben, da hat mir vieles nicht gefallen. Das war höllisch – und das, obwohl es ein Jahr nach dem Krawallsilvester 2022/23 in Berlin noch mehr Böllerverbotszonen und viel mehr Polizei im Einsatz gab.

Und übrigens: Ich habe auch nichts gegen die Polizei! Die macht auch einen harten und wichtigen Job. Doch Polizisten und Jugendsozialarbeiter haben verschiedene Aufträge – und damit verbunden auch ganz unterschiedlich viel Macht. Wir arbeiten alle auf der Grundlage von Gesetzen und übernehmen Aufgaben, die der Staat sich in diesen Gesetzen gegeben hat. Aber wir Sozialarbeiter sind keine Beamten, wir üben keine hoheitlichen Aufgaben aus, das heißt: Wir können niemanden festnehmen und einer juristischen Verfolgung und Bestrafung zuführen.[4] Trotzdem wurden wir nach den Silvesterkrawallen und den politischen »Jugendgewaltgipfeln« und den damit verbundenen medialen Debatten, die in Berlin darauf folgten, manchmal gerufen, als wären wir so etwas wie Hilfssheriffs oder Dompteure für jugendliche Gewalttäter. Das sind wir aber nicht.

Die Polizei arbeitet auf der Grundlage des Polizei- und Ordnungsrechts und wir Jugendsozialarbeiter nach dem Sozialgesetzbuch bzw. dem Jugendhilfegesetz als Teil davon. Wir sind nicht dazu da, mal schnell für »Ruhe und Ordnung« zu sorgen. Wir arbeiten langfristig mit den Jugendlichen, auf der Basis von vertrauensvollen Beziehungen, und das heißt auch: auf Augenhöhe. Wir sind ihnen gegenüber nicht mit gesetzlich verankerter Macht ausgestattet, wir sind keine Staatsgewalt. Das heißt nicht, dass wir nicht manchmal auch mit Staatskräften in

Uniform zusammenarbeiten. Aber nur dann, wenn die Jugendlichen das wollen – dazu später mehr. Jetzt aber zurück zu den Angeboten, die wir jungen Menschen machen, die ihre Freizeit auf der Straße verbringen, weil sie keine geeigneten Orte haben, an denen sie sich treffen können.

Solche Angebote kosten natürlich Geld – uns als Fachkräfte mit unserer Arbeit und der nötigen Ausstattung dafür gibt es nicht umsonst. Wie gesagt: Der Staat ist gesetzlich dazu verpflichtet, Jugendhilfe und Jugendsozialarbeit bereitzustellen und somit zu finanzieren. Aber wie viele dieser Angebote es jeweils lokal geben muss und soll, darüber entscheidet letztlich die (lokale) Politik. Wie viel Geld aus dem Gesamtetat eines Bundeslandes für Jugendsozialarbeit zur Verfügung gestellt werden soll, das wird immer wieder neu in den regelmäßigen Haushaltsdebatten der Länderparlamente verhandelt. Diese Summe wird dann auf kommunalpolitischer Ebene jeweils bestimmten Verwendungszwecken, Trägern, Einrichtungen oder Projekten zugeteilt. Auf all diesen politischen Entscheidungsebenen fehlt Jugendlichen aber oft eine Lobby und vor allem: Es fehlt dort ihre eigene Stimme – im doppelten Wortsinn.

Sie werden nicht angehört bei diesen Entscheidungen, und sie sind größtenteils selbst (noch) keine Wähler. Dass sie in der politischen und medialen Debatte mehr und mehr nur noch als »Störfaktoren der öffentlichen Ordnung«, als brutale und kriminelle Gewalttäter vorkommen, verstärkt die Tendenz, dass über sie statt mit ihnen geredet wird. In Berlin gab es in der öffentlichen Debatte nach der Gewalt an Silvester Stimmen, die meinten, man solle junge Krawallmacher nicht auch noch durch mehr spezielle Angebote für Jugendliche für ihre Untaten »belohnen«.

Immerhin: Berlin hat Ende 2023 das Wahlalter für das Landesparlament auf 16 Jahre gesenkt und im Zuge der Jugendgewaltgipfel nach den Silvesterkrawallen viel Extrageld für Jugendsozialarbeit lockergemacht – wenn auch nur für einen befristeten Zeitraum. Dafür wurden dann an anderen Stellen oft Gelder für Sozialarbeit gekürzt – etwa bei der sogenannten Regelfinanzierung für Jugendclubs und Jugendfreizeiteinrichtungen. Die ist dazu gedacht, deren regelmäßige Ausgaben wie Miete und Nebenkosten abzusichern – und damit ihre langfristige Existenz.

Wir Jugendsozialarbeiter bzw. unsere jeweiligen Arbeitgeber als Freie Träger für Jugendsozialarbeit müssen also bezahlt und müssen vor allem gerufen werden, damit wir Jugendlichen unsere Unterstützung anbieten können. Darüber entscheiden ebenfalls die jeweiligen örtlichen politischen Instanzen und Verwaltungen: wo Jugendsozialarbeit nötig ist und wie sie dort jeweils gestaltet und finanziell ausgestattet sein soll. Welche Angebote wir auf dieser Grundlage konkret machen, können wir als Fachkräfte und Experten in dem jeweils gesetzten Rahmen aber selbst entscheiden. Und natürlich müssen wir unseren jeweiligen Geldgebern – in Berlin dem Senat, also der Landesregierung, und den Bezirksämtern als Kommunalverwaltungen – über die Verwendung der uns zur Verfügung gestellten Steuergelder Rechenschaft ablegen und über die inhaltliche Gestaltung unserer Arbeit regelmäßig schriftlich Bericht erstatten.

12

JUGENDLICHE UND GESELLSCHAFT 2: BETEILIGUNG

Auf dieser Grundlage machen meine Kollegen und ich uns also Gedanken darüber, was Jugendlichen in ihrer jeweiligen Ausgangslage hilft. Dazu mal wieder ein Beispiel aus meiner Arbeit als Streetworker im Berliner Stadtteil Schöneberg, das auch gleich ein Beispiel für die schon erwähnte Gemeinwesenarbeit ist – ich hatte ja versprochen, zu erklären, worum es dabei geht.

Mein Kollege und ich sollen dort mit Jugendlichen »einen Platz beleben«, wie das im Behördendeutsch heißt. Es gibt zwar eine Jugendeinrichtung im Kiez, aber die ist zum einen nicht groß genug für alle jungen Menschen, die dort leben, zum anderen ist die Gruppe Jugendlicher, um die es hier geht, dort nicht mehr gern gesehen, weil sie die Anwohner und teils auch andere jugendliche Nutzer der Einrichtung stören, Ärger machen, zu laut sind. Deshalb wurde beschlossen, dass sie künftig stattdessen einen nahen öffentlichen Platz als Treffpunkt nutzen sollen, auf dem bisher allerdings eigentlich gar nichts zu finden ist: keine Bäume, keine Tischtennisplatte, kein Basketballkorb, nicht mal Sitzbänke gibt es dort. Genau deshalb war die Wahl wohl auf diesen Ort gefallen: weil da eigentlich fast nie jemand ist. Dort ist nichts los, und deshalb können die Jugendlichen niemanden stören. Das hat mir nicht gefallen: der Auftrag, jugendliche Störenfriede aus dem Weg zu schaffen. Und auch der große leere Platz war ein Problem.

Da kann man als Jugendsozialarbeiter dann sagen: »Ein riesiger, leerer Platz – was sollen wir denn damit anfangen?« Oder man kann sagen: »Hey, ein riesiger, leerer Platz, lasst uns was draus machen!« Da ich immer versuche, optimistisch zu sein, habe ich überlegt: Wie können wir da Leben draufbekommen? Meine Idee war: Wir brauchen eine Art mobile Küche, einen Foodtruck, gern auch auf ein E-Bike montiert, mit dem wir gemeinsam mit den Jugendlichen Essen kochen können. Denn Hunger haben unsere Kids eigentlich immer. Und außerdem lockt das andere Menschen auf den Platz: Passanten, Anwohner, Obdachlose (von denen es in Nord-Schöneberg viele gibt), die dann dort gemeinsam mit den Jugendlichen essen können. Denn Sinn und Zweck dieser Platzbelebung ist zuerst einmal, dass wir ein Angebot für diese Jugendgruppe schaffen, aus dem neues Potenzial entsteht. Wir können dabei Beziehungen zu den Jugendlichen aufbauen und so die Möglichkeit schaffen, zunächst Kennenlern- und später Beratungsgespräche zu führen. Dafür eignet sich gemeinsames Kochen gut, denn dann sitzt dir nicht gleich der (erwachsene) Sozialarbeiter am Tisch gegenüber, sondern schnippelt gemeinsam mit dir Gemüse, und dabei kommt man ganz zwanglos ins Gespräch über Alltagsdinge und quatscht auf Augenhöhe – eine gute Grundlage, um Vertrauen aufzubauen.

Aber wir Jugendsozialarbeiter wollen ja, wie gesagt, noch mehr, als irgendwann bloß einzelnen Jugendlichen unsere Beratung anbieten zu können. Und wir machen solche Angebote auch nicht nur deshalb, damit die Jugendlichen andere Leute nicht mehr stören. Wir tun das auch, um ihnen Möglichkeiten zu verschaffen, bei denen sie sich positiv darstellen und zeigen können, was sie draufhaben, und dafür dann auch Anerkennung bekommen; damit sie mit den Leuten ins Gespräch kommen, die sie vorher gestört haben, und auch mal erzählen können, wie es ihnen geht in dieser Gesellschaft.

Auch das ist ein Teil unserer Arbeit: Jugendlichen die Gelegenheit zu geben, etwas von sich zu zeigen, mit dem sie Wertschätzung finden; sei es, dass sie eine Wand im Kiez mit einem tollen Graffiti besprühen oder auf einem Nachbarschaftsfest grillen. Wir schaffen Situationen, bei denen sie positive Aufmerksamkeit bekommen und mit Leuten ins Gespräch kommen, die sich dann für sie interessieren. Auch dafür finde ich ein Angebot wie das gemeinsame und öffentliche Kochen gut geeignet. Es verlangt den Jugendlichen etwas ab und gibt ihnen gleichzeitig die Chance, zu zeigen, dass sie auch etwas (geben) können. Denn natürlich suchen dabei nicht wir Sozialarbeiter das Rezept aus, gehen einkaufen und verteilen dann die Aufgaben. Die Jugendlichen überlegen gemeinsam, was sie kochen wollen und was sie dafür brauchen, und sie entscheiden, wer dabei dann welche Aufgaben übernimmt. Das gibt ihnen die Chance, ihre Power und ihre Skills mal in etwas reinzustecken, von dem sie profitieren. Und eben nicht nur sie: So ein Gruppenangebot eröffnet den Jugendlichen auch die Möglichkeit, zu bekommen, was jeder Mensch will: ein positives Feedback, Lob, Respekt und Anerkennung. Ich möchte mit meiner Idee erreichen, dass sie sich einfach mal sagen können: »Mensch, ich mache hier jetzt etwas, was niemand von mir gedacht hätte!« Und meine bisherige Arbeitserfahrung zeigt: Die meisten haben richtig Bock darauf, so etwas zu tun, sich zu zeigen und die

Welt ein bisschen zu verschönern. Denn sie wollen ja gesehen und gehört werden.

Viele der Jugendlichen wissen gar nicht, dass sie etwas können. Sie wissen einfach nicht, was sie draufhaben. Und an dieser Stelle kommt das große Thema »Schule« ins Spiel, denn dass sie das nicht wissen, liegt mit daran, dass sie diese Erfahrung in der Schule nie gemacht, sie nicht erlebt haben, dass jemand auch mal ihr Potenzial sieht. Auch dort werden viele der Jugendlichen, mit denen ich arbeite – vor allem die männlichen – oft eher als Problem oder Störenfriede wahrgenommen. Viele gehen daher einfach gar nicht mehr hin, weil sie keinen Bock darauf haben und weil ihnen langweilig ist, wenn sie den ganzen Tag nur rumsitzen, ohne irgendeine positive Erfahrung zu machen. Und wenn du dann irgendwann nicht mehr mithalten kannst, weil du zu viel geschwänzt hast, gewöhnst du dich eben ans Versagen. So geht es den meisten unserer Jungs.

Ich kenne das. Ich bin auch nicht gerne zur Schule gegangen, ich fand es auch schrecklich dort. Alle müssen ins selbe Raster passen, am selben Unterricht teilnehmen, dieselbe Klausur schreiben – kein Platz für Persönlichkeit, Individualität oder individuelle Lebenserfahrungen. Natürlich gibt es Lehrkräfte, die das anders machen, ich hatte selbst so einen Lehrer, der mein Potenzial gesehen hat. Ohne Herrn Reibold hätte ich das Abi nie geschafft. Und ganz sicher gibt es solche Lehrkräfte auch an anderen Schulen. Aber das ändert nichts daran, dass das System nicht gut ist. Weil es auf Druck und Schuldzuweisung basiert: dem Druck, zu den Guten gehören zu müssen, und der Schuldzuweisung, wenn du das nicht schaffst. Denn diese Schuld wird den Lernenden aufgebürdet, nicht den Lehrenden!

Das sieht man zum Beispiel an den leidigen Diskussionen über die zunehmend schlechten deutschen Ergebnisse bei den regelmäßigen PISA-Lernerfolgsstudien. Sie werden oft als »Schüler-TÜV« bezeichnet – warum eigentlich nicht als »Lehrer-TÜV«? Wenn die Autos von VW ständig kaputtgingen, würde es wohl kaum jemand glauben, wenn die Firma sagt, die Käufer könnten eben einfach nicht richtig damit fahren!

Ehrlich: Ich freue mich darüber, dass wir kostenlose Schulen haben hier in unserem Land. Ich finde Bildung toll und wichtig – warum, habe ich schon erzählt. Aber die Art und Weise, wie wir mit Kindern und Jugendlichen in der Schule umgehen, die finde ich nicht gut. Wenn 6- bis 18-Jährige stundenlang zusammen mit 20 oder 30 anderen in ihrem Alter in einem Raum sitzen müssen, ihre Power, ihre Lebensenergie nicht rauslassen können – und das zehn bis 13 Jahre lang –, das passt einfach nicht zu Menschen in diesem Lebensalter, und es passt nicht mehr in diese Zeit. Da könnte man so viel anders machen.

So, wie es jetzt ist, sitzen da viele Kids zwar eine lange Zeit, aber wenn sie rauskommen, wissen sie fast nichts. Vor allem nichts über ihre eigenen Talente und Fähigkeiten. Sie wissen nicht, was sie lernen oder werden sollen. Sie wissen nur: Sie müssen Geld verdienen. Das finde ich wirklich traurig. Und es ist ein Problem für mich, denn einerseits hängt mir Schule so, wie sie jetzt ist, selbst zum Hals raus, andererseits kann ich die Kids, mit denen ich arbeite, weder anlügen noch davor bewahren: Sie müssen alle da durch. Da führt kein Weg dran vorbei – jedenfalls, wenn man keine Eltern hat, die eine Privatschule bezahlen können. Denn dort wird oft ganz anders unterrichtet. Dort schaffen Kinder ihren Schulabschluss, die genau dieselben Probleme mit Konzentration und Lernen haben wie unsere Jugendlichen, aber anders als unsere Kids eben Eltern mit Geld. Für mich heißt das, ich muss ihnen sagen: »Zieh durch, Hauptsache, du hast dann den Abschluss.« Und ich versuche natürlich, sie zu ermutigen, indem ich sie an den Stellen fördere, wo sie etwas gut können und gerne machen. Dann kommen sie schneller voran, als wenn sie nur Misserfolge erleben. Das kann zum Beispiel so ein Kochprojekt sein, aber auch Boxen, Fußball, Tanz, Musik oder Kunst. Wichtig ist, dass die Jugendlichen merken: Sie können etwas. Und: Gelegenheiten zu schaffen, bei denen andere das sehen. Denn das stärkt ihr Selbstbewusstsein und ihr Selbstwertgefühl.

Eine andere wichtige Erfahrung ist die der Selbstwirksamkeit oder anders gesagt: die Erfahrung, dass man selbst etwas erreichen kann. Allein oder gemeinsam, für sich und für andere. Meine Idee für die Gestaltung des Platzes hatte deshalb noch ein weiteres Ziel: Ich wollte erreichen, dass die Jugendlichen auf der Grundlage der Anerkennung, die sie mit dem öffentlichen Koch- und Mitessprojekt bekommen, auch die Chance ergreifen, etwas für sich selbst und andere zu tun. Noch ist der Platz leer, den die Jugendlichen künftig »beleben« sollen. Wenn irgendwann eine Bank, ein Basketballkorb, eine Tischtennisplatte und ein paar Bäume dort stehen sollen, muss sich jemand darum kümmern, das also bei den zuständigen Stellen – in diesem Fall im Bezirksamt – einfordern und begründen. Und natürlich zunächst herausfinden, wer überhaupt zuständig ist und wie man es schafft, an diese Personen heranzukommen und von ihnen angehört zu werden. Dazu muss man sich vorher ein paar gute Argumente zurechtlegen und am besten noch nach weiteren Verbündeten suchen, die die Forderungen unterstützen. Zum Beispiel die Anwohner darauf ansprechen, was mit dem Platz passieren soll, oder mit einer selbst entworfenen und gestalteten Plakatkampagne – auch so etwas können wir dann aus unseren Mitteln für Jugendsozialarbeit finanzieren – auf sein Anliegen aufmerksam machen und um Unterstützung bitten. Man kann sich auch an die gewählten Mitglieder der Bezirksverordnetenversammlung wenden und um ihre Unterstützung werben und vielleicht vorher schon mal schauen, was das Gewünschte so kosten wird, denn Geld ist ein Entscheidungsfaktor. Vor allem aber muss man den Mut und das Selbstbewusstsein für eine solche Kampagne haben – oder es eben genau dabei entwickeln.

Noch steht mein Projekt für den Platz in den Startlöchern. Voraussetzung dafür, dass es starten kann, ist, dass der Bezirk als Geldgeber es gut findet – und natürlich, dass die Jugendlichen mitmachen. Dafür muss man darauf achten, solche Jugendbeteiligungsprojekte »niedrigschwellig« genug zu gestalten, wie wir Sozialarbeiter sagen, damit die Jugendlichen sich wirklich angesprochen und eingeladen fühlen, dabei mitzumachen und sich zu engagieren. Denn mit solchem gesellschaftlichem Engagement haben sie meist wenig Erfahrung – und wenig Gelegenheit, eine solche zu machen, weil sie bei Entscheidungen, die sie betreffen, meistens nicht gefragt werden oder weil Partizipationsverfahren gerade im politischen Mitbestimmungsbereich oft so schwierig, eben zu »hochschwellig« gestaltet sind, sodass sie Jugendliche (und übrigens auch viele andere Bürger) von der Teilnahme ausschließen.

Wenn so ein Projekt dann funktioniert, ist das für die Jugendlichen etwas, das sie nicht vergessen und über das sie oft noch jahrelang nachdenken. Denn sie profitieren in vieler Hinsicht auch langfristig von den Erfahrungen, die sie dabei gemacht haben. Vor allem, wenn sie damit Erfolg hatten oder wenigstens ernst genommen und angehört wurden. Das stärkt und motiviert sie, gerade in solchen Zeiten, wenn sie in anderen Zusammenhängen die Erfahrung machen, dass sie hundert Bewerbungen schreiben und keine einzige Antwort kriegen, nicht mal eine Absage. Es zeigt ihnen, dass sie jemand sind, der eine

Stimme hat als Teil dieser Gesellschaft. Denn Selbstbewusstsein, Selbstwertgefühl und gute Erfahrungen mit Selbstwirksamkeit haben die meisten Jugendlichen meistens weniger, als es manchmal den Anschein hat, wenn man sieht, wie sie sich in der Öffentlichkeit, auf den Straßen und Plätzen oder in Bus oder U-Bahn benehmen.

Wie gesagt: Jugendliche fallen (Älteren) oft unangenehm auf, weil sie sich ausprobieren wollen und sich den Raum dafür am liebsten dann nehmen, wenn sich passende Gelegenheiten bieten, also zum Beispiel, wenn sie in Gruppen Gleichaltriger unterwegs, wenn die Eltern nicht in der Nähe sind oder sie nicht in der Schule stillsitzen müssen. Sie machen in dieser Lebensphase manche negative, aber hoffentlich auch genug positive Erfahrungen, um sich zu einer erwachsenen Person mit stabilem Selbstbewusstsein, Selbstwert- und Selbstwirksamkeitsgefühl zu entwickeln.

Dass nicht alle Jugendlichen in unserer Gesellschaft dafür gleich gute individuelle Voraussetzungen und soziale Startbedingungen haben, habe ich schon an einigen meiner Einzelfallbeispiele erklärt. In diesem Kapitel geht es um die Arbeit mit Jugendgruppen. Darin finden sich fast immer Jugendliche zusammen, die von den gleichen gesellschaftlichen Markern und der damit verbundenen sozialen Ausgrenzung betroffen sind.

Das sind bei meiner Arbeit in Nord-Schöneberg fast nur junge Menschen aus eingewanderten Familien. Doch wie schon gesagt ist es zu einfach, den Grund ihrer Schwierigkeiten auf den sogenannten Migrationshintergrund, auf ethnische Herkunft zu reduzieren. Herkunft spielt allerdings auf andere Weise eine Rolle, nämlich bezogen auf den sozioökonomischen Status ihrer Familie. Jugendsozialarbeiter und übrigens auch viele Polizisten und Feuerwehrleute oder Rettungskräfte sehen das: Sie erleben, dass es in ärmeren Stadtteilen, wo weniger oder kaum Migranten leben, dennoch dieselben Probleme gibt. Weil dort viele Leute wohnen, die sozial ausgegrenzt und benachteiligt sind, und von denen manche sich leider mit ihrer Lebenslage abgefunden und die Bemühungen um eine Verbesserung ihrer Situation aufgegeben haben. In diesen Familien lebt oft niemand mehr den Kindern vor, dass es sich lohnt, sich anzustrengen, sich um Bildung und Aufstiegserfolg durch Arbeit zu bemühen. Niemand unterstützt sie dabei, wenn sie es selbst wollen.

Es stimmt aber leider auch, dass viele schon lange oder kürzlich eingewanderte Menschen zu den armen und/oder den hinsichtlich Bildungs- und damit Aufstiegschancen abgehängten Bevölkerungsschichten gehören. Der Grund ist, dass sie hier keine faire Chance bekommen haben, wie einst viele der palästinensischen Flüchtlinge, weil ihre Berufsausbildungen nicht anerkannt wurden oder werden oder weil sie nur befristete Aufenthaltstitel haben. Das erschwert dann wieder die Annahme einer Ausbildungsstelle, wie unsere von sogenannten Kettenduldungen betroffenen Jugendlichen erfahren: Wer nimmt schon einen Lehrling für eine dreijährige Ausbildung an, der immer nur eine Aufenthaltsgestattung für sechs Monate bekommt? Ein weiterer Grund ist, dass sie als neu hierhergekommene Geflüchtete mit der deutschen Sprache und dem deutschen Bildungssystem nicht vertraut sind und daher ihre Kinder nicht in der Weise unterstützen können, wie sie es wahrscheinlich gerne tun würden. Oder weil sie ganz einfach als »Ausländer« auf dem Bildungs- und Arbeitsmarkt benachteiligt sind.

KLEINER EXKURS

EINWANDERERKINDER – DIESE GANZE LAST DER MIGRATION

Ich kenne das aus eigener Erfahrung, diese ganze Last der Migration. Schon als Kind habe ich sehr gut verstanden, was man da mit sich herumträgt. Ich weiß, wie es sich anfühlt, wenn deine Eltern keine Zeit für dich haben, weil sie in schlecht bezahlten Jobs versuchen, irgendwie ihren Traum von einem guten und sicheren Leben zu verwirklichen – was meist die Gründe dafür waren, dass sie ihr Herkunftsland verlassen haben. Ich weiß, wie es sich anfühlt, wenn du gleich bei der Einschulung mit den zwei anderen »Türkenkindern« in der Klasse in eine Ecke gesetzt wirst – als sechs Jahre altes und in Deutschland geborenes Kind! Ich weiß, wie es ist, wenn sich während der gesamten Schulzeit keine Lehrkraft die Mühe macht, deinen Namen richtig auszusprechen. Ich weiß, was einem das schon als Kind bewusst macht: Du gehörst hier nicht her, du bist irgendwie nicht wie die anderen, wie die, die hierhergehören. Die Deutschen.

Deshalb bin ich auch so interessiert daran, den Kids zu zeigen, wie sie teilhaben können an diesem Land und in dieser Gesellschaft. Es ist ja nicht so, dass ich als Jugendsozialarbeiter auf die Berliner Straßen gehe, um dort Leuten in irgendeiner Subkultur zu erklären, wie sie zu leben haben. Stattdessen versuche ich ihnen klarzumachen: Wenn du Anerkennung bekommen möchtest für das, was du bist, was du willst, dann kannst du das auf diese Weise vielleicht eher schaffen, als mit dem Kopf durch die Wand zu gehen oder durch totalen Rückzug in deinen Kiez, deinen Block, deine vielleicht kriminelle Clique. Denn du willst Respekt und Ansehen, willst lieber eine gute Arbeit als in den Knast. Das wird vielleicht schwierig für dich, aber du willst doch Anerkennung, willst wertgeschätzt werden als die Person, die du bist.

Ich habe selbst von Kindheit an gespürt, dass in dieser Gesellschaft vieles unfair ist, aufgrund meiner eigenen Lebenssituation und der meiner Freunde. Wir saßen auf unserer Bank und wussten, dass es Kinder gibt, die anders aufwachsen: die nicht dafür bestraft werden, wenn sie mal schlecht in der Schule sind, sondern zu Hause gefördert werden; die ein Zimmer für sich allein haben und nicht, wie bei manchen meiner Kumpels, mit fünf anderen in einem Raum schlafen müssen; bei denen zu Hause genug Geld da war, ohne dass die Eltern dafür so viel arbeiten mussten wie unsere.

Bei uns gab es deshalb auch keine Fahrradtouren mit Mama und Papa, keine gemeinsamen Ausflüge und Erholungsurlaube. Unsere Eltern hatten einfach keine Zeit dafür. Eigentlich kannten wir sie kaum richtig. Vieles aus ihrer eigenen Lebensgeschichte, aus der Kindheit und Jugend meines Vaters habe ich erst erfahren, als ich als Erwachsener nachgefragt habe. Und wenn wir doch mal in Urlaub gefahren sind, dann immer nur dorthin, wo es für unsere Eltern ein Heimatbesuch war und für uns Kinder eine Reise in ein Land, wo uns die Menschen zwar irgendwie vertraut waren, wir aber dennoch wieder wie in Deutschland, unserer Heimat, irgendwie anders waren – etwa, weil wir ihre Sprache nicht gut genug sprachen.

Natürlich macht man sich darüber schon als Kind Gedanken: Warum ist das eigentlich bei uns so? Man findet sich einerseits ab mit dem, was man hat, was einem vorgelebt wird, andererseits spürt man aber, dass das irgendwie unfair ist. Als Jugendlicher versteht man dann, dass es dabei nicht nur um Urlaube geht, sondern ebenso um Freiheit, um Selbstverwirklichung und Identität, um die Möglichkeit, so aufzuwachsen, dass man seinen eigenen Weg gehen kann und die eigenen Potenziale und Talente wachsen können. Das war bei uns nicht gegeben.

Irgendwann fängt man an, sich zu fragen, wer schuld daran ist. Als Kind denkt man natürlich erst mal, es ist die Schuld der Eltern. Und teilweise ist das vielleicht tatsächlich so, wie oben schon gesehen. Aber es ist ebenfalls die Schuld von Gesellschaft und Politik, die auf unsere Problemlage hätten reagieren können und müssen, finde ich heute. So, wie ich mich bei »meinen« Jugendlichen immer frage: Was steckt denn drin in diesen Jungs, was wollen und was können die, wofür interessieren die sich? Denn ich weiß ganz sicher: Alle Kinder haben Potenzial.

Wir haben das damals so hingenommen, dass uns keiner danach fragt, dass uns keiner unterstützt. Das schien irgendwie den Deutschen vorbehalten zu sein, dass Erwachsene sich dafür interessieren, was Kinder können und wollen. Bei uns, in meinem Freundeskreis aus Kindern überwiegend türkischer und anderer Einwandererfamilien, war das eben anders. Wir waren anders: Wir, die auf der Bank saßen, waren die mit Migrationshintergrund, und die anderen flogen in den Ferien nach Lanzarote oder zum Skifahren.

Was nicht heißen soll, dass bei uns alles schlecht und falsch war. Mein Vater hat so viel gearbeitet, damit es uns Kindern an nichts fehlt. Und meine Mutter hat uns mit ganz viel Liebe aufgezogen und uns angespornt, zu lernen und eine Ausbildung zu machen – wobei das bei ihr immer mit der Vorstellung verbunden war, dass wir es »raus«schaffen, in eine bessere Lebenssituation. Das war ihre Intention. Aus mir und meinen Brüdern ist ja auch etwas geworden. Aber das hatte nichts damit zu tun, dass das Lernen mir Spaß gemacht hätte. Schule war einfach ein Mittel zum Zweck. Aus mir sollte etwas »Gescheites« werden! Jemand Handfestes, Seriöses und auch Angesehenes, dessen Arbeit ein sicheres und gutes Einkommen verspricht.

Irgendwann führte mich das alles in eine Identitätskrise. Ich hatte Stress zu Hause. In der Schule machte sich nur selten jemand die Mühe, meinen Namen richtig auszusprechen – für mich spiegelten sich darin nicht nur Gleichgültigkeit und Missachtung, sondern auch all die Fragen, die ich mir selbst stellte: Wer bin ich eigentlich? Türke? Oder Deutscher? Damals gab es an der Schule oder im Jugendtreff keine Lehrkräfte oder

Sozialarbeiter mit einem türkischen oder einem anderen Migrationshintergrund. Ich kannte das nicht. Es gab keine Vorbilder. Und Lehrkräfte waren noch richtige Autoritätspersonen. Als Vorbilder wären sie für mich nicht infrage gekommen.

Als ich dann später an der Schule in Darmstadt mein Abitur nachgeholt habe und dort auf Herrn Reibold traf, habe ich verstanden, dass jemand, der mein Vorbild sein kann, keinen Migrationshintergrund braucht. Es reicht, einfach ein Mensch zu sein, der dir das Gefühl gibt, dass du kein Fremdkörper bist, dass du okay bist, egal, wo du herkommst. Dass du als der Mensch, der du bist, ein Recht auf ein gutes Leben hast und dir das nicht erst noch verdienen musst durch Anpassung. Das war immer die Forderung, der ich mich gegenübersah, weil es von Kindheit an diesen Gegensatz zwischen »die« und »wir« gab: Man musste es sich irgendwie verdienen, dazuzugehören. In meinem Fall: deutsch zu werden. Selbstverständlich gehörte die Einsicht dazu, dass sich auf der anderen Seite niemand überlegen musste, ob und wie er mit dir klarkommen kann. Bis dahin hatte ich das immer mitgemacht und irgendwie akzeptiert, dass mich keiner so leiden kann, wie ich bin, bis ich irgendwann so verzweifelt, übergewichtig und abhängig von Cannabis war, dass ich mich fragte: Wer zur Hölle bin ich überhaupt? Und was geht hier eigentlich ab?

Deshalb kann ich gut nachvollziehen, warum Jugendliche auf diesem Weg der Anpassung, der persönlichen Integration in das bestehende System verzweifeln und manchmal auch daran scheitern. Ich bin diesen harten Weg eine Zeit lang selbst gegangen, die Einbahnstraße, in der man nichts verlangen darf, sondern sich alles erst verdienen muss, um an der Gesellschaft und all ihren Schätzen teilzuhaben. Dann bin ich glücklicherweise auf jemanden gestoßen, der mit gezeigt hat, dass es so nicht sein muss. Dass es andere, individuelle und persönliche Wege zu einem guten Leben gibt und sogar Menschen, die einen dabei unterstützen, diese Wege zu gehen: Verbündete. Und was mir noch klar wurde: dass einem nicht gleich etwas Schlimmes zustößt, wenn man mal die Spielregeln bricht, Umwege geht oder Hintertüren benutzt.

Leider finden nicht alle Jugendlichen, die das bräuchten, einen Herrn (oder eine Frau) Reibold. Und manchmal geraten sie dann leider auch an die falschen Verbündeten.

13

444 BLOCKS – LEBEN IM KIEZ UND WIE MAN DA REIN- ODER RAUSKOMMT

Ich erlebe bei meiner Arbeit immer wieder, dass Jugendliche mich auslachen, wenn ich ihnen von einer Ausbildung erzähle, bei der sie 800 Euro im Monat verdienen. Weil sie das als Drogenkuriere oder Ticker, also Verkäufer von kleinen Drogenmengen, oder mit anderen kriminellen Geschichten schon wöchentlich verdienen – mehr als ich als Sozialarbeiter. Das sind meist Jungs und junge Männer im Alter zwischen 16 und 24, viele haben keinen Schulabschluss, manche jobben irgendwo oder machen sogar eine Ausbildung. Aber alle haben immer zu wenig Geld – Existenzminimum. Und irgendwie geht es immer um Geld, alle wollen mehr davon: eine bessere Wohnung, bessere Klamotten, bessere Autos – ein besseres Leben für sich und ihre Familien. Ein gutes Leben wird am Geld gemessen. Diese Jungs machen kriminelle Geschäfte, um ihren tollen Wagen zu bezahlen, mal in den Urlaub fahren zu können oder einfach um über die Runden zu kommen.

Das ist ein Riesenthema und leider eine große Verlockung für manche der Jugendlichen, für die ich da bin: kriminell zu werden. Nicht wenige meiner Klienten haben Ärger mit Polizei und Justiz, weil sie Straftaten begangen haben oder dessen verdächtigt werden. Dabei geht es um Schlägereien und Körperverletzung, um Raub, Ladendiebstahl oder Raubüberfälle, manchmal leider auch um bewaffneten Raubüberfall mit einem Messer. Es geht um geknackte Leihautos oder um Geschäfte mit Falschgeld, das dann in Wechselstuben eingetauscht wird. Und es geht um gefälschte Rezepte, mit denen sie in der Apotheke Medikamente, vor allem starke Schmerzmittel wie etwa Tilidin, bekommen und diese dann auf dem Drogenmarkt verkaufen. Es geht um Drogenhandel und -besitz und um Drogenkonsum sowieso.

Das alles hängt miteinander zusammen: Nahezu alle der kriminellen Jungs – beim Thema Kriminalität geht es eigentlich immer um Jungs – nehmen selbst Drogen. Sie schießen sich damit ab, bevor sie Taten begehen, vor denen sie mit klarem Kopf viel zu viel Angst hätten – und auch zu vernünftig dafür wären. Mit dem erbeuteten Geld finanzieren sie dann zum Teil wieder Drogen, die sie entweder selbst konsumieren oder weiterverkaufen. Sie geraten wegen ihrer kriminellen Geschäfte und ihres Drogenkonsums mit anderen Gruppen oder Jugendlichen in Streit und Schlägereien und begehen dabei zum Teil schwere Körperverletzungen oder werden selbst zum Opfer.

Das findet aber meistens nicht in den Kiezen statt, in denen sie leben, weil sie dabei gesehen und wiedererkannt werden könnten. Stattdessen ziehen sie in andere Berliner Stadtteile, denn Mama und Papa und auch die Nachbarn und erwachsenen Bekannten im Kiez sollen davon nichts mitbekommen – auch nicht von dem Geld, das dabei in Umlauf kommt. Eltern wissen deshalb oft nicht viel darüber, was ihre Jungs wirklich da draußen auf der Straße so treiben. Der dicke Wagen, mit dem Mutter zum Arzt gefahren wird, ist dann eben »von einem Freund geliehen«, bei dem man nebenbei jobbt und angeblich auch das Geld verdient, mit dem man dem kleinen Bruder die Playstation und der Schwester den schicken Mantel gekauft hat, den sie so gern haben wollte. Sie wissen nichts von den Luxusautovermietern, bei denen die Jungs die Wagenmiete bar bezahlen von ihrem illegal verdienten Geld. Aber Mama soll es eben auch mal schön haben und vor allem: stolz auf ihren Jungen sein.

Die wenigsten der Jugendlichen werden kriminell, weil sie sich selbst eine Millionenvilla kaufen wollen. Sie wollen bloß haben, was andere auch haben: ein gutes Leben. Und dafür braucht man Geld. Sie wollen raus aus ihren Verhältnissen – und dann lockt manche eben der kriminelle Weg, selbst wenn man gleichzeitig weiß und im eigenen Umfeld erlebt, dass das langfristig nicht ans Ziel führt.

Vor Kurzem habe ich zweieinhalb Stunden lang mit einem jungen Mann geredet, und trotzdem weiß ich immer noch nicht genau, was ich ihm als Sozialarbeiter eigentlich anbieten kann. Er gehört zu den Jungs, die gutes Geld auf schlechtem Weg verdienen – durch irgendwelche kriminellen Machenschaften, über die sie mit mir meist lieber nicht so genau reden wollen. Diese Jungs kommen nicht zu mir, weil sie mal Hilfe bei irgendwas brauchen. Sie kommen zu mir, wenn sie verstanden haben, dass sie einfahren könnten, wenn sie so weitermachen. Und dass sie sich dann überlegen müssen, was sie ihren Eltern sagen, denn eigentlich wollen sie Mama und Papa ja stolz machen. Sie kommen, wenn sie kapiert haben, dass sie auf dieser kriminellen Grundlage nur schwer eine eigene Familie gründen können. Denn sie sind ja nicht auf den Kopf gefallen: Sie wissen sehr genau, dass die Scheiße, die sie bauen, ein Verfallsdatum hat. Dass sie das nicht ihr Leben lang machen können.

Die Jungs sind nicht blöd, und sie sind auch nicht schlecht. Das zeigt sich an einer anderen Stelle sehr deutlich: Weil sie und ihre Familien, ihre Nachbarn und Freunde unter gesellschaftlicher Ausgrenzung, Abwertung und Benachteiligung leiden, wenden sie sich nach innen und organisieren sich selbst innerhalb der eigenen Community. Es gibt unheimlich loyale, stabile und Zusammenhalt schaffende Strukturen in ihren Kiezen und ihren Blocks, nicht nur, aber gerade unter den Jugendlichen. Das ist ein wichtiger Punkt, denn von unserer hiesigen »Mehrheitsgesellschaft« wird Menschen mit Einwanderungshintergrund gern unterstellt, sie zögen sich quasi absichtlich in eine Parallelgesellschaft zurück. Und mit »absichtlich« sind dann meist schlechte Absichten gemeint: Integrationsverweigerung, Ablehnung, Rückzug. Das stimmt meist so aber nicht, denn dafür kennen die meisten Einwanderer unsere Gesellschaft viel zu gut. Sie kennen die hiesigen Regeln und Werte, die Institutionen und Strukturen – und erleben leider zu oft in all diesen Bezügen Ablehnung.

Das bekommen beispielsweise migrantische Eltern zu spüren, wenn Deutsche ihre Kinder ganz bewusst von den Schulen nehmen, wo ihnen zu viele Mitschüler »nicht deutscher Herkunftssprache«, wie es im Behördendeutsch heißt, in den Klassenzimmern sitzen. Und das spüren natürlich auch die dabei als das Problem betrachteten Kinder und Jugendlichen. Denn sie sind hier geboren und aufgewachsen und sprechen alle besser Deutsch als jede andere Sprache.

Aber sie sind teilweise tatsächlich nicht gerade offen gegenüber dieser sogenannten Mehrheitsgesellschaft. Denn der Anpassungsdruck, dem sie sich ausgesetzt fühlen, und deren Ablehnung schweißen sie zusammen. Man bildet im Kiez eine Gemeinschaft und kümmert sich dann darum. Jungs, die wegen irgendwelchem Scheiß Probleme mit der Polizei haben, tragen selbstverständlich älteren Nachbarinnen die Einkäufe nach Hause oder passen auf, dass den jüngeren Kindern aus der Nachbarschaft nichts passiert. Denn trotz aller mit dem dortigen Leben verbundenen Probleme und Schwierigkeiten hängen sie an ihrem Kiez, ihrem Zuhause: Das gibt ihnen Sicherheit. Deshalb wollen sie da raus und doch nicht raus – raus aus den Problemen, aber nicht raus aus der Umgebung, den vertrauten und Sicherheit bietenden Strukturen, in denen sie sich zu Hause fühlen.

Natürlich möchte ich ihnen dabei helfen, aus diesem Leben rauszukommen. Aber trotzdem komme ich bei diesen Geschichten manchmal selbst nicht mehr mit meinem Arbeitsauftrag klar. Das sind oft junge Männer aus Familien, die von staatlicher Unterstützung leben. Ihre Familien gelten in den Augen des Staates als »Bedarfsgemeinschaften«. Das bedeutet: Wie viel Geld der eine vom Staat bekommt, hängt davon ab, wie viel der andere verdient. Wenn also ein Jugendlicher eine Ausbildung macht und dabei zum Beispiel 800 Euro verdient, gleichzeitig aber noch bei seinen Eltern wohnt, die staatliche Unterstützung erhalten, wird sein Lohn auf die finanzielle Unterstützung der ganzen Familie angerechnet, und der Auszubildende darf nur einen Teil davon behalten. Deshalb erscheint es manchen unserer Jugendlichen ziemlich unattraktiv, eine Ausbildung zu machen. Wenigstens finanziell lohnt sich das für sie erst mal überhaupt nicht. Da fehlt einfach der Anreiz: Auf der einen Seite verdienen sie endlich und legal eigenes Geld, auf der anderen Seite wird es ihnen wieder abgezogen. Die Kinder werden dabei quasi unterhaltspflichtig für die Eltern. Und von zu Hause auszuziehen, also die »Bedarfsgemeinschaft« aufzulösen, damit man das verhindert, funktioniert in Städten wie Berlin schon gar nicht mehr: weil man mit einem Azubi-Gehalt nun wirklich keine Wohnung findet. Das ist alles in allem ziemlich demotivierend – auch für mich als Sozialarbeiter.

Und das ist leider auch der Grund, weshalb manche Jugendliche – nicht selten mit Billigung der Eltern – gleich ganz auf einen formellen Schulabschluss verzichten und stattdessen nur ein Schulabgangszeugnis bekommen, das ihnen in der Regel nicht ermöglicht, eine Ausbildung anzufangen. Ich bin manchmal selbst überrascht, wie »salonfähig« es für die Jugendlichen, aber auch für manche Eltern hier in Berlin ist, keinen Schulabschluss zu haben oder Zeugnisse einfach nicht aufzubewahren. Meine Mutter hat jedes Zeugnis von uns Kindern sorgfältig einfoliert in einem Ordner abgeheftet. Meinen habe ich heute noch. Eine Art Aktenführung, eine gewisse Buchhaltung, das war bei uns superwichtig. Warum? Weil mein Vater als Taxifahrer selbstständig war und meine Mutter sich um die Buchhaltung gekümmert hat, weil sie wusste, dass bestimmte Dinge einfach ordentlich gemacht werden müssen.

Wenn ich als Kind nach Hause kam, habe ich oft gesehen, wie sie da über den Ordnern und dem Taschenrechner saß. Das hatte jetzt nichts mit »Hier ist Deutschland!« zu tun! Ganz im Gegenteil: Das hatte sie am Wirtschaftsgymnasium in der Türkei gelernt. Sie war ein krasses Vorbild, wie sie das gestemmt hat mit drei Kindern und Mann und ihren eigenen Jobs. Ich war immer schlecht in der Schule, gerade in Mathe, und wenn ich gesagt habe: »Ich habe keinen Bock!«, dann hat sie mir erklärt: »Ich mache das hier auch nicht gern, aber das muss eben sein, damit wir vorankommen!« Das hat mir klargemacht, dass es noch einen anderen Grund gibt, zu lernen, dass man nicht nur für die

Schule lernt, sondern dass das einen nachhaltigeren Sinn hat. Bei vielen Kids sehe ich das heute nicht. Sie kriegen nirgendwo mit, dass Bildung einen Sinn haben könnte. Das ist traurig.

Den Jugendlichen steht dann meist nur der Weg in irgendwelche Jobs offen, für die man keinen Schulabschluss und keine Qualifikation braucht. Sie arbeiten als Security-Leute oder irgendwo in einem Lager, als Fahrer oder als Verkaufsaushilfe in einem Backshop und freuen sich nach der Schulzeit ohne eigenes Einkommen jetzt erst mal darüber, dass sie »einseins« oder mit etwas Glück sogar »einsfünf« netto bekommen. Manchmal freuen sich – leider – darüber auch ihre Eltern, denn die Kinder arbeiten ja nun ordentlich und tragen damit zum Familieneinkommen bei. Man kann sich also endlich einen etwas besseren Lebensstandard leisten – man hat Erfolg!

Dass sich manche Eltern damit zufriedengeben, sogar darüber freuen, kann zwei verschiedene Gründe haben. Zum einen den, dass sie es selbst auf dem qualifizierten Arbeitsmarkt zu keinem Erfolg gebracht haben. In Zeiten, als es noch nicht wie heute einen großen Fachkräftemangel gab, haben sie vielleicht keine oder einfach nicht die richtige Ausbildungsstelle gefunden. Vielleicht auch, weil sie Berufe ausübten, die irgendwann wegrationalisiert wurden oder ihre Qualifikation aufgrund von technischem Wandel plötzlich nicht mehr gefragt war und ihre Arbeitgeber ihnen keine Chance zur Weiterqualifikation geboten haben. Oder weil sie ihre Arbeit aus gesundheitlichen Gründen nicht mehr machen konnten und sich nun selbst mit schlecht bezahlten Hilfsjobs durchs Leben hangeln oder von staatlicher Unterstützung leben. Dieser erste Grund hat dann nichts mit ethnischer Herkunft zu tun, das kann in dieser Gesellschaft beinahe jeden treffen, unabhängig von einem Einwanderungshintergrund.

Der zweite Grund hat aber schon damit zu tun: Wenn du nämlich aus einer Familie stammst, die unter schlechten Aufnahme- und Integrationsbedingungen hierher eingewandert ist und keine Chance auf gute Arbeit hatte. Was viele Leute in Deutschland bis heute nicht verstehen: Du warst vielleicht Ingenieur im Libanon, Zahnärztin in Syrien oder Maurer in der Ukraine, Friseurin in Afghanistan oder Apotheker in einem afrikanischen Land, und das vielleicht sogar schon 20, 30 Jahre lang. Dann kommst du nach Deutschland, und deine Ausbildung, deine Berufserfahrung werden hier nicht anerkannt. Würdest du dann wieder bei null, ganz von vorne anfangen?

Ich denke mir: Ich habe studiert, aber wenn jetzt in Berlin eine Bombe fällt und ich irgendwohin flüchten muss, wo man mir sagt: »Deine Ausbildung interessiert uns hier überhaupt nicht, komm, arbeite schwarz als Bote für zehn Euro die Stunde«, dann überlege ich doch nicht lange. Dann nehme ich den Job – und den nächsten bei dem, der mir zwölf Euro Stundenlohn zahlt. Ich muss doch eine Familie ernähren!

Jedenfalls können die Kinder, die jungen Menschen mit ihrem bisschen selbst verdienten Geld es meist nicht finanzieren, bei den Eltern auszuziehen, einen eigenen Haushalt zu gründen. Mit einem Einkommen von 1500 Euro findet man in Berlin (und anderen großen Städten) nicht einmal mehr eine Einzimmerwohnung zu einer Miete, die dann noch genug zum Leben übrig ließe. Also bleibt man zusammen in der alten und immer noch bezahlbaren Familienwohnung, nicht selten auch noch irgendwann mit den Ehepartnern und eigenen Kindern. Denn Ausziehen, Umziehen ist für eine junge Familie mit geringem Einkommen meist keine Option. Im vertrauten Kiez gibt es keine bezahlbaren Wohnungen in ausreichender Größe.

All das ist – nebenbei bemerkt – übrigens oft der Grund, dass vor den dreckigsten Blocks manchmal die dicksten Autos parken. Man will ja zeigen, was man erreicht hat, was man sich leisten kann. Aber man bleibt in seinem Block, weil man da auch gar nicht mehr rauskommt.

Denn noch etwas anderes ist in Schöneberg und vielen anderen Berliner Stadtteilen sowie in den meisten Großstädten ein großes Thema: Gentrifizierung und Verdrängung. Frühere Sozialwohnungen wurden aus dem Eigentum des Landes einst massenhaft an private Eigentümer, oft große und gewinnorientierte Immobilien-AGs verkauft. Die alten Mietpreisbindungen der mit öffentlichen Geldern gebauten Wohnungen fallen irgendwann weg – und dann können die Mieten angehoben werden. Das ist in Berlin seit Jahren ganz massiv der Fall. Wenn junge Leute, junge Familien mit geringem Einkommen bei den Eltern ausziehen wollen, bleibt ihnen deshalb meistens nur die Chance, sich eine Wohnung in wenig beliebten Gegenden am Stadtrand mit – noch – halbwegs bezahlbaren Mieten zu suchen. Das bedeutet dann aber auch: Weg von der Familie, weg aus dem vertrauten Kiez, wo man aufgewachsen und zur Schule gegangen ist, Freunde hat, wo nun die Kinder vielleicht schon einen Kita- oder Schulplatz und Freundschaften geschlossen haben. Weg von dem Ort, an dem man selbst seine Bezugsgruppe, Verwandte hat und damit Leute, die zum Beispiel mal auf die Kinder aufpassen, für die alten Eltern einkaufen gehen, damit man selbst arbeiten und genug Geld verdienen kann. Und es heißt langfristig und gesamtgesellschaftlich: Die ärmere Hälfte der Bevölkerung wird aus der City an den Stadtrand abgeschoben. Viele haben sich damit bereits abgefunden. Aber bei der Suche nach einem besseren Leben hilft das nicht.

Manche bessern ihr Einkommen dann mit Schwarzarbeit auf. Es gibt mittlerweile leider eine große Schattenwirtschaft, in der man schwarz Geld verdienen kann, ohne eine Ausbildung zu haben und ohne Steuern zu zahlen, aber eben auch, ohne rechtlich abgesichert zu sein – als Fahrer oder Kurier, in der Gastronomie oder auf dem Bau. Das ist ein Bereich, der in den letzten Jahren – wenig überraschend, wie ich finde – extrem angewachsen ist und der Arbeitskräfte verlangt, am besten solche ohne Ausbildung und Abschluss, weil die weniger kosten, und am besten »schwarz« beschäftigt, weil man dann als Arbeitgeber für sie keine Sozialabgaben zahlen muss. Die Alternative ist der kriminelle Weg, den manche Jugendliche einschlagen. Der endet allerdings meist tragisch.

Natürlich sehen und verstehen die meisten Jugendlichen irgendwann, dass so ein mieser Job ihnen keine Weiterqualifizierung, keine Beförderung, keinen Aufstieg und damit auch niemals mehr Geld und ein gutes Leben bieten kann, sondern dass das mit dem geringen Einkommen jetzt immer so bleiben wird. Sie kapieren auch, dass der kriminelle Weg, den sie eingeschlagen haben, sie nicht in eine sorgenfreie goldene Zukunft, sondern in die Sackgasse beziehungsweise ins Gefängnis führt. Dann stehen sie irgendwann wieder vor mir, und dann ist es meine Aufgabe, ihnen zu helfen, ihnen Wege zu zeigen, wie sie da raus- oder gar nicht erst reinkommen. Es ist meine Aufgabe, sie dazu zu motivieren, doch noch einen Schulabschluss nachzuholen und eine Ausbildung anzugehen. Und dabei bin ich manchmal selbst ganz schön ratlos.

14

AUSBILDUNG

»Berlin braucht Dich« – so lautet der Slogan einer Kampagne der Integrationsbeauftragten des Berliner Senats, mit der junge Menschen, insbesondere solche mit Migrationshintergrund, motiviert werden sollen, eine Ausbildung zu beginnen. Wenn man aber als Sozialarbeiter mit einem Jugendlichen einen Betrieb sucht, der Auszubildende einstellt, ist es wie mit der Nadel im Heuhaufen. Nur 17 Prozent der Berliner Betriebe bilden aus, meldete der RBB Ende 2023.[5] Bundesweit seien es knapp 30 Prozent, hieß es – auch nicht wirklich viele, finde ich. Wenn man dagegen hört, wie häufig mittlerweile über Fachkräftemangel, freie Stellen und unbesetzte Ausbildungsplätze geredet wird, denkt man doch wirklich: Wir müssen etwas verändern! Ich habe allerdings den Eindruck, dass das noch nicht bei allen angekommen ist. Sich einzugestehen, dass sich etwas ändern muss, ist eben etwas anderes, als wirklich etwas zu verändern.

Schulen in Berlin wollen Kinder mittlerweile am liebsten gleich nach dem Übergang zur Oberschule – hier erfolgt der nicht nach der vierten, sondern erst nach der sechsten Grundschulklasse – dazu bringen, sich mit ihren Berufswünschen zu beschäftigen. Schon ab der siebten Klasse soll das »Berliner Programm vertiefte Berufsorientierung« mit den Modulen »Kompetenzfeststellung«, »Berufsfelderkundung«, »Vertiefte Praxiserfahrung« und »Übergang in berufliche Praxis« die dann erst 12- bis 13-Jährigen bei der Berufswahl unterstützen und »ihre Chancen auf einen erfolgreichen Übergang von der Schule in den Beruf erhöhen«, heißt es dazu auf der Webseite der Berliner Schulverwaltung.

Ich finde das grundsätzlich eigentlich keine schlechte Idee, Kindern und Jugendlichen schon in der Schule etwas über die Arbeitswelt beizubringen. Viele wissen wenig darüber, welche Berufe es gibt, was man da jeweils lernt und später machen muss und kann und was davon vielleicht für sie interessant und passend sein könnte. Außerdem ist das eine Möglichkeit, etwas Abwechslung in den eher langweiligen Schulalltag zu bringen und das Rumsitzen zu unterbrechen. Wenn man es so aufzieht, dass es den Kindern Spaß macht und ihnen etwas bringt für ihre eigenen Ziele, ist das eine wirklich gute Sache. Eine schlechte Sache ist es, wenn man dahinter allzu leicht die Absicht erkennt, später mal den leer gefegten Fachkräftemarkt aufzufrischen.

Ich habe eine Zeit lang an einer Charlottenburger Schule Berufscoaching angeboten und stand dann einmal in der Woche für ein paar Stunden vor den Schülern, um ihnen zu erklären, wie man Bewerbungen und Lebensläufe schreibt. Eigentlich sollte ich das gemeinsam mit einer Lehrkraft tun. Aber beim ersten Termin hieß es: Die kann heute nicht, mach es mal allein. Und dabei blieb es. Die Lehrerin wurde wohl an anderer Stelle gebraucht. Dann stehst du da vor 30 Jugendlichen, und die flippen aus, weil sie noch nie so einen Typen wie dich mit deinen komischen Methoden an ihrer Schule gesehen haben. Ich habe immer mal wieder was im Stehen mit denen gemacht, auch Gruppenübungen. Manchmal haben wir einfach nur geredet oder etwas Kreatives gemacht, das war ganz neu und erstaunlich für sie, das kannten sie aus ihrem normalen Unterricht nicht.

Aber so habe ich ihre Aufmerksamkeit bekommen, ihr Interesse und danach auch die ebenfalls nötige Stille, in der sie arbeiten konnten. Ich hoffe, dass ich vielen von ihnen helfen konnte, eine Ausbildungsstelle in ihrem Wunschberuf zu finden!

Es ist vermutlich für viele Jugendliche heutzutage leichter als früher, einen guten Ausbildungsplatz zu bekommen. Die Jugendlichen, mit denen wir arbeiten, sind jedoch – individuell oder gesellschaftlich – Benachteiligte, die oft keine oder schlechte Schulabschlüsse haben, auf den »falschen«, weil verrufenen, Schulen Berlins waren, in den »falschen« Kiezen wohnen oder die »falschen« Namen, die »falsche« soziale oder ethnische Herkunft haben. Und sie trauen sich selbst oft viel zu wenig zu, haben kein Selbstvertrauen. Das wird natürlich auch nicht besser, wenn man auf einhundert Bewerbungen keine positive Antwort bekommt. Wenn einem so etwas passiert, rüttelt das noch mal heftig am ohnehin schwachen Selbstbewusstsein!

Oft schrauben die Jugendlichen dann ihre Ansprüche immer weiter runter, ziehen Ausbildungen in Betracht, für die sie sich eigentlich gar nicht interessieren. Aber das macht doch für sie und auch für ihre zukünftigen Arbeitgeber gar keinen Sinn! Ich habe das selbst erlebt bei einer Jugendlichen, die mit ihren Eltern aus Syrien nach Deutschland geflüchtet war. Sie wollte so gerne Arzthelferin werden, und das ist eigentlich ein Job, in dem viele Azubis gesucht werden. Aber niemand gab der jungen Frau eine Chance. Sie ist als Teenager nach Deutschland gekommen, hat den Mittleren Schulabschluss geschafft und spricht wirklich ausgezeichnet Deutsch und natürlich auch Arabisch, was in vielen Berliner Arztpraxen sehr nützlich sein kann. Trotzdem fand sie keine Ausbildungsstelle, und meine Kollegen und ich und leider auch sie selbst konnten nicht anders, als das auf ihre Herkunft, ihre Fluchtgeschichte, ihren arabischen Namen zurückzuführen. Rassismus ist eine Form von Ausgrenzung und Benachteiligung, der viele unserer Jugendlichen ausgesetzt sind und die ihre Chancen auf ein gutes Leben, auf ihre Selbstverwirklichung und ihren Erfolg im Leben einschränkt.

Die junge Frau ist jetzt jedenfalls erst mal in einer sogenannten Maßnahme. Das heißt, sie besucht eines der vielen Berufsausbildungsvorbereitungsangebote, die die Jobcenter oder die Jugendberufsagenturen in Berlin für junge Menschen, die keinen Ausbildungsplatz finden konnten, bereitstellen. Diese Angebote sollen bei der Lehrstellensuche bisher erfolglose Jugendliche noch besser darauf vorbereiten, einen Ausbildungsplatz zu finden, die Ausbildung zu beginnen und dann auch durchzuhalten. Für die Teilnahme an dieser Maßnahme gibt es zwar etwas Geld, aber eben keinen qualifizierten Berufsabschluss. Leider funktionieren viele solcher Maßnahmen (nicht alle!) ein bisschen wie Schule: Man sitzt rum und hört zu und versteht nicht ganz, was einem das jetzt alles bringen soll. Und dann geht mancher irgendwann nicht mehr hin und sucht sich doch irgendwo einen Job im Billiglohnsektor oder akzeptiert eine Ausbildung in einem Beruf, den er eigentlich gar nicht ausüben will.

Meine Kollegen und ich machen leider oft die Erfahrung, dass die Jobcenter, die Jugendberufsagenturen die Wünsche der Jugendlichen nicht unbedingt ernst nehmen, selbst wenn die nicht gleich Piloten werden wollen. Stattdessen versuchen sie – Bilals Mutter lag da nicht ganz falsch –, die Jugendlichen zu Ausbildungsplätzen in den Branchen zu drängen, in denen Fachkräftemangel herrscht und Stellen oder Ausbildungsplätze aufgrund der schlechten Bezahlung immer schwerer zu besetzen sind: in der Gebäudereinigung etwa, in der Altenpflege oder der Logistik. Das sind überwiegend Berufe, die niedrige Einkommen, geringe Aufstiegsmöglichkeiten und deshalb kaum Prestige bieten, dafür aber ziemlich harte Arbeit verlangen.

Bitte nicht missverstehen: Das sind trotzdem enorm wichtige und vollkommen zu Unrecht unterbewertete und unterbezahlte Berufe! Natürlich kann man auch dort gute Arbeit finden und gibt es auch in diesen Bereichen Aufstiegs- und Weiterbildungschancen. Aber das wissen viele Jugendliche nicht. Wenn wir es ihnen sagen, haben sie mit ihren zuvor begrabenen eigenen Träumen und Wünschen häufig schon den Glauben daran verloren, dass ihnen solche Chancen offenstehen und wirklich ermöglicht werden könnten.

Es ist eine schwierige Entscheidung für Jugendliche, ob sie eine Ausbildung irgendwo in einem Lager oder einem Gebäudereinigungsbetrieb beginnen, bei der sie als Ausgelernte vielleicht 1400 Euro netto verdienen. Das reicht, wie gesagt, in Berlin kaum noch für eine Einzimmerwohnung und schon gar nicht für eine Wohnung mit einer ganzen Familie. Die Jugendlichen sind ja nicht blöd, sie sehen, dass es zwar frustrierend ist, wenn man wegen einer kaputten Waschmaschine als Bittsteller beim Jobcenter auftreten muss. Sie sehen aber auch, dass die kaputte Waschmaschine für die Nachbarin, die beim Pflegedienst oder im Lager ihr Geld verdient, ebenfalls eine große Herausforderung ist. Spätestens, wenn sie am Ende keine 800 Euro Rente bekommen, werden sie als alte Menschen wieder vom Staat abhängig sein, der ihnen die Miete zahlen muss. Sie werden als Rentner nach einem anstrengenden Arbeitsleben als Putzkraft, Kellnerin oder Altenpfleger wieder zu irgendwelchen Ämtern laufen müssen. Da stellt sich für mich als Sozialarbeiter oft die Frage, ob und wie ich Jugendlichen das erklären soll, weil mir die Argumente flöten gehen und ich selbst nicht mehr so richtig an das System glauben kann.

Es ist schwer, jungen Menschen zu sagen: »Mach mal diese Ausbildung, und wenn du dann einen Job findest und einen Partner und Kinder hast und nicht mehr Steuerklasse 1 bist, verdienst du vielleicht sogar 2000 Euro netto. Davon musst du mindestens 1200 Euro für eine Wohnung zahlen, die groß genug für drei oder vier ist, und dann musst du eben zusehen, wie du klarkommst. Es gibt ja Kindergeld.« Aber Kinder kosten auch etwas. Natürlich will ich, dass Jugendliche eine Ausbildung machen, etwas in der Hand haben, mit dem sie sich eine Zukunft, ein gutes Leben aufbauen können. Aber auf der anderen Seite frage ich mich: Ist das wirklich noch der richtige Weg, wenn man von ehrlicher Arbeit nicht mehr gut leben, sich seine Träume nicht mehr erfüllen kann?

Wir reden hier von Jugendlichen, die wirklich Schwierigkeiten auf dem Arbeits- und Ausbildungsmarkt haben, denn mit denen arbeiten wir als Sozialarbeiter überwiegend, nicht mit solchen, die sich ihre Lehrstellen aussuchen können. Die meisten haben, wie gesagt, schlechte oder keine Schulabschlüsse und werden trotz des Fachkräftemangels immer noch benachteiligt und diskriminiert, zum Beispiel wegen ihres Migrationshintergrundes. Die bekommen eben nicht unbedingt die Ausbildungsplätze, mit denen man etwas aufbauen und vielleicht tatsächlich gutes Geld verdienen kann. Da frage ich mich schon manchmal: Wie erkläre ich ihnen das, außer damit, dass es besser ist als Knast?

Wenn ich darüber nachdenke, überlege ich oft, wie meine Eltern das eigentlich geschafft haben: aus der Türkei hierher, fremde Welt, fremde Sprache, harte Jobs. Sie haben ein Haus gekauft, ein Haus mit Garten! Und dabei sogar noch meine Großeltern finanziell unterstützt. Aber meine Eltern haben damals nicht nur hart gearbeitet, sondern auch als einfache Arbeiter ordentlich verdient und gleichzeitig nur 200 D-Mark Miete gezahlt, solange wir in der kleinen Wohnung mit Kohleofen gewohnt haben. Sie konnten noch richtig sparen, konnten mit 2000 Mark im Monat das Haus abbezahlen und gleichzeitig finanzieren, dass alle ihre Kinder zur Uni gehen. Das ist eine Ausbildung, für die man kein Geld bekommt, sondern bei der man meist zumindest zum Teil von seinen Eltern finanziert wird. Ich konnte also Akademiker werden – und bin als solcher heute froh, wenn ich von meinem Gehalt mal 100 Euro sparen kann. Und jetzt soll ich den Jugendlichen empfehlen, eine Ausbildung in einem Beruf zu machen, wo sie am Ende zu wenig Geld zum Leben verdienen?

Ich sehe da die Betriebe, aber auch die Politik in der Pflicht, dass sie sich überhaupt dafür interessieren und dafür einsetzen, dass man von einer einfachen Arbeit als Familie wieder ordentlich leben kann und nicht bloß immer nur gerade so über die Runden kommt. Und es ist ja auch so: Wenn dem gut bezahlten Chefarzt nach der Augen-OP keiner den Operationssaal sauber macht, kann der den eben nur einmal benutzen – oder er muss ihn selbst putzen. Es ist einfach unfair, wie hoch und wie niedrig hier manche Jobs mittlerweile über die Bezahlung bewertet werden.

Klar hat der Chefarzt eine längere und sicher schwerere Ausbildung als die Putzkraft hinter sich. Aber die Putzkräfte sind genauso wichtig, werden ebenfalls gebraucht und müssen ihren Job verantwortungsvoll erledigen. Und deshalb sollten die Menschen auch von dieser Arbeit anständig und mit etwas finanziellem Spielraum für eigene Wünsche und Träume, eigenes Glück leben können. Es macht nämlich keinen Spaß mehr, Zukunftspläne zu schmieden, wenn man weiß, dass die reale Aussicht ist, gerade so über die Runden zu kommen und sich den Traum von einer schönen und ausreichend großen Wohnung für die Familie oder gar von einem eigenen Häuschen nicht erfüllen zu können. Es macht keinen Spaß, wenn man schon als Berufsanfänger weiß, dass man im Alter dann doch wieder zum Amt laufen muss, weil die Rente nicht zum Überleben reicht.

KLEINER EXKURS

MÄDCHEN UND JUNGEN – WER LEGT HIER WAS FEST?

Es ist dir sicher schon aufgefallen, dass ich hier ziemlich häufig von Jungs rede, vor allem dann, wenn es um Rumhängen auf der Straße, Kriminalität und Gewalt geht. Das hat verschiedene Ursachen, die unter anderem mit meinem Job als Jugendsozialarbeiter, als Streetworker zusammenhängen. Aber es hat auch mit mir selbst und den Gründen zu tun, weshalb ich mir gerade diesen Job ausgesucht und gewünscht habe.

Ich hatte als Jugendlicher wenig mit den Mädchen, den jungen Frauen meines Alters zu tun und wahrscheinlich auch viel zu viel mit mir selbst zu kämpfen. Wobei ich aber nie ein Problem mit Frauen hatte. Meine Mutter war eine krasse Autoritätsperson für mich, die mir beigebracht hat, dass ich Frauen immer zu respektieren habe. Auf meinem Weg raus aus meinen jugendlichen Ängsten und Problemen hat sie mir ganz viel Liebe und Unterstützung gegeben. Bei uns in der Familie stand nicht der Mann über der Frau. Und ich war nie der Typ, der das Wort »Schlampe« für irgendwen benutzt hätte – meine Mutter hätte mir den Kopf abgerissen! Aus persönlichen Gründen hat mich jedoch die Rolle als Mann mehr interessiert. In dem Bereich habe ich also viel mehr Expertise und Erfahrung, sodass ich heute vielleicht Jungs mehr geben kann als Mädchen. Ich kann nicht sagen, was es in unserer Gesellschaft heißt, eine Frau zu sein. Ich kann aber sagen, dass ich mich sehr gerne dafür einsetze, dass Frauen dieselben Chancen in dieser Gesellschaft bekommen wie Männer.

Als Berufscoach in Charlottenburg habe ich oft und viel mit Mädchen und jungen Frauen gearbeitet, wenn die das wollten und zu mir als männlichem Sozialarbeiter Vertrauen hatten. Als Streetworker in Schöneberg habe ich tatsächlich hauptsächlich mit männlichen Jugendlichen zu tun. Und wenn du dich jetzt gerade fragst, warum ich das Attribut »männlich« hier nicht mit einem Sternchen gendere: Das hängt mit dem Selbstbild, mit den Entwürfen und Vorstellungen von Männlichkeit – und damit von Weiblichkeit! – der Mehrheit der Jungs und jungen Männer zusammen, mit denen ich dort arbeite. Aber auch damit, dass ich Streetworker bin: Die Mädchen halten sich seltener auf der Straße auf, die bleiben zu Hause oder treffen sich in Jugendeinrichtungen nur für Mädchen, wo ich als Mann und als männlicher Sozialarbeiter meist gar nicht reindarf. Und dass sie es vorziehen, unter sich zu bleiben, hat vielleicht wiederum auch etwas mit dem Männer- und auch dem Frauenbild der Jungs zu tun, die draußen auf der Straße rumhängen.

Dass es solche Mädcheneinrichtungen gibt, zeigt aber auch, dass Jugendsozialarbeiter natürlich nicht nur für Jungs da sind. Und nicht nur für Mädchen und Jungs, sondern ebenso für Jugendliche, die sich nicht in eine binäre Geschlechtsdefinition einordnen möchten. Es gibt Angebote und Einrichtungen, Räume in der Jugendsozialarbeit, die nur für weibliche Jugendliche da sind. Es gibt aber ebenso viele, die von Jugendlichen aller Geschlechter und Gender genutzt und gemeinsam besucht werden. Der Träger, bei dem ich arbeite, betreibt auch eine Einrichtung für queere Jugendliche – und das ist natürlich nicht die einzige in Berlin, selbst wenn es sicher noch größeren Bedarf an solchen Angeboten gibt.

Auf der anderen Seite richten sich manche Jugendclubs und andere Angebote der Jugendsozialarbeit vor allem an männliche Jugendliche – und das, obwohl das gar nicht ihr ausdrücklicher Auftrag ist. Es liegt nicht daran, dass sie anderen nicht offenstehen, sondern dass es überwiegend männliche Jugendliche sind, die bestimmte Probleme haben. Das sind manchmal – nicht immer! – genau die Jungs und jungen Männer, deren Vorstellungen von Männlichkeit ein bisschen altbacken sind. Ich sage hier bewusst nicht »Männlichkeitsideale«, denn ideal ist die Rolle, die sie sich da zuschreiben oder die ihnen manchmal in ihren Familien, ihrem sozialen Umfeld zugeschrieben wird, eigentlich nicht gerade. Sie bringt manchen unserer Jungs ganz schön Ärger ein und eher wenige Vorteile, finde ich.

Ich lerne bei der Arbeit auf der Straße auch Mädchen kennen, die sitzen ja nicht nur zu Hause oder in ihrem Mädchenclub rum. Oft sind es am Ende aber ihre Brüder oder Freunde, die ich betreue, weil sie keine Ausbildungsstelle finden oder irgendwelchen Ärger haben. Das liegt manchmal daran, dass ich ein Mann bin und die Mädchen lieber mit meinen Kolleginnen arbeiten. Es liegt aber auch daran, dass Mädchen oft besser mit Problemen in der Schule oder der Suche nach einer Ausbildung klarkommen. Das hat wiederum viele Gründe.

Ich will hier nicht schon wieder darüber dozieren, dass das ein Phänomen ist, das die gesamte Gesellschaft betrifft, es jedoch in bestimmten Milieus wie zum Beispiel Einwanderercommunitys besondere Faktoren gibt, die sich zusätzlich auswirken. Aber es ist so: Mädchen sind seit Jahrzehnten besser in der Schule als Jungen[6], selbst wenn sich das zum Beispiel einkommensmäßig und auf ihren Karriereerfolg immer noch nicht entsprechend auswirkt. Immer noch werden Mädchen mehr zu sozialer Anpassung erzogen, zu eher vermittelndem als konfrontativem Verhalten, zu »Sanftmut« sozusagen, um mal ein altmodisches Wort für dieses altmodische »Erziehungsideal« zu verwenden.

Zu Zeiten, als Töchtern zur erfolgreichen Absicherung des eigenen Lebens kaum etwas anderes als eine »gute Heirat« offenstand, ergab das vielleicht Sinn, denn es versprach, aus ihnen duldsame Gattinnen zu machen. Und es kommt in der Schule, der Ausbildung und im Beruf leider auch heute noch bei Lehrkräften oder Vorgesetzten oft gut an – und erspart den Mädchen so einerseits manche Probleme. Dass es auf der anderen Seite große Nachteile hat, liegt auf der Hand. Das sehen wir daran, dass Frauen selbst bei gleicher beruflicher Qualifikation immer noch um die sechs Prozent weniger verdienen als ihre männlichen Kollegen[7] und immer noch seltener Führungspositionen innehaben: Mehr als drei Viertel der Führungspositionen in der deutschen Wirtschaft besetzten auch im Jahr 2023 Männer.[8]

Dabei ist es vermutlich nicht so, dass heutzutage noch ein nennenswerter Teil der deutschen Eltern Sanftmut als Erziehungsziel für ihre Töchter angeben würden. Es ist in unserer Gesellschaft mittlerweile den allermeisten Menschen klar und eigentlich selbstverständlich, dass Mädchen und Frauen die gleiche Behandlung, die gleiche Erziehung und gleiche Berufs- und Lebenschancen haben sollten wie Männer. Und das gilt selbstverständlich ebenso für nicht binäre Menschen. Viele Eltern tragen aber dennoch bewusst oder unbewusst bei der Erziehung ihrer Kinder unzeitgemäße Traditionen weiter und machen es wie ihre eigenen Mütter und Väter. Nicht nur bei der Erziehung ihrer Töchter, sondern auch bei ihren Jungs.

Deshalb haben manche Menschen, die sich als männlich definieren, immer noch die Vorstellung, dass zu ihrer Geschlechterrolle gehört, stets stark zu sein und seine Probleme selbst zu regeln. Dass man sein Ansehen, sein Gesicht als Mann verliert, wenn man mal Hilfe oder Unterstützung braucht. Das liegt zum Teil an den falschen Rollenvorbildern, die manchen Jugendlichen in ihren Familien, ob eingewandert oder nicht, vorgelebt werden. Diese Ideen vom Mannsein stammen aber teils auch aus den Medien, die die Jugendlichen konsumieren. Die Rolle des starken Mannes wird immer noch in US-amerikanischen, deutschen oder türkischen TV-Serien und Musikvideos propagiert. Und parallel dazu werden dann meist gleich die passenden Frauenrollen präsentiert.

Ob man sich davon beeindrucken oder beeinflussen lässt oder sich distanzieren und eine eigene Männer- oder Frauenrolle finden und entwickeln kann, ist eine Frage der individuellen Lebenserfahrung. Viele der Jugendlichen, mit denen wir arbeiten, kommen aus Familien, in denen sie stark sein müssen, weil es eine Menge Probleme gibt. Das betrifft übrigens auch die Mädchen. Natürlich gibt es ebenfalls weibliche Jugendliche, die in der Schule Ärger machen, auf der Straße abhängen, kiffen, dealen oder anderen Mist bauen. Mädchen sind längst nicht mehr alle nur »sanftmütig«. Sie lehnen sich gegen solche traditionellen Erwartungen auf, genau wie viele Jungs.

Denn diese altbackenen »Ideale« von Männlichkeit und Weiblichkeit sind für unsere Jugendlichen eben meistens alles andere als ideal: Sie führen beispielsweise dazu, dass manche Mädchen meist zu Hause bleiben müssen, weil da draußen auf der Straße ja die Jungs rumhängen. Das trägt im besten Fall dazu bei, dass die Mädchen besser in der Schule sind als ihre Brüder, weil sie so genug Zeit und Raum für Hausaufgaben und zum Lernen haben. Damit finden sie vielleicht Anerkennung – aber ihre freiwillige, aus eigener Macht getroffene Entscheidung war es dennoch nicht. Die den Jungen zugedachte Rolle dagegen bürdet ihnen eine riesige Verantwortungslast auf, wie bei Bilal, den seine Mutter in die Rolle des Versorgers für sie und seine Schwestern drängen will. Und das nimmt ihnen den Raum für ihre eigenen freien Entscheidungen, ihre Zukunftsträume, ihre Selbstverwirklichung.

Das bewusste oder unbewusste Weitertragen von altbackenen Traditionen betrifft uns also alle. Es wird in unserer Gesellschaft häufig dann sichtbar, wenn man etwas ändern möchte und dabei zusehen muss, wie schwerfällig und langsam das oft nur vonstattengeht. Es dauert manchmal mehrere Generationen, bis es Wirklichkeit oder Alltag geworden ist. So ist es auch bei Einwanderern, die häufig andere Traditionen, andere Rollenbilder oder Ideale in Bezug auf Männer und Frauen mitbringen.

Diese Traditionen hatten in der sozialen Ordnung ihrer Herkunftsgesellschaft eine Bedeutung, einen Sinn oder Nutzen oder werden vielleicht auch dort schon von manchen oder vielen als überkommen und veraltet erkannt. Trotzdem sind sie schwer zu ändern. Wenn man aber dort, wohin man migriert ist, wegen dieser Traditionen Ablehnung und »Othering« erfährt, also das Gefühl vermittelt bekommt, irgendwie anders, und zwar auf falsche Art und Weise anders zu sein, klammert man sich manchmal an diese Ideale und versucht so aufzuwerten, was die sogenannte Mehrheitsgesellschaft abwertet. Man nennt sie ja gerade deshalb Mehrheitsgesellschaft, weil sie die Diskurs- und damit die Bewertungshoheit, die Macht- und Entscheidungspositionen innehat.

Das Folgende ist mir an dieser Stelle deshalb ein ganz wichtiger Punkt: Ich bin kein Feind von Traditionen! Traditionen sind in vieler Hinsicht etwas Gutes und Feines, sie vermitteln Gemeinschaft, Sicherheit und damit Stabilität, können gesellschaftlichen Zusammenhalt abseits von staatlichen, gesetzlich verankerten Normen begründen. Sie sind ein soziales Fundament. Deshalb sollte man gut überlegen und breit und respektvoll darüber debattiert werden, welche Traditionen sich verändern, welche gesellschaftlichen Entwicklungen angepasst werden sollten. In einer Einwanderungsgesellschaft wie unserer bedeutet das auch: Es muss die Frage beantwortet werden, wer dabei mitdebattieren darf, wessen Perspektive eine Rolle spielt.

Ich rede deshalb hier nicht einer Vorstellung von Integration das Wort, die mit der Forderung an Eingewanderte verbunden ist, sich einfach anzupassen, mitgebrachte Traditionen und Werte komplett über Bord zu werfen und die der sogenannten Mehrheitsgesellschaft zu übernehmen. (Und das ist im Übrigen gar nicht so leicht mit der »deutschen Leitkultur«, von der keiner so genau sagen kann, worin sie eigentlich besteht – weil sie eben ständig im Fluss und in Veränderung ist und weil es innerhalb dieser »Leitkultur«, dieser Gesellschaft so viele verschiedene Lebenswelten, Milieus und Meinungen gibt.) Es muss auch den Perspektiven der eingewanderten Menschen Respekt gezollt werden in dieser gesellschaftlichen Debatte, es muss auch ihnen Spielraum gegeben werden für die Pflege von Traditionen sowie deren Veränderung. Denn wer – siehe oben – immer wieder als »gefährlich fremd«[9] ausgegrenzt wird, sucht irgendwann selbst nicht mehr nach Anknüpfungs-, sondern nur noch nach Unterscheidungspunkten und Abgrenzung.

Es liegt mit an dieser Machtverteilung, dass die Jungs, mit denen ich arbeite, manchmal Vorstellungen von Männlichkeit, von Mannsein pflegen, die von ebendieser Mehrheitsgesellschaft mittlerweile abgelehnt werden. »Kleine Paschas«, so hat der Vorsitzende der CDU, Friedrich Merz, im Januar 2023 nach den Ausschreitungen in der vorangegangenen Silvesternacht in Berlin Jungen arabischer Herkunft genannt und erklärt, »wir« wehrten uns dagegen zu spät.[10]

Ich frage mich: Wer ist hier eigentlich mit »wir« gemeint? Ich denke an die vielen heute längst in Rente gegangenen Kolleginnen, die als Sozialarbeiterinnen schon Frauenhäuser als Schutzräume vor gewalttätigen männlichen »Paschas« aufgebaut haben, als es in Deutschland noch kaum Einwanderer gab. Und das oft gegen den Widerstand konservativer männlicher Politiker. Daran muss man sich vielleicht manchmal erinnern.

Aber so läuft das eben nicht, das haben wir gerade in Berlin wieder erlebt: Da gibt es zu Silvester Krawalle, Polizei und Rettungskräfte werden angegriffen, ein Feuer wird gelegt – und wir reden erst mal über die Vornamen der Täter, die sofort unter den »üblichen Verdächtigen« gesucht werden; wir reden über Einwanderung, Flüchtlingspolitik und Integration. Ich empfinde das als scheinheilig, und ich kann verstehen, dass viele unserer Jugendlichen und ihrer Familien glauben, dass man Politikern nicht vertrauen kann, dass sie auf die Politik nicht zählen können. Was dann wieder zu einem Rückzug in die eigene Community, manchmal auch die Religion führt. Deshalb sind manche unserer Jugendlichen hier die besten Araber, die tollsten Türken oder die größten Muslime. Das ist eine provokante Reaktion auf den hiesigen, häufig ausgrenzenden und diskriminierenden politischen Diskurs über Migration, der zu einer Spaltung in der Gesellschaft führt.

Wir reden in diesem Zusammenhang heute mehrheitlich von den Kindern und den Enkelkindern der Einwanderer. Ich finde: Diese Kids haben dieselben Chancen wie Alexander, Louise oder Franz verdient. Nicht nur, weil sie alle in Deutschland geboren sind. Sondern auch, weil sie dieselben Talente, dieselben Begabungen, dieselben Ideen und Wünsche und Träume haben wie alle anderen Kinder und Jugendlichen. Es sind Kids, die es verdient haben, dass sie später als Erwachsene genau wie die deutschstämmigen Kids sagen können: »Ich war in meiner Jugend so blöd. Was habe ich da für einen Quatsch gemacht!«

15

GEWALT

Viele der Jugendlichen, mit denen ich zu tun habe, haben schon einmal eine Gewalttat begangen, waren in eine Schlägerei verwickelt oder haben sogar ein Messer gezogen und es vielleicht auch benutzt. Das sind Dinge, die oft mit der Zugehörigkeit zu Gruppen zu tun haben und der Dynamik, die sich darin entwickelt. Und mit dem Rumhängen auf der Straße, mit Raum- und Perspektivlosigkeit, mit Konflikten, die sich zuspitzen und eskalieren. Eine Rolle spielen dabei jedoch auch Drogen und falsche, weil für die Jugendlichen schlechte Männlichkeitsbilder.

Es gibt Gruppen, die können sich ganz gut selbst organisieren und machen ihre Sachen friedlich untereinander aus. Wenn wir bei der Streetwork auf neue Jugendgruppen zugehen, spüren wir häufig zunächst ein gewisses Aggressionspotenzial – wir dringen schließlich als Fremde in ihren Kiez, ihre Hood, ihr Leben ein. Manchmal wirkt das bedrohlich, wie eine Art Show-Machtkampf: Da geht es um das Ego. Das muss man als Sozialarbeiter dann einfach mal im Auto lassen können, das haben wir gelernt. Wir Streetworker werden eigentlich selten direkt bedroht, und wenn mir so etwas doch mal passiert, dann ziehe ich mich raus; ich lasse mich auf solche Situationen nicht ein. Ich sage dann: »Weißt du, mich gibt es hier eigentlich gar nicht.

Wenn du keinen Bock auf mich hast, dann stehe ich auf und gehe.« Ich will ja nichts von ihnen.

Man hat als Sozialarbeiter nicht automatisch einen leichten Zugang zu allen Jugendlichen, mit denen man arbeiten soll. Und ich komme dabei manchmal an meine Grenzen, als Mensch genauso wie als Sozialarbeiter: Ich werde sauer, gerade wenn es um Gewalt und andere Formen von Kriminalität geht. Oder bin genervt, wenn Jugendliche mich mal wieder anlügen. Sie wollen sich mir gegenüber beweisen und manchmal »den Dicken markieren«, wollen sich und mich und meine Haltung, meine Grenzen austesten, vor allem, wenn man als Sozialarbeiter neu in einen Kiez kommt. Erst wenn sie merken: Der kommt ja trotzdem immer wieder, der hockt mit uns auf der Straße rum und isst den miesen Döner mit uns, der macht uns trotz allem die Halle für den Mitternachtssport klar, dann bewegt sich was. Dann bin ich drin.

Ich kenne das. Ich habe selbst solche Sachen als Jugendlicher erlebt, ich hing mit meinen Jungs auf der Straße rum und habe zugekifft Scheiße gebaut mit meinen Kumpels. Davon erzähle ich ihnen heute auch. Was es mir außerdem manchmal leichter macht, Zugang zu ihnen zu bekommen, ist mein Nebenjob als Moderator bei dem Hip-Hop-Kanal »TV Straßensound« auf dem Internetportal Youtube. Manche Jugendliche kennen mich durch meine Sendung, und ich kenne dadurch viele Leute aus der deutschen Rap-Szene. Das führt dazu, dass die Jugendlichen neugierig werden und auch ganz gern mal mit mir quatschen wollen. Dann holen sie oft noch zwei, drei Freunde dazu, und es geht es erst mal eigentlich nur um Rap.

Ich weiß, dass viele Leute denken, dass Hip-Hop selbst Gewalt verherrlicht. Das ist leider so ein Übel, dass man sich da ständig rechtfertigen muss. Es gibt Hip-Hop, der von Kriminalität und Gewalt handelt, der antisemitischen, frauen-, homo- oder queerfeindlichen Scheiß erzählt. Aber das betrifft nicht diese ganze Kunstform, und es macht sie auch nicht insgesamt schlecht. Hip-Hop kommt von der Straße, kommt von einer Minderheit. Daher ist er nicht politisch korrekt, es ist nicht die Sprache der Golfclubs, sondern die der Armen und Schwachen, der Benachteiligten, die Sprache der Straße. Da äußern sich Leute, die sich anders nicht mitteilen können. Und damit können sich viele der Jugendlichen, mit denen wir arbeiten, ziemlich gut identifizieren.

Sicher finden viele Jugendliche Rapper und Gangster cool, sogar cooler als Sozialarbeiter! Es sind meist Jungs wie sie, Jungs aus dem Kiez, aus den Blocks, von der Straße, aber sie stehen im Rampenlicht und bekommen Aufmerksamkeit. Und darum geht es eigentlich. Unsere Kids wollen gesehen werden, auch mal im Licht stehen. Aber an ihnen schaut die gesamte Weltbevölkerung vorbei, das ist ihr und auch mein Eindruck.

Es wird schon über sie gesprochen, in den Medien, in der Politik, in den Fach-AGs, in denen ich als Sozialarbeiter sitze. Entsprechend deprimierend ist die Stimmung dort manchmal: Dann hocken 15 überforderte Erwachsene zusammen und erzählen, was sie so im Kiez erleben. Sie berichten von Jugendlichen, die sich mit Lachgas oder anderen Drogen abschießen, von Messerangriffen, Überfällen und Einbrüchen oder auch von der Prostitution Minderjähriger. Und von einer Politik, die sich nicht darum kümmert und die Leute im Stich lässt. Denn es wird nur über sie gesprochen. Mit diesen Jugendlichen spricht außer uns eigentlich niemand. Es interessiert nicht, wer sie wirklich sind oder was sie wollen, das juckt niemanden so richtig. Deutsch-Rap erzählt davon. Hör mal genau hin! Da findest du viel Traurigkeit und Verzweiflung. Aber auch Mut und Anstand!

Die Jungs, mit denen ich arbeite, können aber auch ganz toll sein – dieselben, die am Abend vorher jemanden übel zusammengeschlagen haben. Einerseits dieser kriminelle Scheiß, und auf der anderen Seite sind sie häufig so höflich und liebenswürdig, so fürsorglich gegenüber Menschen, die ohne Ablehnung, auf Augenhöhe mit ihnen umgehen. Das ist total paradox. Die leihen sich mit ihrem Drogengeld ein Auto, um die kranke alte Nachbarin damit zum Arzt zu fahren. Oder gehen für sie einkaufen.

Auch wenn mich dieses Paradox, dieses Hin- und Herspringen zwischen gutem und schlechtem Verhalten manchmal schon ganz schön triggert, ich merke genau daran, dass sie das Potenzial haben, gute und anständige Leute zu sein. Und sie wollen das auch, niemand hat auf dieses halbkriminelle Leben, auf Gewalt dauerhaft Bock. Vielleicht zeitweise, weil es Action verspricht und Geld und cool und aufregend ist. Und weil man damit ins öffentliche Rampenlicht kommt – siehe die Reaktion auf die Silvesterkrawalle. Aber spätestens mit 30 ist es nicht mehr lustig, weil du entweder schon oder jedenfalls bald im Knast bist oder irgendwann kapierst, dass der einzige Job, den du mit Vorstrafen und ohne Ausbildung und Schulabschluss noch kriegen kannst, einer im Lager ist, für 1600 Euro im Monat. Das ist dann kein Spaß mehr. Das ist scheiße.

Klar führt nicht für jeden der Weg an die Uni, wie das bei mir trotz aller Probleme am Ende der Fall war. Für die meisten der Jungs und jungen Männer, mit denen ich arbeite, weil sie draußen auf der Straße sitzen, ist das überhaupt keine Option, sie denken gar nicht daran, dass sie das schaffen könnten. Es gibt zudem meist niemanden in ihrem Umfeld, der das geschafft oder versucht hat. Man braucht aber ein Vorbild, jemanden, der einem zeigt: Doch, das geht! Und die, bei denen es vielleicht funktioniert hat, ziehen aus ihren alten Kiezen weg mit ihrem Erfolg und ihrem neuen Lebensglück.

Es gibt Jugendliche, die sind einfach gestraft durch das Leben, in das sie hineineingeboren wurden, und müssen sich da durchkämpfen, es selbst auf die Reihe bekommen, wenn sie ein besseres Leben haben wollen. Die allermeisten »meiner« Jugendlichen müssen sehr viel selbst regeln in ihrem Leben, und sie brauchen dabei Unterstützung und Hilfe. Wenn sie Hilfsangebote bekommen, heißt das aber nicht, dass sie sofort aufhören, Mist zu bauen. Dazu braucht es eine stabile und vertrauensvolle Beziehung – und Zeit, denkt an die Geschichte von Alex.

Darum ärgert es mich und viele meiner Kollegen, dass nach irgendwelchen Ausschreitungen oder Krawallen nach Jugendsozialarbeitern gerufen wird, damit die dann mal ganz schnell irgendwas anbieten und dieses störende Verhalten abstellen. In Berlin hatten wir das zum Beispiel in den vergangenen Sommern nach Schlägereien unter Jugendlichen in Freibädern. Da erteilte man erst mal Hausverbote oder räumte wegen 20 Jugendlichen, die auf Krawall aus waren, gleich ganze Freibäder komplett. Und dann sollten wir Sozialarbeiter kommen und diese Jugendlichen mal eben zähmen. Leute, wir sind doch keine Dompteure! Und auch keine Hilfssheriffs.

Unsere Arbeit beruht darauf, dass die Jugendlichen uns vertrauen, dass wir sie ernst nehmen und ihnen auf Augenhöhe begegnen – selbst wenn sie mal Scheiße gebaut haben. Denn nur dann nehmen sie uns auch ernst. Selbstverständlich muss man als Sozialarbeiter dabei klare Grenzen stecken – und das mache ich. Ich bin nicht der Typ Pädagoge, der immer auf Streichelkurs ist. Von mir kriegt man auch mal eine Ansage.

Jugendliche sind oft laut, manchmal unangenehm, aber dann müssen wir eben lauter sein. Das habe ich superkrass bei einem Workshop erfahren, den ich zum Thema Gewalt veranstaltet habe: Wenn du allein als Erwachsener vor 30 Jugendlichen stehst, musst du dich erst mal durchsetzen und dafür sorgen, dass du akzeptiert wirst. Dazu musst du sie selbst aber mit ihrer Sprache, ihrer Art akzeptieren. Dann kann man miteinander reden.

16

»DAS IST VOLL SCHWUL!« – WIE MAN MIT JUGENDLICHEN REDEN KANN

Wir haben bei Outreach nach den Ausschreitungen an Silvester 2023 ein Projekt mit der Berliner Feuerwehr auf die Beine gestellt: In einigen der Stadtteile, in denen es Gewalt gegen Lösch- und Rettungskräfte gegeben hatte, haben wir Sportturniere organisiert, bei denen die Feuerwehrmänner der örtlichen Wachen gegen die Jugendlichen aus dem Kiez Fuß- oder Volleyball gespielt haben: jeweils sechs gegen sechs Spieler, pro Spiel sieben Minuten, alle Teams spielen gegen alle, bis eins als Sieger übrig bleibt. Sie haben übrigens am Ende fast immer verloren, die Feuerwehrleute: Sie sind meist stark – aber unsere Jungs sind schnell.

Bei diesen sportlichen Begegnungen konnten sie sich ein bisschen kennenlernen, die Jugendlichen und die Feuerwehrleute. Am Ende der Spielrunden gab es Pokale oder Medaillen für die Verlierer und für jeden Teilnehmer und alle Helfer coole T-Shirts, die unseren Turnierslogan »Hot Asphalt Cup« und das Emblem der Feuerwache zeigte, gegen die jeweils gespielt wurde. Die Jugendlichen hatten die Turniere mit organisiert,

Spiele gepfiffen oder mit Mikrofon und Lautsprecher live kommentiert, Getränke verteilt oder beim Auf- oder Abbau der Versorgungsstände und Bühnen für das Begleitprogramm geholfen.

Diese Turniere wurden zu richtigen Kiezfesten: Anwohner und Eltern kamen zum Zuschauen, meine Kollegen und ich haben gegrillt, es gab DJs oder sogar Livemusik und manchmal sogar Breakdance-Einlagen als Halbzeitacts. Die Feuerwehr kam mit Lösch- und Rettungswagen, manchmal auch mit ihrem Recruiting-Service, und hat den Jugendlichen gezeigt, wie man Erste Hilfe leistet und Leben rettet oder ihnen erklärt, wie man Feuerwehrmann oder -frau wird und was man dazu alles so mitbringen muss. Der Bezirksbürgermeister und die Stadträte kamen vorbei, sogar die Berliner Jugendsenatorin. Bei uns in Schöneberg durften die Jugendlichen mit der Drehleiter der Feuerwehr hoch in die Luft fahren, und beim Fußball hat sogar der Bezirksbürgermeister mitgespielt – aufseiten der Jugendlichen natürlich.

Das waren Icebreaker. Die Jugendlichen fanden die Fußballturniere und die Begegnung mit der Feuerwehr super – und die Feuerwehrleute auch. Man war sich auf Augenhöhe und mit Fairness und Respekt gegenübergetreten. Es kam bei den Sportveranstaltungen zwar meist noch nicht zu längeren Gesprächen miteinander, unter anderem, weil viele Jugendliche anfangs Berührungsängste hatten. Sie befürchteten nämlich, dass sie durch ihre Teilnahme an den Fußballturnieren selbst unter den Verdacht »kriminelle Gewalttäter« geraten könnten. Das Projekt mit der Feuerwehr war nach den Silvesterkrawallen 2023 und dem daraufhin ins Leben gerufenen Jugendgewaltgipfel des Berliner Senats von der Landeskommission gegen Gewalt finanziert worden. Manche Leute dachten deshalb, dass jetzt mit den »Tätern« Fußball gespielt würde: mit den Jugendlichen, die Silvester festgenommen oder danach angeklagt wurden. Aber eine solche Herangehensweise an das Projekt wäre schon aus rechtlichen Gründen wie dem Persönlichkeitsschutz und der Unschuldsvermutung selbstverständlich nicht möglich gewesen, und wir hätten so etwas als Träger auch nicht durchgeführt.

Zu unseren Turnieren haben wir alle Jugendlichen eingeladen, mit denen wir in den Kiezen arbeiten, in denen es Krawall gegeben hatte. Sie sollten Botschafter, Multiplikatoren sein, die in ihren Gruppen, im Freundeskreis von den Begegnungen mit der Feuerwehr erzählen und erklären können, warum man diese Rettungskräfte nicht angreifen sollte. Deshalb haben wir nach dem ersten Beschnuppern bei den Turnieren weitere Workshops mit den Jugendlichen und der Feuerwehr organisiert – auf den Wachen und in unseren Jugendeinrichtungen.

Die Jugendlichen konnten in die Feuerwehrautos steigen, Brandschutzanzüge anprobieren und austesten, ob sie es in diesen Anzügen und mit dem Helm, dem schweren Atemschutzgerät, dem Koffer mit dem Löschschlauch und all dem Werkzeug, das Feuerwehrleute bei sich tragen, in den zehnten Stock schaffen, wenn es in einem Wohnhaus brennen würde und sie die Treppe nehmen müssten, weil der Fahrstuhl im Brandfall nicht genutzt werden darf. Sie konnten live erleben, wie Rettungswagen rausfahren und manchmal erst nach Stunden zurückkommen, weil sie nach manchem Einsatz, zum Beispiel einem schweren Autounfall mit Verletzten, erst aufwändig gereinigt und desinfiziert werden müssen. Das war ziemlich eindrucksvoll.

Ich hatte deshalb die Idee, die Workshops in den Feuerwachen mit einer Art Theatereinlage zu beginnen: Feuerwehrmänner (wie bei den Jugendlichen, mit denen ich arbeite und die an dem Projekt teilgenommen haben, gibt es auch bei der Feuerwehr viel mehr Männer als Frauen), die in voller Rettungsmontur im Dunkeln in den Raum kommen und einen Menschen retten, der dort im Rauch zusammengebrochen ist. Wir hatten dabei den entsprechenden Brandsound im Hintergrund und sogar künstlichen Nebel! Nach dieser Rettungsaktion zogen die Feuerwehrmänner ihre Schutzkleidung und Helme aus und entpuppten sich so als ganz normale Leute wie du und ich – und unsere Jugendlichen. Auf dieser Basis kamen beim anschließenden gemeinsamen Essen richtig gute Gespräche zustande.

Aber wir wollten nicht nur, dass die Jugendlichen Respekt für die Feuerwehrleute und Verständnis für deren Arbeit entwickeln. Wir wollten auch erreichen, dass die Feuerwehrleute unsere Jugendlichen besser kennen und verstehen lernen. Das war eines der Ziele, die die Feuerwehr mit dem Projekt an uns herangetragen hatte, denn unter Feuerwehrleuten gibt es ebenfalls Menschen, die Ressentiments und Vorurteile gegenüber Jugendlichen wie unseren haben.

Beim Workshop in unserer Schöneberger Jugendeinrichtung bin ich das spielerisch angegangen. Meine Kollegen und ich hatten uns persönliche Fragen an die Feuerwehrleute ausgedacht, die man mit Ja oder Nein beantworten konnte: Hattest du mal Ärger in der Schule? Mit den Eltern? Warst du schon mal in eine Schlägerei verwickelt? Hast du mal was geklaut in einem Laden? Je nach Antwort auf diese Fragen mussten sich die Workshop-Teilnehmer jeweils in eine Ecke des Raumes stellen – und plötzlich standen Jugendliche neben Feuerwehrmännern. Das war für beide Seiten eine aufschlussreiche Erfahrung, die zu vielen Fragen und guten, ehrlichen Gesprächen und damit zu einer Annäherung geführt hat. Beiden Seiten wurde klar: Man ist sich gar nicht so fremd, ist gar nicht so verschieden. Und: Jugendliche sind eben Jugendliche, die mit dem »verrückten Blut« … Sie können später trotzdem Feuerwehrleute werden und Menschenleben retten. (Sofern sie nicht vorbestraft sind!) Das hat unsere Jugendlichen sehr beeindruckt, denn eigentlich wollen alle gut sein, Retter und Helden.

Lebst du, arbeitest du gern in diesem Kiez, warum oder warum nicht? Was stört dich hier, was müsste sich ändern? Was würdest du hier gerne verändern? Und was könntest du dafür tun? Oder muss das jemand anderes machen? Das waren Fragen, die wir bei den Workshops ebenfalls allen Teilnehmern gestellt haben. Die Feuerwehrleute kennen das Leben im Umfeld ihrer Wache gut, selbst wenn sie nicht unbedingt dort wohnen. Sie gehen bei Rettungseinsätzen aber in die Wohnungen der Familien, sie kennen die Menschen im Kiez und das Leben auf der Straße dort. Und in unserer Schöneberger Feuerwache gibt es tatsächlich einige Feuerwehrleute, die in Nord-Schöneberg aufgewachsen sind.

Sie konnten davon berichten, wie das Leben und wie die Probleme im Kiez waren, als sie so alt waren wie unsere Jugendlichen jetzt. Das war ziemlich spannend, denn dabei haben alle viel übereinander und über ihre unterschiedlichen Perspektiven auf die Lebenssituation im Kiez gelernt. Vor allem die Jugendlichen haben krass gut mitgemacht bei der Suche nach Antworten auf die Frage, was anders werden sollte. Die meisten von ihnen waren erst 14, 15 Jahre alt, aber sie waren sehr interessiert und reflektiert!

Wir hatten Fragen vorbereitet, zum Beispiel, ob sie dort wegwollen, wo sie jetzt leben. Dabei haben wir uns auch auf Texte deutscher Rapper bezogen, deren Musik die Jugendlichen hören und die oft davon handeln, dass man es »rausschaffen« will von dort, wo man herkommt. Interessanterweise meinten die meisten Kids, für sie sei damit gemeint, dass man ein besseres Leben haben wolle, aber nicht, dass man von zu Hause, aus seinem Kiez wegwolle. Viele der Jugendlichen sagten, dass sie gerne da seien, wo sie leben. Dass im Kiez zwar manches scheiße sei, sie das aber lieber ändern würden, statt wegzugehen.

Spannend war, dass sie dabei von sich aus auf das Thema Schule kamen: Sie fanden, dass die Schulen im Kiez nicht gut seien und dort vieles verändert werden müsste. Dabei ging es auch um schlechte Lehrer, aber nicht an erster Stelle. Wichtiger waren ihnen Dinge wie die Schulmöbel, die Ausstattung. Sie bemängelten ungepflegte, alte Gebäude oder ranzige Schultoiletten, die heruntergekommen und kaputt sind, eine Umgebung, in der man sich nicht wohlfühlt und auch nicht wertgeschätzt wird. Denn all diese Dinge signalisieren, dass man nichts anderes verdient hat, für eine schönere Umgebung eben selbst nicht gut genug ist.

In diesem Zusammenhang haben einige von ihrer eigenen Armut, der Armut ihrer Familien gesprochen und was es mit ihnen und ihrem Selbstwertgefühl macht, wenn jeder Cent umgedreht werden muss und am Ende trotzdem kein Geld da ist für eine Wohnung, die genug Raum für alle bietet oder mal für schickere Klamotten. Darüber kamen wir auf das Thema Kriminalität. Die Jugendlichen haben von sich aus über Männlichkeitsbilder gesprochen, weil viele denken, dass es die Männer sein müssen, die das Geld reinholen, egal wie. Sie meinten, dass das etwas sei, das als Erwartung auf ihnen laste und Druck auf sie ausübe. Sie haben auf diesem Gesprächsweg verstanden, dass ihnen da eine Rolle übertragen wird, die keineswegs gut und schon gar nicht einfach ist.

Von da an nahm das Gespräch eine persönliche Richtung: Du kannst nichts und niemanden ändern, außer dich selbst. Wenn du also ein besseres Leben willst, musst du dich selbst verändern. Es war sehr interessant, zu sehen, wie kreativ alle dabei waren und sich auch gegenseitig angespornt, sich untereinander gesagt haben: »Ja, dann mach doch einen Schulabschluss und eine Ausbildung, du kannst das schaffen!« Fazit war: Niemand will aus dem Kiez weg, alle wollen bleiben. Aber alle wollen, dass ihr Leben dort schöner wird. Und alle haben verstanden, dass sie dafür selbst Verantwortung übernehmen müssen.

Komischerweise gab es bei dieser Diskussion außer beim Schulthema wenig Erwartungen oder Kritik an Gesellschaft oder Politik. Manche der Jugendlichen haben sogar gesagt: »Wir haben hier doch schon viel, wir haben den Mitternachtssport, wir haben euch Streetworker, wir haben ein Jugendzentrum!« Und ich habe gedacht: Ja, das stimmt, es gibt heute tatsächlich mehr solcher Angebote als in meiner eigenen Jugend, aber es reicht eben immer noch nicht! Vielleicht lag es auch ein bisschen an der Gruppendynamik, dass keiner etwas Schlechtes sagen wollte. Wir Sozialarbeiter waren dabei, und unsere Jugendlichen können, wie gesagt, auch sehr respektvoll und höflich sein. Ich habe mich natürlich über diese Anerkennung unserer Arbeit durch die Jugendlichen gefreut, und darüber, dass ihnen der Workshop so gut gefallen hat.

Es gab allerdings schon einige, die deshalb keine Erwartungen an Politik oder Gesellschaft formuliert haben, weil sie das Gefühl haben: Wir sind doch sowieso allen egal. Hier ändert sich eh nichts. Wir würden zwar gerne mal mitreden, aber wir dürfen ja nicht, uns hört doch keiner zu! Unsere Eltern, unsere Lehrer sagen uns, was wir tun sollen – aber was wir wollen, was wir sagen, wird nicht gehört. Die Erwachsenen regeln und entscheiden alles ohne uns. Die Politiker sowieso, die interessieren sich nicht für Leute wie uns. Viele unserer Jugendlichen und jungen Erwachsenen gehen aus genau diesem Frust heraus nicht wählen, selbst wenn sie das als Deutsche eigentlich dürfen. Sie erleben jedoch immer wieder, dass sie als Problem betrachtet werden, aber nie als Teil der Lösung.

Ich glaube wirklich, dass wir Erwachsenen den Jugendlichen besser zuhören müssen, wenn wir ihr Leben zum Besseren verändern oder ihnen dabei helfen möchten, wenn sie das selbst angehen wollen. Sonst wird das nicht gelingen. Ich glaube, dass es im Gespräch mit Jugendlichen gut ist, wenn man die moralische Ebene erst mal weglässt. Wenn man sich nicht nur darauf einlässt, was sie sagen, sondern auch darauf, wie sie es sagen, wie sie sprechen, und ihnen dabei vermittelt, dass man ihnen trotzdem ernsthaft zuhört.

Ein Beispiel: Einer der Jungs sagte bei dem Workshop, ein Mann, der vor einer Schlägerei wegrenne, sei »schwul«. Das ist eins der Worte, die Jugendliche benutzen, wenn etwas ihrem Bild von Männlichkeit nicht entspricht. Mit dieser Äußerung ecken sie meistens sofort an, bekommen in der Schule oder bei manchen Eltern gleich Gegenwind und werden zurechtgewiesen, dass man »so was« nicht sagt. Ich habe den Jungen erst mal gefragt, warum er das glaubt: »Meinst du, dass der verliebt ist in den Typen, der ihn verhauen will? Dass er also eigentlich aus Liebe wegrennt? Oder meinst du damit einfach, dass er ein Lappen, ein Feigling ist?« Da haben natürlich alle gelacht – und das war die Basis dafür, dass wir richtig miteinander reden konnten. Der Junge hat sich darauf eingelassen, weil er gemerkt hat: Okay, der Typ ist 20 Jahre älter als ich, aber der traut sich, das zu sagen. Der redet wie wir, der nimmt mich ernst. Danach konnten wir ehrlich und offen miteinander sein, weil alle wussten, dass sie nicht immer aufpassen müssen, was sie sagen und wie sie sprechen.

Ein anderer der Jugendlichen redete in dem Workshop schlecht über Mädchen. »Du Mädchen« – das ist auch so ein

Jugendausdruck, der einen Schwächling beschreiben soll, der Konflikten lieber aus dem Weg geht. Der Jugendliche wurde in unserem Workshop aber gleich von anderen Jungs zurechtgewiesen: »Was redest du? Es gibt auch Frauen, die stärker sind als Männer!«

Was ist »schwul«, was ist »männlich«, wie anders als Männer sind Frauen – das Gespräch darüber ging beim gemeinsamen Essen mit den Feuerwehrleuten nach dem Workshop weiter. Das war für beide Seiten interessant, denn es gibt auch bei der Feuerwehr immer noch erheblich mehr Männer als Frauen. Und durchaus Feuerwehrmänner mit Vorurteilen ...

Trotzdem haben denjenigen, die in der Debatte die alten Rollenbilder vertreten haben, irgendwann die Argumente gefehlt. Ich glaube, dass das viel mehr gebracht hat als ein Workshop, in dem Jugendliche zurechtgewiesen werden, wenn sie ihre Sprache sprechen. Auf diese Weise nehmen sie aus solchen Gesprächen wirklich etwas mit und sehen, dass es Anknüpfungspunkte und Gemeinsamkeiten gibt statt nur hart trennende Unterschiede. Deshalb ist es wichtig, dass ich mich als Sozialarbeiter – oder Feuerwehrmann – ab und zu aus dieser Rolle verabschieden kann. Oder dass sich Lehrkräfte mal von ihrer Lehrerrolle verabschieden und einfach zu Menschen werden.

Als mir Herr Reibold irgendwann gesagt hat: »Burak, was du da machst, ist wirklich scheiße, so kommst du nicht voran, kommst nicht dahin, wo du hinwillst«, war es nicht nur dieser Satz, der mich beeindruckt hat. Allein das Wort »Scheiße« von einem Lehrer zu hören, war für mich schon total krass. Damals ist mir klar geworden: Der Typ ist ein ganz normaler Mensch, der von Beruf Lehrer ist. Er ist kein kalter Roboter, der immer vorne an seinem Lehrerpult steht und von dem man außerhalb des Unterrichts nichts weiß.

Ich denke, das ist die ganze Erfahrung, die ich mit Herrn Reibold gemacht habe: Da war ein Mann, der eigentlich die Rolle hatte, mir zu sagen, was ich zu tun habe, und der aus dieser Rolle herausgeschlüpft ist und mich gefragt hat, was ich denn will, wie er mir helfen kann. Ich war damit damals erst mal überfordert: Was ist denn hier los? Ein Lehrer, der mich fragt, was ich will? Normalerweise muss ich doch tun, was er will! Aber man muss auch mal umdenken, etwas anderes probieren und nicht bloß Lehrer oder Sozialarbeiter oder Pädagoge sein wollen, sondern ein ganz normaler Mensch, der weiß, dass jeder von anderen etwas lernen kann: Lehrer von Schülern, Sozialarbeiter oder Feuerwehrleute oder Politiker von Jugendlichen. Ich glaube, es ist schon viel erreicht, wenn man auf Jugendliche zugeht und sagt: »Uns unterscheidet gar nicht so viel. Wir haben unterschiedliche Aufgaben, aber ansonsten sind wir gleich.«

Damit muss es anfangen, wenn wir die Probleme lösen wollen, die die Jugendlichen haben, wenn wir ihre Leben verändern wollen. Es muss damit anfangen, dass wir aufhören mit dieser Von-oben-herab-Politik und -Pädagogik.

Das machen wir in der Sozialen Arbeit. Wir sind auf Augenhöhe mit den Jugendlichen. Wir machen das gemeinsam mit ihnen und möglichst auf ihre Art und Weise, nach ihren Wünschen und Vorstellungen. Das funktioniert oft, weil sie die Erfahrung machen, dass da ein Erwachsener ist, der sie respektiert. Es klappt aber auch nicht immer. Und das hat dann meistens nichts damit zu tun, dass wir keinen Zugang zu den Jugendlichen finden.

Bei meinem Träger arbeiten etwa 160 Jugendsozialarbeiter, wir tauschen uns untereinander aus und arbeiten in Teams. Ich kann also Klienten an Kollegen oder Kolleginnen abgeben, wenn wir das Gefühl haben, dass das besser matchen könnte. Oder ich kann sie an andere Träger oder Einrichtungen weitervermitteln, weil diese beispielsweise bei ihren Problemen besser helfen können. Manchmal funktioniert aber all das nicht. Wie zum Beispiel bei Lukas, den ich intensiv und lange betreut und am Ende trotzdem verloren habe.

17

BEISPIEL LUKAS ODER: WIE ICH DAS ERSTE MAL DARAN GEDACHT HABE, MEINEN JOB HINZUSCHMEISSEN

Lukas' Story ist extrem traurig. Er hatte einen wirklich schwierigen Start ins Leben. Deshalb ist das so außer Kontrolle geraten. Ich hatte selbst dafür gesorgt, dass er in eine psychiatrische Einrichtung kam. Das war im November. Nun sollte er entlassen werden, morgens um sieben, ausgerechnet an Heiligabend. Ohne meine Hilfe wäre das eine Entlassung in die Obdachlosigkeit geworden, denn ein Zuhause, eine Wohnung gab es für Lukas, gerade 18-jährig, nicht. Er hatte zwar zu dem Zeitpunkt bereits einen gesetzlichen Vormund[11], der aber über die Feiertage verreist war. Also holte ich Lukas ab. Erst mal miteinander frühstücken, dann nach einer Bleibe für ihn suchen, das war mein Plan.

Damals arbeitete ich noch als Jugendsozialarbeiter in Charlottenburg, meine Aufgabe war also nicht Streetwork, sondern vor allem Berufscoaching für Jugendliche, Unterstützung bei Schulabschlüssen und der Suche nach der richtigen Ausbildung oder vorbereitenden Maßnahmen dazu. Lukas kannte ich zu der Zeit, als er in die Psychiatrie kam, schon etwa ein Jahr. Die Jugendlichen, die ich als Berufscoach betreute, hatten meine Teamkollegen und ich entweder bei der Streetwork oder in Jugendfreizeiteinrichtungen kennengelernt, oder sie wurden von der Berliner Jugendberufsagentur an uns vermittelt. Das sind Einrichtungen des Berliner Senats, die Jugendliche mit besonderen Schwierigkeiten in Ausbildung bringen sollen. Sie laden Kinder aus Familien ein, die im Leistungsbezug sind, also Unterstützung vom Staat bekommen.

Lukas Mutter lebte von Sozialleistungen und hatte große psychische Probleme. Lukas hatte zu Hause keine Ruhe und erst recht keine Unterstützung, er ging fast gar nicht mehr zur Schule und trieb sich meistens draußen rum. An seiner Mutter hing er sehr, aber die schien sich nicht darum zu kümmern, was ihr Junge so machte. Unser Auftrag – denn wir waren natürlich ein Team – war, zu schauen, welche Unterstützung ihm angeboten werden könnte, um aus dieser Lebenslage wieder herauszukommen.

Wir überlegten also: Ist Lukas fit, könnte er einen Schulabschluss schaffen? Braucht er dafür Förderung und, wenn ja, welche Maßnahmen wären für ihn passend? Oder braucht er eine andere, vielleicht mehr praxisorientierte Schule? Vielleicht zunächst auch eine andere Form von Hilfe, weil er selbst psychische Probleme hat? Und vor allem: Was wünscht er sich eigentlich selbst, wo will er hin, wie stellt er sich sein Leben vor?

Als Lukas damals zu uns kam, war er 17 Jahre alt, ruhig, introvertiert und klein für sein Alter. Er sprach kaum und wirkte sehr kindlich, ein zarter blonder Junge, der besser zeichnen als schreiben konnte. Meine Kolleginnen und ich versuchten, etwas über seine Lebenssituation und seine Bedürfnisse zu erfahren, ein Vertrauensverhältnis aufzubauen. Er kam scheinbar gern zu uns, saß manchmal einfach nur in unserem Büro und zeichnete. Eine richtige Jugendeinrichtung mit Freizeitangeboten für Jugendliche hatten wir als Berufscoaches nicht. Unsere Aufgaben waren vor allem Beratung und Begleitung zu Ämtern. Es gab zwar einen Jugendclub in Charlottenburg, aber dort zog es Lukas offenbar nicht hin. Und wir hatten den Eindruck, dass der in sich gekehrte, stille Junge sich bei uns Erwachsenen besser aufgehoben und wohler fühlte als unter anderen Jugendlichen.

Wir hatten damals bereits das Gefühl, dass etwas mit ihm nicht stimmte, und haben das immer wieder im Team besprochen. Wir haben überlegt, ob er möglicherweise eine geistige Beeinträchtigung, ein psychisches oder ein Entwicklungsdefizit hat. Wir haben irgendwie gespürt, dass etwas in ihm schlummerte.

Dann veränderte sich Lukas im Lauf von ein paar Monaten völlig. Seine Mutter hatte ihn plötzlich einfach auf die Straße gesetzt – sie wollte den Jungen nicht mehr bei sich wohnen lassen. Kontakt zu seinem Vater hatte Lukas nicht. Er war also obdachlos geworden und schlief nun bei Freunden, in Notunterkünften für Obdachlose oder auf der Straße und manchmal auch bei Männern, die dafür Sex verlangten, erzählte er uns. Auch Drogen kamen mit ins Spiel.

Was Lukas da hinlegte, war eine 180-Grad-Wende. Aus dem ruhigen, kindlichen Jungen wurde mehr und mehr ein Jugendlicher, der komplett außer Kontrolle geriet – Lukas drehte durch, verwahrloste zusehends und wirkte zunehmend auch bedrohlich, erzählte uns manchmal von schrecklichen Gewaltfantasien, bei denen wir nie sicher waren, ob er sie nicht vielleicht wirklich erlebt hatte. Wenn er bei uns im Büro war, hörte er am Computer immer wieder bei voller Lautstärke dasselbe Lied, ich bekam das schon selbst nicht mehr aus meinem Kopf, hörte nachts im Bett noch die Melodie.

Es war, als würde plötzlich alles herausbrechen, was in ihm geschlummert hatte: schlimme Kindheitserlebnisse, die Ablehnung durch seine Mutter. Seine älteren Geschwister durften weiterhin bei ihr wohnen, nur ihn ließ sie nicht mehr ins Haus. Dann bedrohte er eines Tages in dem Gebäude, in dem unser Büro war, jemanden mit einem Messer. Glücklicherweise wurde niemand verletzt. Aber die Polizei war alarmiert worden, und ich habe dann den sozialpsychiatrischen Dienst eingeschaltet. So kam Lukas erst mal auf die geschlossene psychiatrische Station in einem Krankenhaus.

Eine solche geschlossene psychiatrische Abteilung ist kein Ponyhof, das ist kein Erholungsurlaub für Jugendliche. Lukas war dort in sicherer Obhut, allerdings unter Menschen, denen es psychisch ebenso schlecht ging wie ihm. Für einen aus der Bahn geworfenen jungen Menschen ist das eine ziemlich schwierige und anstrengende Situation.

Nun sollte ich ihn also dort wieder abholen. Als er dann vor mir stand, merkte ich, dass er in schlechter Verfassung war. Er wirkte ungepflegt und einerseits wie benebelt von Medikamenten, andererseits aber auch unruhig und hyperaktiv. Wir hatten im Team bereits besprochen, dass wir eine passende Einrichtung, am besten eine betreute Wohngemeinschaft für Jugendliche, finden wollten, die Lukas aufnehmen würde, vielleicht sogar außerhalb Berlins. Denn wir wollten ihn auch von seinen Drogen-»Freunden« und den gewohnten Treffpunkten entfernen, damit er zur Ruhe kommen konnte. Um diesen Plan umsetzen zu können, war es notwendig gewesen, dass Lukas für einige Zeit in stationärer psychiatrischer Behandlung war, denn das ist eine der Voraussetzungen für die Unterbringung in solchen Einrichtungen.

Lukas trug nur ein T-Shirt an diesem Dezembertag, seine Jacke war nicht mehr zu finden gewesen. Ich gab ihm meine. Glücklicherweise war es wieder mal etwas zu warm um die Zeit in Berlin, um die acht Grad plus. Ich hatte mich im Krankenhaus zunächst als Lukas' Betreuer ausweisen müssen, wir Jugendsozialarbeiter haben für solche Fälle einen Dienstausweis. Die Ärzte hatten mich dann über seine Behandlung und die Medikation informiert, die er auf der Station bekommen hatte. Es war etwa neun Uhr morgens, als wir endlich vor der Klinik standen.

Die Wirkung seiner Medikamente ließ langsam nach, Lukas wurde unruhiger, aufgekratzter, lauter, und er lachte unheimlich viel. Er wolle jetzt erst mal Party machen, erklärte er mir, seine Freunde endlich wieder treffen. Ich nahm an, dass er Drogen nehmen wollte. »Wir gehen jetzt erst einkaufen und frühstücken schön bei uns im Büro, dann besorgen wir dir eine Unterkunft, wo du bleiben kannst«, erklärte ich ihm meinen Plan. Danach wollte ich meine Eltern treffen, die über Weihnachten zu Besuch in Berlin waren.

Vor dem Supermarkt, in dem wir für unser Frühstück einkaufen wollten, trafen wir dann ausgerechnet Lukas' Mutter. Lukas war außer sich vor Freude, lief auf sie zu und rief: »Mama, Mama, hallo, Mama, hier, ich bin es, dein Sohn!« Doch seine Mutter ließ ihren vollen Einkaufswagen einfach stehen und verschwand ohne ein Wort in die andere Richtung. Lukas war davon aber nicht zu bremsen. »Mama! Es ist doch Weihnachten!«, rief er ihr hinterher, »Mama!« Doch sie drehte sich nicht mehr um.

Lukas war fassungslos, er erklärte mir immer wieder, dass das seine Mutter gewesen sei und dass doch Weihnachten sei.

Ich hatte große Mühe, ihn zu beruhigen – und war genauso fassungslos wie er! In dieser Situation fiel mir nichts Besseres ein, als den Jungen anzulügen. Ich erzählte ihm, seine Mutter habe einen dringenden Termin, und schlug ihm vor, irgendwo ein Geschenk für sie zu kaufen und es ihr mit einer Weihnachtskarte nach Hause zu bringen. An einem Kiosk kauften wir also eine Tafel Schokolade und eine Weihnachtskarte, auf die Lukas einen Gruß schrieb, und warfen beides in ihren Briefkasten. In die Wohnung seiner Mutter durfte er ja nicht.

An ein ruhiges Gespräch bei einem gemeinsamen Frühstück war nun nicht mehr zu denken. Zudem war es bereits Mittag geworden. Ich holte Lukas eine Jacke aus unserem Büro, damit ich meine wieder anziehen konnte. Dann bugsierte ich den immer noch hysterisch laut redenden Jungen in einen Imbiss und platzierte ihn in einer ruhigen Ecke, um uns etwas zu bestellen und mir vor dem Essen die Hände zu waschen. Als ich zurückkam, fand ich Lukas in einer erregten Auseinandersetzung mit einer Gruppe junger Männer, die er nach ihren Aussagen übel beleidigt hatte, während ich kurz weg gewesen war. Der Imbissbesitzer versuchte zu vermitteln – ich hatte ihm bei meiner Bestellung gesagt, dass ich Sozialarbeiter und der junge Mann in meiner Begleitung sehr aufgeregt und unglücklich sei. Doch es half nichts. Was immer Lukas gesagt hatte, hatte die jungen Männer so wütend gemacht, dass der Imbissbesitzer uns bat, besser zu gehen. Immerhin konnten wir unser Essen mitnehmen.

Das war der Moment, in dem in meinem Kopf ein Film losging: Was mache ich hier eigentlich? Und vor allem: Was mache ich jetzt? Das war eine völlig katastrophale Situation: Ich sitze da mit einem 18-jährigen Jungen, der psychotisch und auf Medikamenten aus der Psychiatrie in die Obdachlosigkeit entlassen worden ist, dann zufällig seine Mutter trifft, die aber nicht mit ihm sprechen will. Er sieht aus wie ein verwahrlostes Kind und verklickert mir ununterbrochen, dass er voll Bock auf Partys und Drogen hat, während ich auf dem Handy nebenbei die ganze Zeit betreute Wohngruppen für Jugendliche und Unterkünfte für Obdachlose abtelefoniere, um einen Schlafplatz für ihn zu finden, bislang völlig ergebnislos.

Ich war wütend – auf mich, auf Lukas, seine Mutter und die anderen Menschen: Es war doch Heiligabend! Alle sollten heute ein warmes Herz haben, besonnen und liebevoll sein. Und jeder sollte ein Obdach haben. Ich war auch verzweifelt, denn ich wollte doch einen guten Job, meinen Job gut machen! Aber ich spürte, wie ich selbst emotional zunehmend an meine Grenzen geriet.

Trotzdem musste ich weitermachen, denn eine Alternative gab es nicht! Aber Weihnachten hieß auch: Ich bekam fast niemanden ans Telefon in den Einrichtungen und Unterkünften. Und dort, wo doch jemand den Hörer abnahm, gab es nur Absagen: »Wir haben keinen Platz mehr frei!« Gerade im Winter sind solche Orte, von denen es viel zu wenige gibt, in Berlin rappelvoll. Also sind Lukas und ich einfach überall hingefahren: nach Pankow, nach Zehlendorf, in den Wedding, zurück nach Charlottenburg, mit der U-Bahn, mit der S-Bahn, dem Bus, quer durch die Stadt und zurück. Ich hatte die Hoffnung, dass jemand Erbarmen hat, wenn wir persönlich vor der Tür stehen. Lukas war mittlerweile völlig überdreht und fing überall Streit an. Er beleidigte fremde Leute in der U-Bahn, quatschte Mädchen blöd an und lachte laut, wenn die sich über ihn ärgerten. Und ich war immer kurz davor, auszurasten: »Ey, Mann, hör auf, beruhig dich!« Nebenbei las ich auf dem Handy die Nachrichten meiner Familie, die mit dem Essen auf mich wartete.

Am frühen Abend fanden wir dann endlich doch noch eine Einrichtung, in der ein Platz für Lukas frei war: eine Jugend-

WG mit Sozialarbeitern in einem gepflegten Altbau in einem schönen, ruhigen Teil der Stadt. Und auch drinnen herrschte eine ruhige Atmosphäre, was bei solchen WGs nicht immer der Fall ist, denn dort wohnen lauter Jugendliche zusammen, die in großen Schwierigkeiten sind, die nicht mehr bei ihren Familien leben wollen oder können und oft Erfahrungen mit Obdachlosigkeit und Drogen haben.

Aber diese WG war ein sehr angenehmer Ort: In der Küche wurde, als wir ankamen, gerade geschnippelt und gekocht, das Festtagsabendessen vorbereitet: Hühnchengulasch. Außerdem sagte die Sozialarbeiterin, Lukas könnte gleich ein paar Tage dortbleiben – Jackpot für ihn! Er schien sich sogar wohlzufühlen. Plötzlich war er wieder freundlich und ruhig. Ich blieb noch eine Weile und half etwas in der Küche mit, dann reichten Lukas und ich uns zum Abschied die Hand. Ich bedankte mich bei der Sozialarbeiterin in der Wohngemeinschaft und ging.

Dann stand ich da am Heiligabend allein auf der Straße, es war kalt geworden, und fühlte mich vollkommen ausgebrannt. Mittlerweile war es fast neun Uhr abends. Zum Essen mit meiner Familie konnte ich jetzt trotzdem noch nicht, denn ich musste zuerst selbst etwas zur Ruhe kommen. Ich konnte mir eigentlich jetzt sagen, dass ich meinen Job am Ende doch ganz gut gemacht hatte, aber irgendwie drang das nach der ganzen Aufregung des Tages emotional noch nicht in mich ein. Ich fuhr also erst mal zu meiner eigenen Wohnung. Dort zog ich meine Jacke aus, hockte mich an den Tisch, verschränkte die Arme, legte den Kopf darauf und atmete einfach nur ein und aus. So saß ich da etwa eine Viertelstunde. Und dann wischte ich mir die Tränen vom Gesicht und ging zu meiner Familie, um Weihnachten zu feiern.

Mit Lukas hatte ich abgemacht, dass die Jugendwohngemeinschaft fürs Erste seine Basis sein sollte. Ich würde mich in den kommenden Tagen darum kümmern, eine geeignete Einrichtung als dauerhafte Bleibe für ihn zu finden, und er konnte währenddessen in der schönen und gut betreuten WG zur Ruhe kommen.

Nach ein paar Tagen rief mich eine der Sozialarbeiterinnen aus der Wohngemeinschaft an und erklärte mir, dass Lukas weg sei. Er war offenbar wieder auf den Party-Marty-Drogen-Trip gekommen und trieb sich vermutlich mit seinen Jungs oder wem auch immer irgendwo draußen rum. Das war krass für mich: Er hätte bis nach Silvester dortbleiben können. Dann hätten wir weitergeschaut. Lukas hatte zu der Zeit kein Handy, hätte mich aber von der WG aus trotzdem jederzeit anrufen können. Hatte er aber nicht. Er hat sein Ding gemacht und war weg. Und ich verbrachte die nächsten Tage nicht, wie geplant, damit, nach einer guten Unterkunft für ihn zu suchen, sondern damit, mich zum ersten Mal zu fragen, ob ich meinen Job als Sozialarbeiter aufgeben sollte.

18

ERFOLG UND MISSERFOLG IN DER JUGENDSOZIALARBEIT: WORK IN PROGRESS

Ich habe oben schon erzählt, dass wir als Sozialarbeiter natürlich regelmäßig Rechenschaft über unsere Arbeit ablegen müssen, und die Träger, bei denen wir arbeiten, ebenso regelmäßig Rechenschaft über die Verwendung des Steuergeldes, das wir dafür bekommen. Der Staat, die Bürger wollen wissen, wofür ihr Geld verwendet wird – und das völlig zu Recht!

Wir rechnen also zum einen auf jeden Cent genau ab, wofür wir das Geld ausgeben, das wir bekommen: von den Mieten und Nebenkosten unserer Büros und Jugendeinrichtungen über neue Anschaffungen, die wir für deren Ausstattung und unsere Angebote brauchen, bis hin zu den Personalkosten und all den kleineren und größeren Ausgaben, die wir bei unserem Job so haben. Wir sammeln jeden noch so kleinen Beleg. Das ist eine Menge Papierkram, den man dafür erledigen muss. Wenn ich beispielsweise mit Lukas eine Cola trinke, dann kann ich seine Cola auf diese große Endabrechnung schreiben, meine eigene aber nicht. Wenn wir neue Sachen für unsere Jugendeinrichtungen kaufen, müssen wir bei Anschaffungskosten ab 250 Euro zuvor Vergleichsangebote einholen und zusammen mit der Abrechnung einreichen, um so zu belegen, dass wir nach dem günstigsten Angebot gesucht und das dann auch genommen haben. Wenn wir größere Veranstaltungen wie etwa den Mitternachtssport haben, für die wir auch Getränke besorgen, dann müssen wir aus Umweltschutzgründen Pfandflaschen einkaufen – können das Pfand nach der Veranstaltung aber nicht abrechnen. Das heißt: Jede Flasche, die verloren geht oder die ein Teilnehmer halb ausgetrunken einfach mitnimmt, geht auf unsere eigenen Kosten.

Das ist alles manchmal jede Menge Arbeit, zum Beispiel, wenn man mit einer ganzen Gruppe Jugendlicher einen Ausflug oder eine Reise gemacht hat und danach jedes einzelne Busticket, jede Kino- oder Museumseintrittskarte, jeden kleinen Snack zwischendurch abrechnen, mit Quittungen belegen und schriftlich begründen muss. (Da sind wir übrigens – siehe oben, Thema Umweltschutz – vom papierlosen Büro meilenweit entfernt!)

Diese Abrechnungsarbeit macht fast niemandem Spaß. Es ist der Teil der Sozialen Arbeit, den man, wenn man sich für diesen Beruf entscheidet, meist nicht so auf dem Schirm hat. Und oft stresst das auch, und zwar nicht nur uns Jugendsozialarbeiter, sondern vor allem die Kollegen, die in den Buchhaltungs- und Personalabteilungen bei unseren Trägern für die jährlichen Abrechnungen aller Projekte zuständig sind. Das können ganz schön viele sein! Bei meinem Träger arbeiten etwa 160 Leute in über 50 Teams, weshalb die lieben Kollegen in der Buchhaltung uns dann oft – ganz großes Sorry! – schon ab November und manchmal bis in den Januar hinein wegen fehlender oder falscher Abrechnungen hinterherlaufen und uns immer wieder neue Mails mit »Jetzt-aber-wirklich-der-ultimativ-endgültige-letzte-Abgabetermin!«-Betreffzeilen schicken müssen.

Dieses ganze detaillierte Abrechnen ist wichtig, aber es kostet auch viel Zeit. Zeit, die wir Sozialarbeiter eigentlich lieber anders investieren würden: in unsere direkte Arbeit mit den Jugendlichen. Und darüber müssen wir ebenfalls Rechenschaft ablegen, denn der Steuerzahler, die zuständigen Behörden und Politik und Öffentlichkeit wollen nicht nur wissen, ob wir sauber abgerechnet haben, sondern auch, ob das in Jugendsozialarbeit investierte Geld dazu geführt hat, dass diese ihr Ziel erreicht. Ob also die Probleme gelöst oder wenigstens verringert wurden, die Anlass für den Einsatz von Streetwork oder die Eröffnung einer Jugendfreizeiteinrichtung waren, ob Berufscoaching Jugendlichen zu Ausbildungen verholfen hat, ob also ein Träger und seine Mitarbeiter ihre Arbeit gut und mit Erfolg erledigen. Sie wollen wissen, ob wirksame Projekte gefördert und die dafür richtigen Träger beauftragt wurden, ob wir Jugendsozialarbeiter mit unseren Teams unsere jeweils festgelegten Zielgruppen wirklich erreicht haben und ihnen helfen konnten oder ob es Änderungsbedarf in der Art der Arbeit gibt. Denn aus Fehlern und Misserfolgen kann man ja lernen!

Deshalb sitzen wir Jugendsozialarbeiter am Jahresende und manchmal sogar halbjährlich nicht nur über Abrechnungen, sondern müssen auch Berichte über unsere Arbeit schreiben. Darin legen wir unseren jeweiligen Geldgebern ausführlich dar, was wir in dem Jahr oder Halbjahr mit den Jugendlichen unternommen haben und weshalb wir uns für diesen Weg, diese pädagogische Methode und keine andere, für dieses kreative oder sportliche Angebot, jenes Ausflugsziel oder Projekt entschieden haben und ob und wie wir die Jugendlichen an diesen Entscheidungen beteiligt haben. Welche Einzelfälle wir betreut haben und welche Schritte wir mit diesen jungen Menschen bereits gehen konnten. Und wenn wir noch nicht so weit gekommen sind, wie wir wollten, überlegen wir uns auch, warum das nicht geklappt hat und wie wir es im nächsten Jahr anders und hoffentlich mit mehr Erfolg angehen wollen.

Es ist bei unserer Arbeit manchmal gar nicht so leicht, herauszufinden und mit Zahlen und Fakten zu beweisen, ob sie überhaupt und in welchem Umfang »wirkt«. Es gibt Erfolgsgeschichten wie die von Alex, aber es hat Jahre gedauert, bis er es von der Straße zum ausgebildeten Koch geschafft hatte. Viele junge Menschen gehen zunächst mal einige Umwege, fangen zum Beispiel Ausbildungen oder Maßnahmen an und brechen sie doch wieder ab, bevor sie den für sie richtigen Weg finden. Und es gibt Jugendliche, die über Jahre in unsere Jugendeinrichtungen, unsere Beratungen kommen und bei unseren Angeboten mitmachen, bei denen man hinterher trotzdem nicht sicher sagen, schon gar nicht beweisen kann, ob sie auch ohne all das ihr Abi geschafft, ihren guten und stabilen Lebensweg gefunden hätten oder vielleicht drogensüchtig oder kriminell geworden wären.

Manchmal trifft man einstige Klienten nach ein paar Jahren wieder und sieht erst dann – oder bekommt es von ihnen selbst erzählt, das tut dann immer richtig gut! –, wie sehr wir, wie sehr die Unterstützung durch Jugendsozialarbeit ihnen damals geholfen hat. Und es gibt Jugendliche, die wir gar nicht erreichen können, denen wir nicht die passenden Angebote machen konnten und die wir aus den Augen verlieren – wie Lukas, der seinen Weg hoffentlich auch noch finden wird.

Aus all diesen Gründen hat der Gesetzgeber festgelegt, dass es Jugendsozialarbeit geben muss, und damit gleichzeitig ausgeschlossen, dass irgendjemand, ohne zuvor das entsprechende Gesetz zu ändern, sagen kann: »Hilft ja gar nicht und ist viel zu teuer! Damit hören wir jetzt einfach mal auf.« Leider hat er dabei nicht nur vergessen, ganz genau aufzuschreiben, wie viel

Jugendsozialarbeit es geben muss. Er hat – und das sage ich ganz ohne leider! – auch keinerlei harte Erfolgskriterien festgelegt, sondern ins Jugendhilfegesetz eben nur geschrieben, dass wir Sozialarbeiter Jugendliche zur Selbstbestimmung befähigen und zu gesellschaftlicher Mitverantwortung und zu sozialem Engagement anregen und im Fall besonders benachteiligter Jugendlicher ihre schulische und berufliche Ausbildung, ihre Eingliederung in die Arbeitswelt und ihre soziale Integration fördern sollen. »Anregen« und »fördern« also.

Und, Leute, dafür tue ich wirklich mein Bestes! Natürlich betrachte ich es als großen Erfolg für Alex und auch für mich, wenn der Junge sein großes Ziel erreicht, wenn er es von der Straße, aus Drogensucht und Obdachlosigkeit in einen guten Job als Koch schafft, Vater wird und endlich an den Strand reisen kann. Und natürlich bin ich fertig, wenn ich jemandem gar nicht helfen kann, weil er immer wieder abtaucht, so wie Lukas. Aber es ist für mich kein Misserfolg, wenn ich Abdul vielleicht doch nicht an die Uni, sondern einfach nur weg aus seinem kriminellen Umfeld zu einem Schulabschluss und in eine Ausbildung bringen kann oder wenn er irgendwann einfach den Späti[12] seines Vaters übernimmt und damit zufrieden ist. Das sind ebenso handfeste, belegbare Tatsachen, Erfolgs- oder Misserfolgsnachweise, sozusagen.

Manchmal sind solche Belege aber nur schwer nachzuweisen. Für mich ist es ein Erfolg, wenn ich Jugendliche, so wie bei meinem Workshop mit der Feuerwehr, mal so richtig zum Nachdenken und zum Reden bringe, wenn ich ihre Perspektive auf ihr eigenes Leben ändern und damit ihren Horizont und ihren Handlungsspielraum etwas erweitern kann.

Es ist ein Erfolg, wenn Leni, die als schwangere Jugendliche obdachlos geworden war, als junge Mutter, deren Kind dann in die Kita oder Schule geht, irgendwann zu sich selbst sagt: »So, und jetzt suche ich mir doch noch eine ordentliche Ausbildung! Denn ich kann das schaffen, ich bin stark! Ich habe das ja auch mit dem Baby nach dem Rauswurf bei meiner Mutter hingekriegt!«

Und es wäre für mich ein Erfolg, wenn in meinem Schöneberger Kiez, falls ich da mein Platz- und Kochprojekt mit den Jugendlichen demnächst ordentlich hinbekomme, die Anwohner tatsächlich zum Mitessen vorbeikommen und einer von ihnen sagt: »Hey, das sind ja ganz vernünftige und ordentliche Jungs! Da könnte ich einigen mal Praktikumsplätze in meinem Betrieb anbieten!« Es ist ein Erfolg für mich, wenn einer der Jugendlichen im Lauf des Projekts sein Interesse an lokaler Politik entdeckt und irgendwann selbst mal im Bezirksparlament sitzt.

Es ist also ein Erfolg für mich, wenn ich das Selbstwert- und Selbstwirksamkeitsgefühl der Jugendlichen stärken und ihnen damit – vielleicht auch erst auf lange Sicht – neue Wege eröffnen kann.

All das braucht Zeit. Und es ist schwer zu sagen, welchen konkreten Anteil Sozialarbeit an solchen langfristigen Entwicklungen hat. Wir stoßen Veränderungsprozesse an, aber oft bekomme ich als Jugendsozialarbeiter nicht mehr mit, was meine Hilfe und die meiner vielen fleißigen Kollegen tatsächlich bewirkt, positiv verändert hat im Leben eines Menschen. Vielleicht wird Bilal, den ich immer noch begleite, trotzdem irgendwann dem Druck seiner Mutter nachgeben, Autoelektriker werden und die Rolle des Familienoberhauptes und Versorgers übernehmen, wie sie es für ihn plant. Aber vielleicht wird er seinen eigenen Kindern dann eines Tages sagen: »Geht ihr euren eigenen Weg, sucht euer persönliches Glück! Egal, was ihr macht, ich werde immer hinter euch stehen. Ich vertraue euch, denn ich weiß: Ihr könnt das.«

Mal ganz abgesehen von meinen Jugendlichen: Menschen sind unterschiedlich. Es gibt sehr Zielstrebige, die das vielleicht vorgelebt bekommen haben oder auch nicht, aber trotzdem so sind. Es gibt solche, die eher in einer passiven Haltung feststecken und damit vielleicht weniger auf die Reihe kriegen. Beides sagt aber nichts darüber aus, ob diese Menschen mit ihrem Leben zufrieden sind, ihren Platz in unserer Gesellschaft gefunden haben. Und wir können ja auch nicht alle Raketenwissenschaftler werden!

Toni, der Pilot werden wollte, hat übrigens erst mal einen Job in einem Lager angenommen. Sein Versuch, einen Schulabschluss nachzuholen, ist gescheitert, mit dem schulischen Lernen konnte er sich immer noch nicht anfreunden. Und weil er mittlerweile Vater geworden ist, wollte er lieber erst mal Geld für seine Familie verdienen. Die Arbeit im Lager gefällt ihm richtig gut, mit der praktischen Anwendung versteht er auch theoretische Zusammenhänge und Hintergründe besser. Und er macht seinen Job offenbar sehr ordentlich, denn sein Arbeitgeber hat ihm kürzlich angeboten, in der Firma mit der Ausbildung als Fachkraft für Lagerlogistik zu beginnen.

Das ist eine ziemlich gute Sache, denn dazu gibt es über das Jobcenter organisierte, besonders praxisbezogene Ausbildungsgänge, die einen niedrigen Berufsschulanteil haben und bei denen die Azubis von Sozialarbeitern betreut werden. Das kommt Toni sehr entgegen, der aufgrund seiner Lernschwäche Schwierigkeiten mit Lesen und Schreiben und deshalb immer noch wenig Selbstbewusstsein hat. Er schämt sich dafür, und das merkt man in seinem Auftreten anderen gegenüber.

Auf meinen Rat hin hat er daher vor einiger Zeit begonnen, ein Tagebuch zu führen, damit er mit dem Schreiben vertrauter wird und ein bisschen üben kann. Außerdem suchen wir für ihn gerade nach einem theaterpädagogischen Workshop, mit dessen Hilfe er sein Auftreten und damit sein Selbstbewusstsein stärken kann. Ich glaube, das wird ihm sehr guttun. Seit unserem Feuerwehrprojekt überlegt er zudem, bei der Freiwilligen Feuerwehr mitzumachen. Aber er weiß, dass er sich jetzt erst mal um sein Kind und seine Freundin kümmern muss, denn die kann gerade noch nicht wieder arbeiten gehen.

Pilot ist immer noch Tonis Traumjob. Aber er hat jetzt mit der Ausbildung ein anderes, ein konkretes und nachhaltiges Ziel, von dem er weiß, dass er es schaffen kann. Das und seine kleine Familie helfen ihm dabei, am Ball zu bleiben. Und vielleicht – hoffentlich! – findet sich auch für Lukas, dem ich bislang keine wirksame Unterstützung anbieten konnte, irgendwann die passende Hilfe.

Lukas war kein Regelfall in meiner Arbeit als Jugendsozialarbeiter. Wir sind dafür ausgebildet, Jugendliche und junge Erwachsene pädagogisch dabei zu unterstützen, ihre Lebenssituation zu verbessern und dabei ihren eigenen Weg zu finden und zu gehen. Natürlich haben wir häufiger mit Jugendlichen zu tun, die individuelle psychologische Probleme haben, Bindungsstörungen zum Beispiel, also Schwierigkeiten, anderen Menschen zu vertrauen, oder auch Drogenprobleme. Wir versuchen, mit unseren Kompetenzen und Angeboten ihr Selbstbewusstsein, ihr Selbstwertgefühl zu stärken und zu stabilisieren, bis sie sich selbst und anderen vertrauen können und sich irgendwann zutrauen, ihre Probleme zu bewältigen, sich Ziele zu setzen und sie zu erreichen.

Ich bin selbst ein Beispiel dafür, wie das funktionieren kann: Als ich an der Uni plötzlich Lernerfolge hatte, sogar oft gerne lernte, weil mir dort ein anderer Rahmen mit mehr Selbstbestimmung und Wahlfreiheit und dazu Themen geboten wurden, die an meine eigene Lebenserfahrung, meine Lebenswelt anknüpften, konnte das mein Selbstwertgefühl so weit stabilisieren, dass ich mein Suchtproblem erfolgreich angehen konnte. Ich war imstande, mich den problematischen Gefühlen stellen, die ich bis dahin mit Kiffen betäubt hatte und die mich wahrscheinlich irgendwann zerrissen hätten, weil ich dachte, dass ich ein Loser bin, der nichts auf die Reihe kriegt und nie kriegen wird und Mama und Papa und vor allem sich selbst enttäuscht. Ich glaube seitdem: Man kann die eigene Psyche trainieren, sie ist so etwas wie ein Muskel. Man muss dabei genauso vorsichtig sein wie beim Sport und sich nicht gleich überfordern! Dann gibt es Muskelkater oder gar einen Muskelfaserriss.

Auch deshalb passen wir als Jugendsozialarbeiter ganz genau auf, an welchen Stellen und wann psychologische Probleme Jugendlicher unsere sozialpädagogischen Kompetenzen übersteigen. Wir fragen uns: Wo brauchen die Jugendlichen eine andere Form von Hilfe, zum Beispiel therapeutische? Dann vermitteln wir sie, wenn uns das nötig erscheint und sie das wollen, an fachlich anders ausgerichtete Hilfsangebote, zum Beispiel psycho- oder suchttherapeutische. Das haben wir ebenfalls in unserer Ausbildung gelernt, und dafür knüpfen und pflegen wir genau die Hilfenetzwerke, von denen ich in den Kapiteln über meinen Arbeitsalltag als Jugendsozialarbeiter schon erzählt habe. Aber das ist, wie der Fall Lukas zeigt, nicht immer einfach. Manchmal sind passende Hilfsangebote schwer zu finden. Lukas war damals allerdings auch nicht erreichbar für Angebote, die ihm Erfahrungen positiver Selbstwirksamkeit ermöglicht hätten. Er kämpfte nicht mit seinen realen Problemen. Er kämpfte gegen seine Dämonen.

Was mir aber noch wichtig ist zu sagen: Selbst wenn wir einen Jugendlichen als jemanden wahrnehmen, der gerade nicht in der Lage ist, eigenständige Entscheidungen zu treffen, als Sozialarbeiter sehe ich trotzdem seine Skills, seine Handlungskompetenzen. Lukas überlebt draußen auf der Straße. Wir sind wohl alle der Meinung, dass U-Bahnhöfe kein Ort sind, an denen Menschen, insbesondere Jugendliche und junge Erwachsene leben sollten. Aber er kann das. Er hat herausgefunden, wo er bekommt, was er braucht. Er schafft es irgendwie, sich mit Mahlzeiten zu versorgen, Schlafplätze zu finden. Für ihn ist das momentan seine Überlebensstrategie. Mir fällt es schwer, das zu akzeptieren. Aber vielleicht trifft er irgendwann eine andere Entscheidung und steht wieder vor meiner Tür. Dann werde ich sie ihm wieder öffnen.

KLEINER EXKURS

THERAPIEPLÄTZE – DIE NADEL IM HEUHAUFEN FINDEN

Lukas' psychische Probleme überstiegen definitiv meine sozialpädagogische Qualifikation. Er war und ist ein Spezialfall. Mit seinen Schwierigkeiten passte er eigentlich in keins der vielen Angebote der Jugendhilfe und Jugendsozialarbeit. Deshalb flog er auch immer wieder entweder raus oder verschwand selbst aus allem, was eigentlich als Unterstützung gedacht war. Lukas sprengte diesen Rahmen, er sprengte das Hilfesystem. Ein solcher Systemsprenger braucht andere Unterstützung. Unsere Kompetenzen als Sozialarbeiter allein reichen da nicht aus. Er braucht psychologische Hilfe, eine Therapie.

Warum war Lukas dann aber bei uns Jugendsozialarbeitern gelandet? Und warum wird ein Jugendlicher wie er eigentlich aus einem Krankenhaus in die Obdachlosigkeit entlassen, wenn wir uns nicht darum kümmern, eine geeignete Unterkunft für ihn zu finden? Vor allem aber: Warum ist die Suche nach passender Hilfe, nach einem passenden Ort in einem solchen Fall so schwer?

Die kurze Antwort auf die letzten beiden Fragen lautet: Psychotherapie ist teuer, und Therapieplätze sind knapp. Das gilt insbesondere in Bezug auf die Plätze in therapeutisch betreuten Wohneinrichtungen für Jugendliche mit psychischen Problemen und Suchtproblemen. Es gibt viel zu wenige davon, nicht nur in Berlin, sondern überall in Deutschland. Deshalb landet jemand wie Lukas bei uns Sozialarbeitern: Es muss ihm jemand bei der Suche nach einem passenden Angebot helfen, das können und schaffen Jugendliche in seiner Lage nicht allein.

Einen solchen Therapieplatz zu finden, ist beinahe so wahrscheinlich, wie einen Jackpot im Lotto zu gewinnen. Oft muss man viele Monate, manchmal sogar Jahre auf einen solchen Platz warten. Das ist schon für erwachsene Drogenabhängige, die sich entschlossen haben, Entzug und Therapie zu machen, ein großes Problem und oft eine hohe Hürde, und erst recht für die mit Problemen belasteten jungen Menschen, die wir Jugendsozialarbeiter betreuen. Systemsprenger wie Lukas, die ganz schnell Hilfe brauchen, um nicht wieder abzutauchen und dann völlig unter die Räder zu kommen, haben bei diesen Wartezeiten kaum eine Chance.

Es gibt zwar für drogenabhängige, obdachlose oder kriminelle Minderjährige spezielle Angebote, auch solche, die eine Unterkunft mit anbieten. Aber diese sind ebenfalls so gefragt, dass man bis zu drei Jahre Wartezeit überbrücken muss. Das ist für einen Jugendlichen eine ziemlich lange Zeit – und für viele eine viel zu lange. Wie und wo soll jemand wie Lukas diese Wartezeit verbringen oder vielmehr überleben? Es gibt einfach zu wenige solcher Plätze und zu wenige Therapeuten für solche speziellen Einrichtungen. Das ist ein ziemlich harter Job, das kannst du dir jetzt vielleicht vorstellen.

Es kommt zudem vor, dass Einrichtungen oder Therapeuten sagen: »Diesen Jugendlichen nehmen wir nicht, der ist zu aggressiv, ein zu schwieriger Fall.« Das hat den Hintergrund, dass solche Therapien für Jugendliche häufig Gruppenangebote sind oder therapeutische Einrichtungen, in denen die jungen Menschen gleichzeitig wohnen. Das muss dann mit den anderen zusammenpassen. Es sind ja alle keine einfachen Persönlichkeiten, die hier zusammenkommen. Dementsprechend ist die Suche nach dem passenden Angebot kein Wunschkonzert – nicht für uns Sozialarbeiter und nicht für die betroffenen Jugendlichen.

Ich habe das selbst vor einiger Zeit mit einem jungen Erwachsenen erlebt, der eine schwere Gewalttat begangen und dabei jemanden übel verletzt hatte. Seine Mutter, mit der er schon vorher große Konflikte hatte, hat ihn nach dieser Tat endgültig auf die Straße gesetzt. Eigentlich müsste er jetzt in einer Einrichtung für gewalttätige Jugendliche unterkommen. Aber in der einzigen, die einen Platz frei hatte, sagte man mir: »Angesichts des Ausmaßes der Gewalt, die er angewendet hat, möchten wir ihn derzeit lieber nicht aufnehmen.« Das ist sicher eine gut überlegte Entscheidung der Kollegen, aber eine sehr schwere für den jungen Mann. Er wartet jetzt auf seinen Gerichtsprozess und schläft derweil bei irgendwelchen Kumpels, die nicht unbedingt guten Einfluss auf ihn in seiner derzeitigen labilen und verstörten Verfassung haben.

Ich habe ihm erst mal ein Anti-Aggressions-Training gesucht. Es war schon schwer, einen Kurs zu finden, wo man bereit war, ihn aufzunehmen. Der junge Mann wird mit ziemlich großer Wahrscheinlichkeit demnächst ins Gefängnis kommen, und das vielleicht nicht zum letzten Mal. Denn ich wage zu bezweifeln, dass ihm das helfen wird bei der Bewältigung seiner schweren Aggressions- und Gewaltprobleme. Aber: Im Gefängnis gibt es ebenfalls Sozialarbeiter und besondere Unterstützungsangebote für junge Insassen.

Doch es gibt glücklicherweise nicht nur den einen Weg, den einen Sozialarbeiter mit der einen richtigen Haltung gegenüber den Menschen. Ich kann zu Jugendlichen eine vertrauens- und respektvolle Beziehung aufbauen, zu denen meine Art, meine Herangehensweise, meine Haltung passt. Andere Kollegen haben andere Arbeitsweisen. Wem ich nicht helfen, wen ich nicht auf einen erfolgreichen Weg bringen kann, der kann bei Kollegen Hilfe finden. Das ist gut so und für mich eine Erleichterung.

19

WARUM ICH IMMER NOCH SOZIALARBEITER BIN – UND WAS FÜR EINER!

Lukas ist immer wieder abgehauen, selbst dort, wo wir dachten: Das sind die besten Häuser, die perfekten Einrichtungen, das ist genau das, was du brauchst! Sie waren aber eben nicht perfekt für ihn, wenn er dort nicht bleiben wollte. Auf der anderen Seite ist Lukas immer wieder zu mir gekommen. Er stand regelmäßig vor meiner Tür, wenn er mal wieder aus einem Einzelzimmer in einer betreuten Jugend-WG im schönsten Berliner Stadtteil mit drei Sozialpädagogen und einem Therapeuten weg ist und sich betrunken oder andere Drogen genommen und auf der Straße geschlafen hatte. Dann gibt es zwei Möglichkeiten: Entweder, ich tue so, als hätte er nicht geklingelt oder ich es nicht gehört. Oder ich mache die Tür auf und sage: »Hallo, komm rein, Lukas.«

Die Tür nicht aufzumachen, ist für mich keine Option. Nicht nur, weil ich als Jugendsozialarbeiter oft die letzte Chance für die Jugendlichen bin, die sonst überall weggeschickt werden, weil es schwer ist, mit ihnen zu arbeiten, weil sie unzuverlässig sind, vielleicht sogar unangenehm und bedrohlich wie Lukas.

Er hat auch einfach keine andere Option. Denn wo soll er sonst hin, wo soll er bleiben? Er ist allein, er ist obdachlos. Und er kommt zu mir. Ich bin kein Therapeut, kein Suchtexperte, ich bin einfach seine offene Tür. Sein letzter Anker.

Ich habe nach dem Erlebnis mit Lukas an Weihnachten erst mal ein paar Tage Pause gemacht und nachgedacht. Sozialarbeiter bin ich immer noch. Die Geschichte mit Lukas ist aber zu einer wichtigen Erfahrung in meiner Arbeit geworden, denn für mich als Mensch geht es dabei ebenfalls um persönliche Entwicklung, nicht nur bei den Jugendlichen. Ich hatte mich in der Verantwortlichkeit übernommen, hatte Lukas, aber vor allem mir selbst und der Welt beweisen wollen, dass es doch geht, dass man sogar die schlimmsten Probleme lösen kann, wenn man nur will. Wenn man in unserem Business so handelt und denkt, wird man früher oder später untergehen.

Dieses Wissen gehört zum ABC unseres Studiums, und es ist die logische Konsequenz aus unserer Arbeit. Ich wusste das also in der Theorie – und musste die praktische Erfahrung machen, um es wirklich zu erfassen: Wenn du dein persönliches Empfinden, dein Selbstwertgefühl im Job von den Entscheidungen anderer Menschen abhängig machst, gehst du früher oder später unter, als Sozialarbeiter und als Mensch wahrscheinlich auch. Davon hätte niemand etwas, habe ich mir damals gedacht. Schon gar nicht die Kids und Jugendlichen, denen ich eigentlich helfen möchte. Für sie bin ich nach wie vor bereit, größten Einsatz zu bringen. Ich habe aber gelernt, dabei meine eigenen Grenzen zu respektieren.

Als ich von der Uni kam, dachte ich: So, Leute, jetzt bin ich ausgebildet und gehe raus und helfe euch dort. Was ich aber erlebte, war, dass diese Leute, denen ich helfen wollte, mir sagten: »Wer bist du überhaupt, was willst du? Verpiss dich einfach, lass uns in Ruhe!« Ich war für die zunächst nur ein junger Typ, der keine Ahnung von ihrem Leben hat – warum sollten meine Ratschläge sie interessieren? Das war ein Lern- und Entwicklungsprozess für mich, etwas, das ich von meinen Klienten gelernt habe: Ich schaffe Angebote, aber es ist ihre Entscheidung, ob sie sie annehmen oder nicht. Und ganz egal, wie ich ihre Entscheidung finde: Ich komme wieder – und meine Tür bleibt offen für sie. Auch für Lukas, der jetzt, während ich hier seine Geschichte erzähle, immer noch auf der Straße lebt.

Außerdem: Ich liebe diese Arbeit, auch weil ich glaube, dass ich sie gut kann, dass ich das Talent dazu habe. Es ist einfach genau der Job, der zu mir passt und zu dem ich hundertprozentig passe! Selbst wenn ich nicht nur manchmal denke, dass unsere Arbeit mehr Wertschätzung und bessere Bezahlung verdient hätte: Würde mir jemand 10 000 Euro anbieten, damit ich etwas anderes mache, würde ich Nein sagen. Warum? Weil meine Arbeit sinnvoll und wichtig ist. Und weil sie mich glücklich macht. Die Jugendlichen, mit denen meine Kollegen und ich arbeiten, sind Benachteiligungen und Beeinträchtigungen ausgesetzt, für die sie nichts können, für die sie keine Verantwortung tragen und die sie allein nicht meistern können, aus denen sie allein nicht rauskommen. Da bin ich dem Jungen treu geblieben, der in Hanau auf der Bank saß, selbst wenn ich bis jetzt nicht dorthin zurückgekehrt bin: Die Jugendlichen brauchen die offene Tür, die ausgestreckte Hand. So einfach ist das.

Es gibt die Erfolgsgeschichten wie die von Alex, die oft viel Zeit brauchen, um Wirklichkeit werden zu können. Außerdem braucht man dazu Mut, Power, kreative Energie. Von alldem haben Jugendliche, die unter schwierigen Umständen aufwachsen, oft mehr als mancher Erwachsene, der ihnen sagen will, wo es langgeht. Denn sie brauchen das in der Lebenssituation, in die sie hineingeboren worden sind, ebenso wie für den Kampf um das gute Leben, das sie gern führen möchten, das sie sich wünschen und das sie verdienen wie jeder andere von uns. Dass das Wirklichkeit wird, dazu kann ich als Jugendsozialarbeiter, wenn auch nicht immer, aber doch oft etwas beitragen.

Für mich als Mensch ebenso wie zu meiner Haltung als Jugendsozialarbeiter gehört, dass ich kein Kuschelpädagoge bin. Die Jugendlichen, die sich entschlossen haben, meine Unterstützung zu suchen, haben das in der Regel genau deshalb getan, weil sie ihre Lebenssituation und damit sich selbst verändern wollen. Sie wollen Verantwortung für sich übernehmen. Dabei brauchen sie meine Unterstützung und meine Motivation, nicht jedoch dabei, in ihrer alten Rolle zu verharren. Natürlich muss ich die Jugendlichen auf diesem Weg, in diesem Entwicklungsprozess schützen, aber ich möchte dabei ehrlich bleiben. Denn das Leben ist nun mal kein Streichelzoo!

Deshalb ärgere ich mich manchmal über Kollegen, die Jugendliche immer wieder nur in Watte packen, wie ich es zum Beispiel mit Bilal in einer Berufsberatungsstelle erlebt habe. Dort war der Junge, der von seiner Mutter einerseits total verwöhnt und andererseits massiv bevormundet wurde, mal wieder unsicher: Sollte er jetzt wirklich seinen Weg gehen und ein richtiges Berufspraktikum in einer Autowerkstatt machen, wie das Jobcenter es verlangte, und am besten seinen Schulabschluss nachholen, um dann eine gute Ausbildung anfangen zu können? Oder war dieser Weg nicht vielleicht doch, wie seine Mutter meinte, viel zu hart und anstrengend für ihn? Bilals Mutter hatte mich ursprünglich in der Hoffnung angesprochen, dass ich ihrem Sohn irgendwie eine Praktikumsbescheinigung besorgen könnte, ohne dass er wirklich dafür arbeiten müsste. Als Bilal in der Beratungsstelle diese Unsicherheit äußerte, schlug ihm die Beraterin gleich vor, »etwas Leichteres« zu machen oder die Überlegung zu einer Bewerbung einfach ganz auf »irgendwann später« zu verschieben.

Mir ist da echt der Kragen geplatzt, und ich habe zu Bilal gesagt: »Hör zu und glaub mir einfach: Leichter wird es für dich nicht mehr! Hast du dich eigentlich mal gefragt, warum du schon hundertmal gesagt bekommen hast, du sollst die Schule zu Ende machen, die Schule zu Ende machen, die Schule zu Ende machen? Ohne Schulabschluss wirst du irgendwann entweder in einem Lager schuften oder in irgendeiner Hinterhofwerkstatt bis zur Rente ungelernt und für wenig Kohle arbeiten. Wenn du keine vernünftige Ausbildung, keinen Schulabschluss hast, dann brauchst du wenigstens reiche Eltern! Oder du musst du dich damit abfinden, dass du irgendeinen ätzenden, unterbezahlten Job bekommst, aber nicht mehr.« Bilal blieb erst mal die Luft weg, und auch die Beraterin war ganz verstört. Dann meinte sie wieder: »Wir müssten das ja nicht jetzt machen.« Aber ich wusste: Wenn wir das noch mal verschieben, hat Bilal keinen Bock mehr, ist mal wieder vier Wochen krank wegen Bauchschmerzen oder so. Deshalb sagte ich zu ihm: »Okay, du kannst jetzt nach Hause gehen, dann wird es aber nicht besser. Oder wir schreiben jetzt und hier eine Bewerbung.«

Das, glaube ich, ist meine Rolle in meinem Beruf: Ich muss »meinen« Jugendlichen klare und ehrliche Ansagen machen. Meiner Meinung nach ist die Frau von der Beratungsstelle ebenfalls dazu da, dafür zu sorgen, dass er vorankommt. Es hilft nicht, ihn immer nur mit Samthandschuhen anzufassen. Da muss ich eben manchmal der Buhmann sein. Bilal ist noch nicht erwachsen, genau deshalb hat er zwei pädagogische Fachkräfte an seiner Seite, die ihn unterstützen und motivieren sollen.

Beim Mitternachtssport mache ich den Jugendlichen ebenfalls klare Ansagen, wenn sie ihre Konflikte mal wieder nicht nach fairen Fußballregeln, sondern mit Gewalt und gegenseitigen Beleidigungen austragen, selbst wenn ich weiß, dass sie dann alle gemeinsam auf mich losgehen. Aber genau das ist meine Aufgabe: Sie sollen bei solchen Sportangeboten lernen, ihre Konflikte anders zu lösen als mit verbaler oder körperlicher Gewalt. Das funktioniert eher, wenn ich ihnen als Sozialarbeiter mit der entsprechenden Haltung begegne, nämlich mit Ruhe, Respekt und auf Augenhöhe. Ich kritisiere ihr Verhalten, ihre Konfliktlösungsstrategien. Aber ich respektiere sie dabei als Person, als jemand, der weiß, dass einer, der mal Scheiße baut, deshalb nicht gleich als Mensch komplett scheiße ist, sondern dass er anders kann und wahrscheinlich auch anders will, weil er selbst lieber nicht scheiße behandelt werden möchte.

Ich bin deshalb grundsätzlich lieber offen und ehrlich mit den Jugendlichen, die ich betreue. Wie sollte sonst das Vertrauen entstehen und erhalten bleiben, das die Grundlage der oft langfristigen Beziehung zwischen mir und meinen Klienten ist? Manche machen einen Haufen Mist, aber sie haben oft selbst schon ziemlich viel Mist erlebt. Sie sind misstrauisch und haben häufig schlechte Erfahrungen gemacht, gerade mit Erwachsenen, die ihnen im Staatsauftrag gegenübertreten. Deshalb hilft es weder ihnen noch mir, wenn ich sie in Watte packe. Wenn ich dem Jugendlichen, den ich betreue, nachdem er eine schwere Gewalttat begangen hat, sagen würde: »Mach dir keine Sorgen, wir suchen dir jetzt einfach einen Platz in einer passenden Therapieeinrichtung, und dann musst du nicht ins Gefängnis, dein Sozialarbeiter regelt das«, dann wäre das von hinten bis vorne gelogen. Denn es ist schon mal, wie oben berichtet, nicht einfach, eine Therapieeinrichtung zu finden, die ihn aufnimmt. Wir suchen die Nadel im Heuhaufen! Das sage ich dem Jungen auch. Und dann ist es keineswegs sicher, dass er nicht trotzdem ins Gefängnis muss. Denn wie schwer seine Tat bewertet wird und welche Maßnahmen beziehungsweise Strafen verhängt werden, ist am Ende die Entscheidung des Gerichts, vor dem er bald stehen wird.

Zudem ist der Junge nicht blöd, er weiß, was er getan hat und dass das große Scheiße war. Nur deshalb sitzt er jetzt bei mir: weil er höllische Angst hat, dass ihm das sein Leben versaut. Er ist bereit, sich zu ändern, sich für seine Tat zu entschuldigen. Zudem steckt er in einer Notlage, weil er aus einer Familie stammt, die vor Jahrzehnten aus einem anderen Land geflüchtet ist und in Deutschland immer noch keinen sicheren Aufenthalt hat. Er kann für seine Tat abgeschoben werden in ein Land, in dem er niemanden kennt und nie gelebt hat.

Seine Mutter, die die Familie mit irgendwelchen Aushilfsjob allein über Wasser hält, ist so enttäuscht von seinem Verhalten, dass sie nichts mehr mit ihm zu tun haben will. Der Junge trägt ein ganzes Problempaket mit sich herum – und ist völlig allein damit. Aber er hat in dieser Lage auch das Potenzial entwickelt, da rauszufinden! Deshalb ist er zu mir gekommen: Er vertraut mir. Und deshalb arbeite ich mit ihm, weil ich glaube, dass ihn ihm ein guter Kern schlummert und er eine zweite Chance verdient.

Das ist der Grund, weshalb ich ihm mit der Wahrheit komme. Ich sage ihm: »Schau mal, hier ist ein Blatt Papier, auf dem der ganze Mist steht, den du gemacht hast. Das spricht vor Gericht alles gegen dich. Ich habe hier noch ein Blatt Papier, auf dem steht, was du seither getan hast, um so einen Mist nicht noch mal zu machen. Das Blatt ist leer. Was würdest du als Richter denken, wenn du diese beiden Zettel vor dir hättest? Deshalb sollten wir jetzt gemeinsam versuchen, auf diesen zweiten Zettel irgendetwas draufzukriegen, das für dich spricht, das ist gerade deine einzige Chance! Ein Therapieplatz wäre zum Beispiel gut oder ein Anti-Aggressions-Training, ein Job vielleicht oder sogar ein Ausbildungsplatz! Das alles ist aber, wie gesagt, nur eine Chance, keine Garantie. So sieht es aus. Ich verspreche dir, dass ich dir mit aller Kraft dabei helfen werde, etwas auf dieses zweite Blatt Papier schreiben zu können. Machst du mit, bist du dabei?« Dann kann er Ja oder Nein sagen – und ich respektiere seine Entscheidung.

Auf der anderen Seite ist diese Ehrlichkeit für mich jedoch kein Grund, jemanden wie Toni auszulachen, wenn er sagt, dass er Pilot werden möchte. Das ist Tonis Ziel, sein Traum. Sicher wusste ich, dass das ein langer und schwieriger Weg werden würde, aus seiner Lebenslage heraus Pilot zu werden. Genau das habe ihm gesagt. Ich weiß aber auch, was ein solches Ziel für eine Wirkung entfalten kann, wenn es darum geht, einen schwierigen Weg überhaupt erst mal anzufangen – man denke nur an den drogensüchtigen und obdachlosen Alex und seinen Traum von einem Urlaub am Strand!

Ich denke dabei zudem an mich selbst: Ich weiß aus eigener Erfahrung, dass die Erfolge und Misserfolge, die man auf dem Weg zu seinem Ziel erlebt, dazu führen, dass man seine Möglichkeiten realistischer einschätzt und damit zufrieden leben kann. Als Sozialarbeiter weiß ich zum Beispiel heute, dass ich nicht alle retten kann, meine Arbeit trotzdem weiterhin wichtig ist und ich sie gerne und möglichst gut mache.

20

WIR SIND AUCH SYSTEMSPRENGER!

Es gibt mehrere Gründe, weshalb ich diese Kapitel über Erfolg und Misserfolg in der Jugendsozialarbeit, meine persönliche Definition davon und die Haltung, die ich im Lauf der Zeit in meinem Job entwickelt habe, ausgerechnet mit dem Beispiel des Systemsprengers Lukas eingeleitet habe, der kein Regelfall in meinem Job als Jugendsozialarbeiter und – jedenfalls bislang – keine Erfolgsgeschichte ist, und der zudem meine eigene Haltung als Sozialarbeiter ganz schön erschüttert hat.

Der erste Grund ist: Ich glaube, dass wir Jugendsozialarbeiter eigentlich auch Systemsprenger sind. Und es sein müssen, wenn wir unsere Arbeit gut machen wollen. Erinnerst du dich an meine eigene Geschichte, an die vielen Umwege, die ich gegangen bin auf meinem Weg, an die Uni zu kommen und Sozialarbeiter zu werden? Und an die »Hintertür«, die mir Herr Reibold geöffnet hat? Er hätte mich nämlich damals eigentlich nicht in seine Klasse aufnehmen dürfen. Voraussetzung dafür war die Mittlere Reife, ich hatte aber nur einen – zudem noch schlechten! – Hauptschulabschluss und im Abschlusszeugnis meiner Berufsausbildung zum Kinderpfleger nicht den Notendurchschnitt erreicht, der einer Mittleren Reife entsprochen hätte. Trotzdem hat Herr Reibold es irgendwie geschafft, dass ich in seine Klasse kommen konnte. Und als ich die Klasse wegen schlechter Noten wiederholen musste, hat er mich in diesem zweiten Jahr sogar ganz offiziell an der Schule untergebracht. Ohne diese »Hintertür«, ohne diesen Regelverstoß eines mutigen Mannes wäre ich vermutlich kein Sozialarbeiter geworden.

Lukas ist noch auf seinen Umwegen unterwegs, er hat seine »Hintertür« noch nicht gefunden. Trotzdem ist seine Geschichte ein gutes Beispiel für meine Arbeitssituation. Denn als Sozialarbeiter stehe ich irgendwo dazwischen: auf der einen Seite ein System, von dem die meisten Menschen, die dazugehören, denken, dass alle gern dazugehören wollen – gesellschaftliche Strukturen, Bildung, Arbeit, Wohnen, saubere Fingernägel. Auf der anderen Seite Menschen, die zu diesem System keinen Zugang haben oder nicht hineinpassen, weil die Zugänge – die »Vordertüren« also, um im Bild zu bleiben – für sie verschlossen oder einfach zu eng sind. Oder weil sie selbst es ablehnen, sich einzufügen, sich anzupassen und den Regeln zu unterwerfen, mit denen der Zugang zu diesem System verbunden ist. Wobei da oft eins das andere bedingt, wie ich in diesem Buch zu beschreiben versucht habe: Wer sich ausgeschlossen fühlt oder ausgeschlossen wird, will vielleicht irgendwann auch gar nicht mehr dazu gehören.

Viele der Jugendlichen, mit denen ich arbeite, werden von dieser Gesellschaft und ihrem System, ihren Institutionen und deren Regeln abgelehnt, ausgegrenzt oder benachteiligt. Das hat der Gesetzgeber, haben also der Staat und die Gesellschaft, selbst erkannt und sich genau deshalb die Verpflichtung ins Gesetzbuch geschrieben, solchen Benachteiligungen unter anderem mit Jugendsozialarbeit entgegenzuwirken. Daher besteht unsere Aufgabe, unsere Arbeit darin, Öffnungen und Nischen, Umwege und Hintertüren hinein in dieses gesellschaftliche System zu finden oder dabei mitzuhelfen, indem wir die Pläne mitentwickeln und neue Zugänge für unsere Jugendlichen bauen. Es ist Teil unserer Aufgabe, die Spielregeln zu ändern. Aber keine Angst, es geht hier nicht um eine bevorstehende Jugendsozialarbeiter-Revolution!

Gesellschaftliche Spielregeln ändern sich ständig. Meine Eltern kamen aus der Türkei nach Deutschland, ich bin hier geboren. Ziemlich lange war ich Burak Caniperk, der Türke, dessen Nachname viele in der Schule nicht richtig aussprechen konnten, abgesehen von den anderen Schülern mit Einwanderereltern, mit denen ich gleich an meinem ersten Schultag in einer Ecke sitzen sollte. Als ich ein Kind war, ähnelte mein Bild von der deutschen Gesellschaft fast einem Kriegsfilm: Auf der einen Seite standen wir – und auf der anderen die Deutschen, die unsere Gegner waren.

Dass ich heute Burak, der Sozialarbeiter bin, zeigt, dass sich da etwas verändert hat. Es klingt vielleicht ironisch, wenn ich sage, dass ich damit erreicht habe, meinem Vorbild Herrn Reibold ähnlich zu werden – als Teil des Systems. Aber es ist nicht ironisch gemeint. Als Lehrer war er Teil des Systems Schule und hat das Bildungssystem dennoch in vieler Hinsicht infrage gestellt, ist Umwege gegangen und hat Hintertüren geöffnet. Als Sozialarbeiter erfülle ich einen staatlichen Auftrag und werde wie Herr Reibold dafür aus Steuergeldern bezahlt. Auch ich bin also ein Teil des gesellschaftlichen Systems und muss bestimmte Regeln und eine gewisse gesellschaftliche Ordnung anerkennen, um in diesem System arbeiten zu können. Dass ich es ebenfalls als meine Aufgabe verstehe, dieses System zu hinterfragen, zu kritisieren und zu verändern, verdanke ich auch ihm.

Natürlich habe ich mich im Lauf der Zeit verändert: Ich habe gelernt, mich in diese »Gegenseite« hineinzuversetzen und sie zu verstehen, und dabei selbst verstanden, dass es hier nicht um einen Kampf zwischen Gut und Böse geht. Man muss Verständnis für diese Gesellschaft haben, um in ihr arbeiten und sie dabei, wenn nötig, verändern zu können. Als Sozialarbeiter bin ich eine Art Vermittler zwischen denen, die durch das gesellschaftliche Sieb fallen, und dem Sozialstaat, der ihnen Angebote macht, die nicht immer gleich gut geeignet für alle sind. Ich bin ihr Verbündeter, ihr Vermittler – und dort, wo es nötig ist, auch Widerstandskämpfer und Systemsprenger.

Nicht, dass wir uns an dieser Stelle falsch verstehen: Rassismus, Ausgrenzung und Benachteiligung aufgrund von Herkunft und kulturellen oder religiösen Hintergründen spielen in dieser Gesellschaft, bei meiner Arbeit und im Leben vieler »meiner« Jugendlichen immer noch eine große Rolle. Ich habe (und jetzt sind wir beim zweiten der am Anfang dieses Kapitels angekündigten Gründe) auch deshalb das Beispiel von Lukas ausgewählt, um zu zeigen, dass soziale Anpassungs-, also Integrationsprobleme viel mit der familiären und sozialen Situation Jugendlicher zu tun haben, aber nicht mit ihrem Migrationshintergrund. Das ist für uns Jugendsozialarbeiter eine Alltagserfahrung. Es gerät in der öffentlichen Perspektive aber leider manchmal aus dem Blick.

Für mich war es sehr wichtig, das zu erkennen: Anders, als es mir in meiner Kindheit erschien, sehe ich heute, dass es auch Kinder aus deutschen Familien gibt, denen keiner eine Hand reicht, um die sich niemand richtig kümmert, deren Bedürfnisse niemanden interessieren, die niemand sieht oder gar unterstützt. Ich sehe, dass es auch in diesen Familien Eltern gibt, die ihre Kinder nicht wirklich fördern können, weil sie arm sind und viel arbeiten müssen oder weil sie aus anderen Gründen nicht in der Lage sind, für sich selbst und ihre Kinder zu sorgen, sich um sich selbst und die Kinder zu kümmern – oder die ihre eigenen Sorgen und Probleme auf ihre Kinder abwälzen.

Ich glaube, es könnte in unserer Gesellschaft viel zum Guten hin verändern, das im Blick zu behalten: was sowohl bei Familien mit Migrationshintergrund als auch ohne einen solchen gleich ist, was uns verbindet, im Guten wie im Schlechten. Nicht nur, um Rassismus und Ausgrenzung entgegenzuwirken, sondern ebenso, um politische und gesellschaftliche Unterstützungsmaßnahmen und Hilfsangebote für Jugendliche noch realitätsnäher und passgenauer zu machen. Statt überkommene Geschlechterrollen oder andere diskriminierende Ideologien als importierte Probleme Eingewanderten in die Schuhe zu schieben, könnte man auf die eigene Geschichte schauen. Und statt randalierende Jungs als »kleine Paschas« arabischer Herkunft abzuwerten und auszugrenzen, könnte man sie in ihrer gesamten Lebenssituation in diesem Land, in dem sie geboren und aufgewachsen sind, und damit als Teil dieser Gesellschaft wahrnehmen. Das wäre schon mal der erste Schritt hin zu einer Unterstützung, die Sinn ergibt.

Für mich ist es jedenfalls sehr wichtig gewesen, zu verstehen, dass es bei meiner Arbeit nicht um Schwarz und Weiß, nicht um Gut gegen Böse geht, sondern einfach darum, zu schauen, wie ich jemandem helfen kann.

Und außerdem: Leute, schaut doch mal genau hin! Wir sind doch längst ein Teil dieser Gesellschaft! Heute kannst du dem Sozialarbeiter, dem Polizisten, der Mitarbeiterin beim Jobcenter, der Staatsanwältin, dem Feuerwehrmann oder der Lehrkraft und sogar der Ministerin gegenüberstehen, die türkischer, arabischer, afrikanischer, russischer, vietnamesischer, indischer

Herkunft sind und wichtige Funktionen als Teil unserer Gesellschaft innehaben. So, wie ich heute in politischen Gremien sitze, mitrede und andere Menschen repräsentiere und dabei meine eigene Lebens- und Arbeitserfahrung und meine daraus resultierende Kritik an unserem sozialen System und unserem Umgang miteinander einbringen kann.

Wir haben einen Bundesminister, dessen Eltern Gastarbeiter waren. Wir haben Parteivorsitzende, deren Eltern als Flüchtlinge nach Deutschland kamen. Wir haben erfolgreiche Unternehmer, Ärzte, Journalisten, Musiker, Filmemacher und Künstler mit Migrationsgeschichte. Ich weiß nicht, wie es dort ist, wo du wohnst, aber in Berlin bekommst du kaum noch einen Arzttermin oder ein Krankenhausbett ohne das ganze medizinische Personal, das aus dem Ausland stammt. Auch die Berliner Polizei könnte ohne uns Einwandererkinder keinen guten Job mehr machen: Im Jahr 2022 hatte jeder Dritte der dort neu Eingestellten einen Migrationshintergrund.[13] Wir sind hier gar nicht mehr wegzudenken.

Jede einzelne Person von all denen, die ich oben aufgezählt habe, ist ein Beweis dafür, dass es nicht am Migrationshintergrund allein liegen kann, wenn man seinen Weg, seinen Platz in unserer Gesellschaft nicht findet. Auch an diesem Punkt kämpfen wir Sozialarbeiter leider oft gegen ein starres (Denk-)System. Ich habe meinen Weg dort hindurch gefunden, weil mir Menschen ihre Hand gereicht haben, die verstanden hatten, dass mancher eben Umwege und Hintertüren braucht, um seinen Weg gehen zu können.

Deshalb bin ich heute der Burak, der als Streetworker auf den Berliner Straßen unterwegs ist, Jugendliche anquatscht und dabei mit hessischem Akzent redet und es nicht mehr so schlimm findet, wenn Leute Burak zu ihm sagen und dabei das R nicht richtig rollen können. Ich bin der Burak, der sagen kann: »Ja, ich habe einen türkischen Migrationshintergrund, und ich fühle mich auch sehr deutsch.« Der Burak, der vielleicht trotzdem nicht so aussieht, wie sich Menschen einen Sozialarbeiter vorstellen, und der viele der Jugendlichen, die er auf der Straße anspricht, erst mal überrascht, weil sie ihn als Moderator aus einem Rap-TV-Kanal und aus den sozialen Medien kennen.

Vielleicht erreiche ich gerade deshalb viele junge Leute, weil ich ihnen aus eigener Erfahrung sagen kann: »Schule ist vielleicht scheiße. Aber nicht in die Schule zu gehen und auf der Straße zu hocken, hilft dir auch nicht weiter – das habe ich selbst erlebt. Lass uns zusammen eine bessere Strategie für dich finden, deine ganz persönliche ›Hintertür‹.«

21

#SOZIALARBEITER: BURAK AUF SOCIAL MEDIA

Aus all diesen Gründen bin ich heute nicht mehr nur auf den Straßen, sondern auch digital unterwegs: in den sozialen Medien im Internet. Auf meinen Accounts bei Instagram, TikTok und Youtube berichte ich in kurzen Videos von meiner täglichen Arbeit und von meinen eigenen Gefühlen dabei oder führe in längeren Beiträgen Interviews mit Gesprächspartnern, von denen ich denke, dass ihre Stimmen gehört werden und sie eine Plattform bekommen sollten. Weil sie versuchen, Gutes zu tun, oder weil sie selbst Schlimmes erlebt und sich da rausgekämpft haben.

Ich verspreche mir davon, dass diejenigen, die sich das anschauen, vielleicht ihre Perspektive auf Leute verändern, die sozial im Abseits stehen, marginalisiert und stigmatisiert werden. Vielleicht kann es auch dazu beitragen, dass die Leute mehr über die Bedeutung von Sozialer Arbeit nachdenken. Und natürlich hoffe ich, dass sich dadurch unsere Gesellschaft ein bisschen verändert, ein bisschen besser wird. Das läuft ganz gut: Mittlerweile folgen mir insgesamt über 100 000 Menschen.

Angefangen habe ich mit diesen ganzen Aktivitäten auf Social Media übrigens in der Coronazeit. Weil ich mich damals unheimlich darüber geärgert habe, wie mit Kindern und Jugendlichen und auch mit uns Jugendsozialarbeitern als ihren Unterstützern umgegangen wurde! Das war so: Nachdem die Pandemie im Frühjahr 2020 ausgebrochen war – in Berlin hatte es den ersten Fall am 1. März 2020 gegeben –, rief mein Chef an und erklärte mir und meinen Kollegen, dass unsere Arbeit von den Verantwortlichen im Berliner Senat für »nicht systemrelevant« befunden worden war. Wir durften also nicht mehr losziehen. Das war ein echter Schock für mich! Wir sollten jetzt also »unsere« Jugendlichen anrufen und ihnen sagen, dass wir uns nicht mehr mit ihnen treffen, sie nicht mehr unterstützen können? In dieser Zeit brauchten sie uns gerade besonders dringend, das lag doch auf der Hand!

Als »systemrelevant« galten damals vor allem Berufe im Pflegebereich und der Infrastruktur wie etwa der Stromversorgung, aber auch im Lebensmittelhandel, weil sonst lebensnotwendige Grundbedürfnisse der Bevölkerung nicht mehr hätten erfüllt werden können. Polizisten und Feuerwehrleute waren deshalb ebenfalls systemrelevant. Und in gewissem Umfang auch Kita-Mitarbeitende, denn sie mussten sich um die noch nicht schulpflichtigen Kinder derjenigen kümmern, die als »systemrelevant« während der Pandemie weiterarbeiten können sollten.

Schulpflichtige Kinder von Eltern in systemrelevanten Berufen blieben sich allerdings schon ab dem Grundschulalter selbst überlassen, denn es gab auch die Kontaktverbote: Jeder sollte möglichst in seiner eigenen Wohnung bleiben und durfte sie nicht ohne triftigen Grund verlassen. Freunde zu treffen, galt nicht als triftiger Grund. Und Besuche bei anderen Menschen waren sowieso nicht mehr erlaubt. Selbst draußen durfte man sich nur mit jeweils einer anderen Person treffen, einmal abgesehen von Mitgliedern der eigenen Familie. Bei Verstößen gegen diese Regeln drohten Bußgelder. Für uns Sozialarbeiter hieß das: Wir mussten unsere Arbeit als Streetworker sogar draußen über lange Zeiträume einstellen[14], und unsere Jugendfreizeiteinrichtungen mussten ebenfalls schließen.

Ich konnte das nicht verstehen, denn für Kinder und Jugendliche waren die Einschränkungen und damit ihre Lebensbedingungen während der Coronapandemie wirklich hart. Treffen mit Freunden waren nicht mehr möglich, die Jugendeinrichtungen waren zu. Gleichzeitig waren die Schulen die meiste Zeit geschlossen, ebenso Sportvereine und andere Freizeitmöglichkeiten wie Kinos, Geschäfte, Cafés, sogar Spielplätze! Niemand hatte die jungen Menschen vorher mal gefragt, was das für sie heißt, oder sie irgendwie an diesen Entscheidungen beteiligt. Niemand hatte sie angehört.

Aber so ist es oft: Entscheidungen werden über die Köpfe der Kinder und Jugendlichen hinweg von Erwachsenen getroffen, Jugendliche haben Folge zu leisten. Unter den Folgen all dieser Einschränkungen, mit denen sie während langer Phasen der Coronapandemie leben mussten, leiden viele Jugendliche bis heute. Der Jugendforscher Klaus Hurrelmann zum Beispiel, emeritierter Professor der Universität Bielefeld, spricht von einer »Generation Corona«.[15] Er erwähnt in seinen Untersuchungen zum Thema nicht nur die langfristigen negativen Folgen, die die Pandemie für die Bildungserfolge, aber auch die Persönlichkeitsentwicklung Jugendlicher in dieser dafür besonders wichtigen Lebensphase hatte, sondern weist auch darauf hin, mit welcher hohen Bereitschaft zu Rücksichtnahme auf gesundheitlich gefährdetere Gesellschaftsgruppen, mit welcher großen sozialen Verantwortungsbereitschaft sie sich dennoch all diesen Einschränkungen und Verboten während der Pandemie unterworfen haben.

Natürlich habe ich damals eingesehen, dass Maßnahmen zur Eindämmung der Pandemie getroffen werden mussten. Aber trotzdem haben mich zwei Dinge sehr aufgeregt: erstens die Missachtung der Kinder und Jugendlichen und ihrer sozialen Bedürfnisse, zweitens die Geringschätzung der Bedeutung von Jugendsozialarbeit, ganz besonders in solchen Zeiten! Deshalb musste ich unbedingt etwas tun. Ich wollte den Jugendlichen zeigen, dass sie nicht allein sind, und anderen Menschen erklären, warum man Leute, die Unterstützung dringend brauchen, gerade jetzt nicht allein lassen sollte.

Es gab aber noch einen dritten Grund: Ich habe damals schon auf dem Youtube-Kanal »TV-Straßensound« Sendungen über Deutsch-Rap moderiert und war auch deshalb selbst viel in den sozialen Medien unterwegs. Mir fiel immer wieder auf, und ich habe mich oft darüber geärgert, wie viel sinnloser Quatsch und schädliche Inhalte jungen Menschen dort angeboten werden und welche Lebensentwürfe ausgerechnet Jugendlichen, die auf der Suche nach sich selbst, nach ihren Werten und ihren eigenen Lebenszielen sind, dort als cool und toll und erstrebenswert vorgelebt werden.

Was da gezeigt wird, hat oft mit einem guten Leben wenig zu tun. Es geht meistens um Konsumieren, um Besitzen und damit um Geld. Die Jugendlichen sehen dann irgendwelche jungen Menschen, die als sogenannte Influencer damit fame geworden sind, dass sie im Grunde als Vollzeit-Profikonsumenten vormachen, was man alles haben kann und unbedingt kaufen muss – und das am besten möglichst schnell, denn es kommt gleich immer wieder was Neues, das man auch noch kaufen und haben muss. So wird einem durch irgendwelche Algorithmen immer mehr von diesem Zeug präsentiert, wenn man erst mal ein paar Leuten in den einschlägigen Medien folgt.

Viele Jugendliche kapieren gar nicht, dass sie eigentlich bloß so einer Art Dauerwerbesendung zuschauen. Sie sehen irgendwelche jungen Menschen, Typen wie sie selbst, die das alles haben und irgendwie voll happy damit sind, gut aussehen und immer tolle neue Klamotten haben und in schönen Wohnungen leben – und verstehen nicht, dass sie ihnen damit vermitteln, dass sich ein gutes Leben vor allem durch möglichst viel möglichst schnellen Konsum definiert, durch das, was man hat, was man besitzt.

Ich wollte dem guten und sinnvollen Content entgegensetzen, einfach mal ein bisschen guten Influence reinbringen sozusagen, denn auch dafür sind die sozialen Medien ja geeignet! Man kann darüber wie über alle Medien gute und schlechte Inhalte verbreiten. Ich habe überhaupt nichts gegen soziale Medien oder Influencer als solche. Darunter gibt es viele, die tolle Sachen machen. Ich betrachte mich selbst als eine Art Social Influencer – und auch als Vorbild.

Natürlich sehen wir Jugendsozialarbeiter oft mit Sorge, wie viel Zeit manche Jugendliche an ihren Handys in der digitalen Welt verbringen und mit welchen ihrer guten Entwicklung oft wenig zuträglichen Inhalten sie sich beschäftigen oder sie konfrontiert werden durch irgendwelche blöden Algorithmen. Schon deshalb machen wir ihnen viele analoge Angebote, die ihnen andere Beschäftigungsmöglichkeiten in der wirklichen Welt eröffnen.

Aber wir nutzen die sozialen Medien als Jugendsozialarbeiter natürlich auch! In der Coronazeit haben sie uns die wichtige Möglichkeit geschaffen, Kontakt zu unseren Jugendlichen zu halten, weil wir sie nicht mehr persönlich treffen durften. Wir konnten ihnen digitale Angebote machen, gemeinsam mit ihnen online spielen, ihnen sinnvolle Beschäftigungsvorschläge machen, sie beim Homeschooling unterstützen oder einfach mal mit ihnen oder in einer ganzen Gruppe darüber quatschen, wie es allen so geht mit den Lockdowns.

In der Coronazeit fing ich zudem auf Youtube mit meinem ersten Videoformat »Gib mir den Stoff« an. Anfangs saß ich einfach in einer Ecke meiner Wohnung und erzählte von meiner Arbeit als Jugendsozialarbeiter in Berlin: von den Jugendlichen, denen ich dabei begegnet bin, und ihren Problemen, ihrer Lebenssituation; von mir selbst und wie ich mit meinen eigenen Gefühlen klarkomme im Umgang mit den Erfahrungen, die ich in meinem Job mache. Ich habe davon erzählt, was die Coronazeit mit all ihren Einschränkungen für Menschen bedeutet, die auf der Straße leben müssen, und wie man ihnen, wie jeder von uns ihnen dabei helfen kann. Ich wollte damit einerseits Aufmerksamkeit auf Menschen lenken, die in dieser Zeit besonders dringend Unterstützung brauchten, andererseits aber auch auf die, die jeden Tag auf den Straßen und an anderen Orten viel Gutes für diese Gesellschaft tun – und dabei zu wenig gesehen werden. Drittens wollte und will ich ein bisschen das Klischee eines Sozialarbeiters aufbrechen als jemand, der so im Stillen, in den Schattenbereichen dieser Gesellschaft seine mühsame Arbeit tut. Ich möchte zeigen, dass es wichtig für diese Gesellschaft ist, was man als Sozialarbeiter macht – und dass man dabei ziemlich cool sein kann!

Mittlerweile habe ich ein richtiges Studio und sogar ein tolles Team, das mich unterstützt, darauf bin ich richtig stolz, danke, Leute! Zusammen gestalten wir inzwischen zudem das Interviewformat »Auf Augenhöhe«, bei dem ich Gäste einlade, die selbst in ihrem Leben Schlimmes durchgemacht und sich da rausgekämpft haben, zum Beispiel jemanden, der im Knast gesessen und sich in ein besseres Leben zurückgekämpft hat.

Ich habe aber auch Gäste, die sich für etwas engagieren, etwa gegen Rechtsextremismus und Rassismus. Und wir haben mittlerweile eine richtige Follower-Community, Leute, die uns viele positive Kommentare schreiben, Fragen stellen und mal um Rat bitten.

Wer meine Zielgruppe sein sollte, war mir am Anfang meiner Social-Media-Aktivitäten selbst noch nicht so richtig klar. Ich hatte einfach die Hoffnung, dass in dieser Zeit Menschen im Internet unterwegs sind, die nach guten Inhalten suchen, nach etwas, das nicht nur ablenkt, sondern mit dem es sich zu beschäftigen lohnt und das vielleicht auch noch ein bisschen Hoffnung spendet. Das ging gleich ziemlich gut los! Das erste Video, das ich im April 2020 auf meinem Youtube-Kanal »Gib mir den Stoff!« hochgeladen habe, haben sich etwa 2 000 Menschen angesehen. Ein Jahr später erreichten meine Videos dann schon mehr als zehnmal so viele Personen. Heute haben manche meiner Videos 100 000 Aufrufe.

Mittlerweile gucken sich also Zehntausende Menschen meine kurzen oder langen Beiträge an. Und die Bandbreite der Leute, die ich erreiche, die sich für meine Arbeit interessieren, ist riesengroß: Es sind natürlich viele Jugendliche unter meinen Followern, aber auch viele Eltern. Es sind Sozialarbeitende darunter ebenso wie Menschen, die gern Sozialarbeiter werden möchten oder schon Soziale Arbeit oder etwas Ähnliches studieren. Es gehören jedoch auch Menschen aus der Politik und der Verwaltung dazu, die mit Sozialarbeit, mit Jugendlichen, Obdachlosen, Drogen oder anderen der Themen, die ich aufgreife, zu tun haben, oder Menschen, die sich einfach für diese Themen interessieren.

Das sind zum Beispiel Journalisten: Ich werde mittlerweile oft um Zeitungs- oder Radiointerviews gebeten, die sich um

Jugendliche und ihre Themen drehen, Fernsehteams möchten mich als Streetworker begleiten und am liebsten auch gleich mit »meinen« Jugendlichen reden, die ich in diesen Zusammenhängen aber natürlich genauso schütze wie in meinen eigenen Formaten. Wenn sie volljährig sind, können sie für sich selbst sprechen, wenn sie das möchten. Die Jüngeren halte ich aber raus aus meinen Drehs und Videos. Sie müssen nicht öffentlich Rechenschaft über ihr Leben und ihre Probleme ablegen und dann später vielleicht bereuen, was sie da über sich erzählt haben und was nun ewig in den Archiven des World Wide Web zu finden sein wird.

Was mich sehr stolz macht, ist, dass ich von vielen der Menschen, die meinen Accounts folgen, um Rat gefragt werde: Jugendliche wollen wissen, wie ich es geschafft habe, mit dem Kiffen aufzuhören, oder ob ich manche meiner Klienten lieber mag als andere und wie ich dann damit umgehe. Antwort: Ich habe sie alle gern! Eltern fragen mich, wie sie ihre Kinder bei Drogen- oder anderen Problemen am besten unterstützen können oder wie man einen guten Therapieplatz für sie finden kann. Wenn ich hier »Eltern« sage, muss ich ehrlicherweise ergänzen: Das sind eigentlich fast immer die Mütter. Das überrascht mich sehr. Das wäre eigentlich auch mal ein Thema für ein Video, warum das wohl so ist …

Angehende Sozialarbeiter möchten wissen, wie ich mit meinen eigenen Gefühlen, meiner Wut, meiner Trauer oder meinem Mitleid bei meiner Arbeit umgehe. Oder wie ich es schaffe, angesichts der Arbeitszeiten und der Arbeitsbelastung als Streetworker und all der Sachen, die ich im Internet auf die Beine stelle, noch eine gute Work-Life-Balance hinzukriegen. Ich bemühe mich, all diese Fragen zu beantworten. Oft werden daraus dann neue Social-Media-Beiträge.

Auf die letzte Frage muss die ehrliche Antwort übrigens lauten: Eigentlich gar nicht. Ich ziehe das einfach durch. Denn es macht mir unheimlich Spaß! Ich habe einfach viel Energie und mir wird sehr schnell langweilig – da bin ich immer noch genauso wie unsere Jugendlichen. Ich mag es, Dinge am Laufen zu halten.

Noch mal etwas zu meiner eigenen Geschichte: Ich bin von einem Jugendlichen, der sich aus Angst und Orientierungslosigkeit durch Kiffen betäubt hat, zu jemandem geworden, der seine Potenziale entdecken und entfalten konnte. Deshalb gebe ich heute gerne Gas und arbeite gerne und viel. Was ich in den sozialen Medien mache, bedeutet eine ganze Menge unbezahlte Arbeit neben meinem Job. Aber heute liebe ich Fleiß, und ich liebe Disziplin!

Ich war als Jugendlicher nicht diszipliniert. Ich habe immer alles bis zum letzten Tag aufgeschoben und deshalb ständig Riesenstress gehabt mit meiner Mutter. Die war in dieser Hinsicht die Hölle in Person, superordentlich und organisiert. Und sie hat mich so was von genervt! Aber sie hat mir damit offensichtlich etwas Nützliches beibringen können. Ich bin zwar noch lange nicht perfekt, aber bei den vielen Projekten, die ich verfolge, brauche ich logischerweise eine gute Struktur. Ohne die wäre das alles erst richtig Stress! Also freue ich mich, wenn die Steuererklärung rechtzeitig rausgeht, wenn Rechnungen pünktlich bezahlt werden und alle Daueraufträge erledigt sind. Deshalb arbeite ich von diesen Dingen jeden Tag ein bisschen was ab und freue mich, wenn ich einen übersichtlich aufgeräumten Schreibtisch habe und eine To-do-Liste mit vielen »Erledigt«-Häkchen drauf.

Struktur, das ist etwas, womit ich mich heute sehr wohlfühle – du erinnerst dich an den Begriff »Selbstwirksamkeit«?

Oder an die Geschichte von Alex? Ich habe selbst die Erfahrung gemacht, dass ich etwas erreichen kann und dass mir das viel leichter fällt, wenn ich dabei eine gewisse Struktur in mein Leben bringe. Das war vor 15 Jahren bei mir noch ganz anders! Natürlich gibt es heute noch immer Momente, in denen ich denke, dass mir alles über den Kopf wächst – eigentlich jeden Tag!

Was mir hoffentlich niemals über den Kopf wachsen wird, weil ich das einfach nicht zulassen möchte, ist der Hass, der mir wegen meiner Beiträge in den sozialen Medien leider oft entgegenschlägt. Das macht mir viel Arbeit: die Kommentare zu löschen, in denen mir, aber auch den Jugendlichen, mit denen ich arbeite und über deren Leben ich berichte, Übelstes angedroht wird. Schon deshalb zeige ich in meinen Social-Media-Beiträgen über meine Arbeit keine Jugendlichen: Ich möchte ihnen ersparen, dass auch sie diesen Hasskommentaren ausgeliefert sind.

Ich will hier ganz bewusst nicht aus solchen Kommentaren zitieren, schon gar nicht aus denen, die pure rassistische Gewaltandrohungen sind. Nur so viel: Bei den etwas milderen handelt es sich häufig um den »Ich-hab-ja-eigentlich-nichts-gegen-Ausländer-ABER«-Klassiker, in dem meistens steht, wir alle, die Jugendlichen und ich gleich mit, sollten doch am besten dahin zurückgehen, wo wir hergekommen sind, wenn wir so viel zu meckern und zu leiden haben und es uns in Deutschland offensichtlich nicht gefällt. Da kann ich mit einem echten Klassiker kontern, der normalerweise einen Lacher hervorruft: Wohin soll ich denn zurückgehen – nach Hanau etwa?

Im Fall von Hanau funktioniert das mit dem Lacher allerdings seit dem 19. Februar 2020 nicht mehr: An diesem Tag hat ein Rassist dort neun Menschen erschossen, weil sie einen Migrationshintergrund hatten.[16] Wäre ich nach Hanau zurückgegangen, wäre ich heute vielleicht tot. Ja, hier in Deutschland werden Menschen ermordet, weil andere glauben, dass sie hier nicht hingehören, hier eben gar nicht leben dürften. Weil Rassismus tötet. Das ist einfach die Wahrheit.

In anderen Kommentaren, in denen nicht mit Gewalt oder Abschiebung gedroht wird und die nicht immer nur hasserfüllt sind, geht es oft um die Themen Schuld und Verantwortung. Solche Kommentare kommen manchmal auch von Menschen, die selbst eine Einwanderungsgeschichte haben. Meist geht es dann darum, dass es in dieser Gesellschaft doch jeder schaffen kann, wenn er das nur wirklich will, und dass deshalb »meine« Jugendlichen eben selbst daran schuld seien, wenn ihnen das nicht gelinge. Diese »Ich-hab's-doch-auch-allein-geschafft«-Kommentare lösche ich nur, wenn sie Beleidigungen enthalten oder in allzu herabwürdigender und verletzender Sprache verfasst sind. Denn ich glaube wie gesagt grundsätzlich daran, dass in jedem Menschen etwas Gutes steckt – und etwas Gutes aus ihm werden kann, wenn jemand das früh genug sieht und fördert.

Dazu kommt: Ich weiß nichts über die Lebensgeschichten der Personen, die mir solche Nachrichten schreiben. Ich freue mich für und über jeden Menschen, der seinen Weg in ein gutes Leben ganz allein geschafft hat – einer weniger unter den vielen, denen wir Sozialarbeiter unsere stets zu knapp finanzierte Arbeit anbieten sollen. Gut für uns, dann haben wir mehr Zeit für die anderen, die Unterstützung dabei brauchen! Aber haben sie, die Verfasser solcher Kommentare, es wohl wirklich ganz allein geschafft? Gab es nicht vielleicht doch die eine ausgestreckte Hand, die eine Person, die ihnen geholfen hat, den Mut und das Selbstvertrauen dafür zu entwickeln, die sie gestützt und liebevoll aufgefangen hat, wenn auf diesem Weg etwas nicht so gut lief? Würden sie sich an diese Hand, diese Person vielleicht sogar erinnern, wenn man sie danach fragt? Und wären sie dann möglicherweise sogar bereit, andere auf deren Weg zu unterstützen, ihnen die Hand auszustrecken? Ich glaube, dass viele der Menschen, die mir diese »Ich-hab's-doch-auch-allein-geschafft«-Kommentare schreiben, Menschen sind, mit denen man reden kann und reden sollte, reden muss, eigentlich. Selbst wenn das nicht leicht wird und manchmal sicher wehtut. Und man bei manchen am Ende vielleicht scheitern wird.

Deshalb mache ich das alles, meinen Job als Jugendsozialarbeiter, meine unbezahlte Arbeit in den sozialen Medien und nicht zuletzt dieses Buch, weil ich mit Menschen ins Gespräch kommen möchte und mir wünsche, dass mehr Leute verstehen: Jeder Mensch hat ein gutes Leben verdient, und es gibt Gründe, warum manche auf dem Weg dorthin scheitern, wenn sie keine Unterstützung bekommen.

Ich möchte, dass mehr Menschen verstehen: Wir müssen die Spielregeln dieser Gesellschaft ändern, wenn alle eine gerechte Chance haben sollen. Und ich hoffe, dass ich damit Gutes bewirke: dass Leute etwas erfahren über Welten, die sie nicht kennen, und dabei ihren Blickwinkel ändern; dass ich vielleicht manche motivieren kann, nicht bloß anders zu denken, sondern sich auch anders zu verhalten, wenn sie einen Obdachlosen oder eine Gruppe Jugendlicher sehen, die auf der Straße rumhängen; dass sie vielleicht auf die Idee kommen, mal auf die zuzugehen oder sich sonst irgendwie für andere Menschen zu engagieren – oder gar Sozialarbeiter zu werden. Denn das ist ein toller und ziemlich cooler Job!

Fazit

MEHR ANERKENNUNG, BITTE!

Als ich anfing, Soziale Arbeit zu studieren, hatte ich die Vorstellung im Kopf, dass es meine Aufgabe sein würde, all die Talente zu wecken, die in den Jungs und Mädchen stecken, die – wie ich damals in Hanau – auf irgendwelchen Bänken sitzen und deren Probleme und Potenziale keiner sieht. Ich dachte, es sei meine Aufgabe, ihnen da rauszuhelfen – aus dem Slum zum Erfolg, etwa so wie bei Neymar, dem brasilianischen Fußballstar. Mittlerweile habe ich gelernt, dass meine Aufgabe vor allem darin besteht, dranzubleiben. Und dass ich meine Erwartungen, was Erfolgsgeschichten als Jugendsozialarbeiter angeht, senken muss. Denn wenn ich von Erfolg spreche, spreche ich auch über Wirtschaft, Kapitalismus, die Verteilung von Ressourcen, über Fairness und Chancengleichheit. Und über Respekt und Wertschätzung.

Respekt und Wertschätzung bekommen in unserer Gesellschaft vor allem die Erfolgreichen. Doch Erfolg wird leider viel zu oft am Geld, am Einkommen bemessen – und die individuellen Chancen ebenfalls! Kinder aus wohlhabenden Familien bauen genauso viel Mist, versagen in der Schule, nehmen Drogen oder haben psychische Probleme. Nur haben ihre Eltern dann ganz andere Möglichkeiten, ihre Probleme zu lösen oder ihnen andere Wege zu schulischem und beruflichem Erfolg zu eröffnen. Etwa indem sie private Therapieplätze bezahlen oder ihre Problemkinder in eine der Privatschulen schicken, wo sie in kleinen Klassen mit viel pädagogischer Unterstützung und besonderen Lernangeboten bis zum Abitur gefördert werden. Dabei sind »unsere« Jugendlichen zwar sozial benachteiligt, vielleicht auch ärmer, aber deshalb sind sie doch kein bisschen weniger begabt als Kinder aus anderen gesellschaftlichen Milieus. Es fehlt an Chancengerechtigkeit und an Aufmerksamkeit und Anerkennung für sie als Menschen und für ihre Begabungen – und an einem Bildungs- und Ausbildungssystem, das ihnen diese Chancengleichheit ermöglicht.

Dabei haben wir längst erkannt, dass unser Bildungssystem an dieser Aufgabe scheitert, also zu viele Kinder viel zu früh aufgegeben oder aussortiert werden, die dann mit schlechten Chancen auf ein gutes Leben auf der Strecke bleiben. Es gibt Untersuchungen, die zeigen, wie das trotz aller möglichen Reformversuche von Jahr zu Jahr schlimmer wird![17] Und es liegen Studien vor, die belegen, wie sehr gerade in Deutschland Bildungserfolg und damit berufliche Zukunftschancen von sozialer Herkunft abhängen.[18] Das alles schadet nicht nur den betroffenen Kindern und Jugendlichen, sondern uns allen: unserer ganzen Gesellschaft!

Wäre es nicht der Staat, sondern ein Unternehmen, das so erfolglos arbeitet, hätte man längst umgedacht und sich anders organisiert, um seine Geschäftsziele zu erreichen. Oder man wäre pleitegegangen! Aber wir versuchen immer noch, alle Kinder in diese Schablone zu pressen. Das kann ich nicht verstehen. Denn dabei geht dieser Gesellschaft so viel Potenzial verloren. Das dient weder der Gesamtheit noch den Einzelnen. Wie soll sich diese Gesellschaft weiterentwickeln, wie soll so Veränderung, Innovation möglich werden?

Es ist sicher ein Risiko, wenn man jedem ermöglicht, zu werden, was er werden möchte. Am Ende werden die Menschen wirklich, was sie wollen – wie bei Pippi Langstrumpf! –, und vielleicht ist damit der Gesellschaft auch nicht gedient. Aber ich denke: Je wohler und je besser sich der und die Einzelne fühlen, je besser sie ihr Potenzial entfalten können, desto mehr können sie dieser Gesellschaft (zurück)geben und etwas zu ihrem zukünftigen Werden beitragen.

Was mir immer wieder als unfair aufstößt: dass viele irre schuften müssen und es am Ende trotzdem nicht zum Leben reicht, schon gar nicht, wenn sie in Rente gehen. Da frage ich mich oft: Wo ist denn das System, das nachhaltige Hilfe leistet? Wenn die Startbedingungen und die Ressourcen stimmen, kannst du viel erreichen. Aber wenn nur eine Sache dabei wackelig ist, wird es zum Glücksspiel, denn wir haben ein System, das auf Geld oder auf Glück und Zufällen basiert. Man kann sich hier sein Leben so gestalten, wie es einem passt. Wenn mir aber jemand erzählt, Deutschland sei ein faires Land, und wer arm sei, müsse eben einfach mehr Gas geben, dann denke ich: Der kann so reden, weil er das aus seiner privilegierten Perspektive heraus tut.

Wir arbeiten aber meist nicht mit den Jugendlichen, die mit dem berühmten Silberlöffel im Mund auf die Welt gekommen sind. Die meisten unserer Jugendlichen werden eher mit einem Plastiklöffel aus dem Billigshop im Mund geboren. Sie sind qua Geburt benachteiligt – und sie erfahren deshalb von klein auf meist kaum Anerkennung und Wertschätzung in dieser Gesellschaft. Viele von ihnen haben ein schwer beschädigtes Selbstwertgefühl. Und wenn sie niemand dabei unterstützt, machen sie meist keine Erfahrung mit dem, was wir Sozialarbeiter Selbstwirksamkeit nennen, sich also eigene Ziele zu setzen und diese erreichen zu können.

Deshalb lautet meine dringendste Bitte: mehr Respekt und Wertschätzung für diese benachteiligten Jugendlichen! Sie haben es tatsächlich schwer. Und sie brauchen wie alle Jugendlichen, wie eigentlich alle Menschen jemanden, der ihnen auch mal sagt, was sie können, dass sie gut sind, wie sie sind, ihnen auf die Schulter klopft und sie ermutigt: »Komm, das wird vielleicht anstrengend werden, aber du schaffst das schon.« Und sie brauchen jemanden, der ihnen ein paar ihrer Sorgen abnimmt.

Wenn ich erlebe, wie ein Junge, der sich ein hohes Ziel gesetzt hat, bei der Behörde, die für seine Unterstützung zuständig ist, dafür ausgelacht wird, weil das den Leuten dort vielleicht unrealistisch, zu viel verlangt erscheint – nach dem Motto: »Was glaubt der denn, wer er ist?!« –, dann kann ich gut nachvollziehen, wie demütigend das ist, dass es für Frustration sorgt und jede Motivation raubt.

Faire Chancen in dieser Gesellschaft – das wünsche ich mir deshalb für die Jugendlichen, mit denen ich arbeite. Aber diese Forderung muss ich als Sozialarbeiter eigentlich nicht erst stellen, denn sie gehört seit Langem zum Repertoire von Politikern unterschiedlicher Parteien. Und damit leider auch zu genau den Wahlversprechen, die viele Menschen, die den gesellschaftlichen Gruppen angehören, aus denen die meisten »meiner« Jugendlichen stammen, davon abhalten, noch oder überhaupt wählen zu gehen. Weil sie eben nicht erleben, dass ihre Interessen gesehen und vertreten werden, dass ihre Bedürfnisse, ihre Lebensrealität Berücksichtigung finden in der Politik, dass sie mal gefragt werden. Stattdessen erleben sie auch hier oft Bevormundung, Ausgrenzung und Abwertung. Und dass die gesellschaftliche Realität von dieser von Politikern versprochenen Chancengerechtigkeit häufig noch sehr weit entfernt ist, erlebe ich ständig in meinem Arbeitsalltag.

Als Jugendsozialarbeiter helfe ich natürlich dabei, Jugendliche in eine Ausbildung zu bringen oder für junge Menschen, die kein gutes Zuhause haben, eine geeignete Unterkunft zu finden. Aber vor allem helfe ich ihnen dabei, Selbstwertgefühl zu entwickeln und es zu stärken, indem ich die Erfahrung, zu der mir Herr Reibold verholfen hat, weitergebe. Ich würde die Botschaft so zusammenfassen: Das System mag an vielen Stellen schlecht sein. Aber wenn du deine Ziele erreichen willst, musst du da durch, musst du Schule, Ausbildung, Drogenentzug durchziehen. Dafür musst du aber kein anderer Mensch werden. Du musst deine Wünsche und Ziele nicht aufgeben. Und vor allem: Du musst dich nicht verleugnen mit all dem, was du bisher gelebt und erlebt hast, was du bist, was dich als Mensch ausmacht. Du kannst dir selbst und anderen gegenüber ehrlich bleiben. Es wird manchmal hart sein, aber du kriegst das schon hin. Und du hast Verbündete, die dich unterstützen und dir Respekt zollen und Anerkennung entgegenbringen.

Ich habe allerdings oft den Eindruck, gegen eine kalte und lieblose Welt zu kämpfen, die das anders sieht und die deshalb denen zu selten eine helfende Hand reicht, die sie dringend bräuchten. Als Sozialarbeiter kann ich häufig nur Pflaster auf Wunden kleben. Ich bin ja kein Politiker! Und ich will auch keiner werden. Ich glaube, ich bin dafür zu emotional. Für Emotionen gibt mir mein Job einen größeren Spielraum: Ich darf über all das auch mal richtig wütend oder einfach traurig werden.

Natürlich kann man als Jugendsozialarbeiter noch viele weitere Wünsche oder gar Forderungen an Politik und Gesellschaft formulieren: mehr Geld (nicht nur) für die Jugendsozialarbeit, mehr Jugendeinrichtungen, mehr geeignete Therapieplätze. Aber auch das wissen viele Politiker selbst! Dennoch fällt gerade der Ausbau solcher Angebote in den Haushalten häufig dem

Rotstift zum Opfer, wenn mal wieder gespart werden muss – Jugendliche haben eben keine Lobby. Und wenn sie zu den Jugendlichen gehören, mit denen ich arbeite, haben sie zudem meist keine positiven Erfahrungen damit gemacht, ihre Bedürfnisse selbst zu artikulieren und angehört zu werden.

Solche politischen Entscheidungen bedeuten für mich und meine Kollegen: Wir müssen stets eine Wahl treffen. Ich muss immer darauf schauen, wer meine Hilfe jetzt ganz dringend und sofort braucht und wem ich sie deshalb dann nicht anbieten kann. Ich muss auswählen und entscheiden, wo und in wen ich meine Arbeitszeit und -kraft investiere. Du kannst dir vorstellen, dass das oft eine furchtbar schwere Entscheidung ist. Die andere Option: Ich mache es wie viele meiner Kollegen und arbeite noch mehr, mache Überstunden, bis es kracht, und bin rund um die Uhr für meine Jugendlichen erreichbar. Aber es kracht dann mit Sicherheit tatsächlich irgendwann: Dieser Weg führt, wie ich es bei einigen Kollegen in meinem Umfeld miterlebt habe, in den Burn-out und manchmal in die Depression. Und dann oft ganz raus aus dem Beruf.

Deshalb wünsche ich mir auch mehr Respekt und Wertschätzung für uns Sozialarbeiter. Ganz egal, ob man in einem Gefängnis arbeitet oder in einer Therapieeinrichtung für drogenabhängige Jugendliche, ob man sich in einem Krankenhaus darum bemüht, dass Patienten nach ihrer Entlassung die nötige und richtige Pflege und Unterstützung bekommen, oder sich wie ich als Jugendsozialarbeiter um benachteiligte junge Menschen bemüht: Das Ziel unserer Arbeit ist immer, Menschen zu helfen, ihren Platz in unserer Gesellschaft zu finden. Das hat für uns alle einen Mehrwert.

Wir erledigen diese Arbeit einerseits im staatlichen Auftrag, auf der Grundlage von Gesetzen – wir kümmern uns darum, dass Menschen die Unterstützung bekommen, die ihnen gesetzlich zusteht! Andererseits haben wir oft das Gefühl, dass wir gegen die für diese Unterstützung zuständigen staatlichen Einrichtungen und Institutionen ankämpfen müssen, weil die häufig unflexibel auf Standardlösungen und -abläufe eingestellt sind und damit nicht auf die einzelnen Personen mit ihren ganz individuellen Problemen. Das müssen wir Sozialarbeiter jedoch sein, denn genau das ist unser Job! Wir müssen in solchen Situationen kreativ sein und nach passenden Lösungswegen suchen und dabei auch mal Schlupflöcher finden, ungewöhnliche Methoden und Wege wählen, um unsere Klienten zu unterstützen. Und wir brauchen dabei zudem viel Geduld. Wir strengen uns an und geben da viel Energie, Liebe und Leidenschaft rein! Ich finde, wir haben dafür mehr Respekt und Wertschätzung verdient – und damit meine ich durchaus auch finanzielle Wertschätzung.

Man klopft uns mal auf die Schulter und sagt: Ihr macht das ganz toll! Meine Chefs lassen uns das oft wissen, weil sie liebe Menschen sind und sehen, was wir alles bewegen. Und natürlich steckt auch Anerkennung unserer Arbeit darin, wenn Politik und Öffentlichkeit in bestimmten Situationen nach uns rufen, denn das bedeutet ja, man vertraut darauf, dass wir helfen können. Aber in unserer Bezahlung, in unseren Gehältern drückt sich das nicht aus.

Jugendsozialarbeiter, die bei staatlich beauftragten Freien Trägern der Jugendhilfe angestellt sind, werden in der Regel aus Steuergeldern bezahlt und in Bezug auf die Gehaltshöhe meist angelehnt an die Gehaltstabellen, nach denen auch die nicht verbeamteten Beschäftigten im Öffentlichen Dienst des Bundeslands bezahlt werden, in dem sie arbeiten. Das sind keine Hungerlöhne, aber es sind, verglichen mit anderen Berufen, die einen Hochschulabschluss voraussetzen, keine hohen Gehälter: In

Berlin verdient in diesem Beruf kaum jemand 3 000 Euro netto. Und wenn, dann ist das schon das absolute Maximum! Leider wird der Wert deiner Arbeit in dieser Gesellschaft nun mal überwiegend am Geld gemessen. Das ist kein schönes Gefühl, wenn du deinen Job mit so viel Herzblut und Einsatz machst und dann trotzdem nicht zur Party eingeladen wirst.

Ich meine damit aber auch, dass es bessere Arbeitsbedingungen für uns geben müsste: Angesichts unserer vielfältigen Aufgaben und der Arbeitszeiten, die mit Jugendsozialarbeit verknüpft sind, braucht es einfach mehr von uns! Damit wir die Arbeit besser aufteilen können, statt in Zehn- bis Zwölf-Stunden-Tagen auszubrennen.

Da wird es mit der eigenen Work-Life-Balance ganz schön schwierig, kommt die eigene Familie, die eigene Freizeit und Erholung oft zu kurz. Das alles ist aber wichtig, wenn man einen Job lange machen möchte, der einen immer wieder mit schwierigen Lebensgeschichten junger Menschen und mit den Schattenseiten dieser Gesellschaft konfrontiert und der viel Kraft, Kreativität und Stärke und eine stabile Haltung verlangt, um damit umzugehen und dagegen anzukämpfen.

Ich habe in diesem Buch versucht, von diesen Schattenseiten und unserem Kampf dagegen zu erzählen, etwas Licht darauf zu werfen, in welch schwierigen Lebenslagen manche Kinder und Jugendliche in unserer Gesellschaft aufwachsen, und wie wir ihre Lage verbessern und sie auf dem Weg in ein gutes Leben unterstützen können. Ich möchte dich bitten, dabei nicht zu vergessen: In den allermeisten Fällen geht das gut! Auch aus Berlin-Neukölln, Marzahn, Nord-Schöneberg oder Wedding schaffen es Kinder an die Uni, werden Ärzte, erfolgreiche Unternehmerinnen oder sitzen im Berliner Abgeordnetenhaus, schaffen es, aus schwierigen sozioökonomischen Startbedingungen heraus ihre Ziele zu erreichen und den Weg in das Leben zu gehen, das sie sich gewünscht haben. Denn es gibt auch dort Familien, die trotz Armut, trotz sozialer Benachteiligung das Potenzial haben, ihre Kinder liebevoll zu unterstützen und ihnen Mut und Selbstbewusstsein mit auf den Weg zu geben.

Aber es gibt auch die Fälle, in denen die Dinge schieflaufen – und das oft nicht aus eigenem Verschulden der Familien und schon gar nicht der Jugendlichen. Wenn du zum Beispiel Eltern hast, die in ihrem Herkunftsland nicht zur Schule gehen konnten und vielleicht nie richtig schreiben gelernt haben, schon gar nicht in unseren lateinischen Buchstaben, oder suchtkrank sind oder andere große Probleme haben, dann können die dir nur schwer dabei helfen, deinen Weg zu finden, selbst wenn sie dich eigentlich unterstützen möchten. Und es gibt Fälle wie der von Alex: Er kommt nicht aus einer benachteiligten Familie, und bei ihm ist trotzdem vieles schiefgelaufen. Alex hat sich aus dieser Situation rausgewurschtelt. Geholfen hat ihm dabei ein klares Ziel: Urlaub an einem Strand, an dem man schwimmen gehen kann. Alex hat sein Ziel erreicht und ist jetzt so ein ganz normaler Typ mit Sommerurlaub.

Aber selbst wenn in dieser Verwirklichung seines Traums nicht nur viel von seiner, sondern auch viel von meiner Energie drinsteckte, kann man daraus nicht schließen, dass einfach nur etwas angepackt werden muss und man dann alles erreichen kann, wenn man nur den richtigen Sozialarbeiter findet. Denn das Leben schreibt seine eigenen Regeln, das gilt für uns alle. Wenn man aber nichts anpackt, kommt man ganz sicher nicht weiter! Als Sozialarbeiter sage ich mir immer wieder: »Wir schaffen es vielleicht nicht heute und vielleicht auch nicht morgen. Aber das heißt nicht, dass wir aufgeben sollten! Manchmal ist eben der Weg das Ziel und die Hoffnung der Treibstoff.«

Ich glaube trotzdem: Es braucht gerade im Leben von benachteiligten Jugendlichen gute Vorbilder, gute Rollenbilder, die das, was sie leben, wofür sie stehen, weitergeben können. Kein Jugendlicher ist verloren. Vielleicht verliert er mal eine gewisse Zeit oder eine gewisse Chance. Leider fühlen sich jedoch viele Jugendliche als Verlierer. Dagegen sollten wir gemeinsam etwas tun. Meine eigene Lebenserfahrung ist: Finde im Leben dieser Jugendlichen die eine Person, die dem Kind die Hand reicht, seine Stärken und Talente sieht und es auf seinem Weg unterstützt, und es wird funktionieren, zumindest bei denen, die nicht – wie Lukas – ganz andere Hilfe brauchen. Da bin ich mir sicher. Und ich habe es schon oft so erlebt.

Deshalb macht mir mein Job immer noch großen Spaß, selbst wenn ich nicht jeden Tag derselbe Jugendsozialarbeiter bin: Manchmal scheint die Sonne, manchmal regnet es. Wenn ich erlebe, wie mies die Ausgangsbedingungen und wie schlecht die Zukunftschancen sind, mit denen manche Jugendliche in ihr eigenes Leben starten – wie bei Leni, die schwanger auf die Straße gesetzt wurde –, dann bricht mir das manchmal das Herz. Wenn ich aber sehe, dass sie es trotzdem schaffen, Schritt für Schritt ihren Weg zu gehen, um so ganz normale Leute mit einem Strandurlaub einmal im Jahr zu werden, dann sind das meine Glücksmomente. Dann weiß ich immer wieder: Das ist mein Traumjob.

Ich bin also immer noch Sozialarbeiter, weil ich denke, dass ich damit in dieser Welt etwas Gutes tue. Es tut mir selbst auch gut, wenn die Welt ein bisschen besser und freundlicher wird und ich vielleicht sogar andere Menschen motivieren kann, sie ebenfalls ein bisschen schöner zu gestalten. Ist doch besser, als Trübsal zu blasen.

Klar, manchmal träume ich auch von einem Porsche, einem großen Haus mit Garten und so, von einem Urlaub in New York oder anderswo. Aber wenn mich irgendwann im Alter mal jemand fragt, was ich in meinem Leben so gemacht habe, möchte ich nicht antworten müssen: »Ich sitze in meinem großen Haus mit Garten und einem Ferrari in der Garage, weil ich mich stets nur darum bemüht habe, immer reicher und noch reicher zu werden.« Ich möchte dann gern sagen können: »Ich habe versucht, anderen Menschen zu helfen.« Und ich glaube, ich werde mich sehr gut damit fühlen.

Anmerkungen

1 Bei uns in Nord-Schöneberg sind es tatsächlich nur Jungs, die kommen, aber einige meiner Kollegen bieten in anderen Bezirken auch Mitternachtssport für Mädchen oder gemischte Gruppen an.

2 Etwa die Studie des Kriminologen Christian Walburg von der Universität Münster aus dem Jahr 2023: https://mediendienst-integration.de/artikel/kriminalitaet-unter-jugendlichen.html

3 Zu sehen auf meinem Youtube-Kanal: www.youtube.com/watch?v=C2HAfWsI9N8

4 Es gibt Ausnahmen wie etwa Sozialarbeiter in den Jugendämtern, die auch verbeamtet sein können. Sie können Entscheidungen treffen, wie etwa Kinder aus Familien zu nehmen, in denen es ihnen nicht gut geht.

5 www.rbb24.de/wirtschaft/beitrag/2023/12/berlin-senat-arbeit-betriebspanel-kuendigung-ausbildung-ukraine-integration.html

6 Frankfurter Allgemeine Zeitung vom 01.07.2023; www.faz.net/aktuell/wirtschaft/bildung-mehr-maedchen-auf-gymnasien-und-jungs-auf-foerderschulen-18990013.html

7 www.bmfsfj.de/bmfsfj/themen/gleichstellung/frauen-und-arbeitswelt/lohngerechtigkeit

8 https://de.statista.com/statistik/daten/studie/575509/umfrage/frauenanteil-in-fuehrungspositionen-in-deutschland-nach-branchen/

9 So die seither viel diskutierte Titelschlagzeile des Magazins »Der Spiegel« vom 14.4.1997. Siehe dazu: Siegfried Jäger, bis 2002 ordentlicher Professor an der Gerhard-Mercator-Universität-GH-Duisburg, Leiter des Duisburger Instituts für Sprach- und Sozialforschung: DISS-Journal 1 (1998): www.diss-duisburg.de/1998/06/auslander-und-deutsche-gefahrlich-fremd/

10 www.zdf.de/nachrichten/video/politik-merz-ueber-integration-bei-lanz-100.html

11 Einen gesetzlichen Vormund bekommen Minderjährige, deren Eltern nicht in der Lage sind, ihre elterliche Verantwortung wahrzunehmen.

12 Für alle Nichtberliner: Ein Späti ist ein Kiosk mit meist langen Öffnungszeiten.

13 https://mediendienst-integration.de/artikel/mehr-polizistinnen-mit-migrationshintergrund.html

14 Es gab im Lauf der Coronapandemie auch Zeiten, in denen die Kontaktbeschränkungsregeln es zuließen, sich draußen mit einer anderen Person zu treffen, die nicht aus dem eigenen Haushalt stammt. Diese Zeiträume habe ich wie viele andere Kollegen genutzt, um meine Jugendlichen zu sehen und weiter zu betreuen, soweit das möglich war, denn der Zugang zu Behörden und Beratungsstellen war ebenfalls eingeschränkt bzw. zeitweise nur online oder gar nicht möglich.

15 www.zeit.de/news/2020-11/26/generation-corona-lebensgefuehl-der-jugend-in-der-pandemie

16 https://de.wikipedia.org/wiki/Anschlag_in_Hanau_2020

17 ARD Tagesschau, 5.12.2023: »Neue PISA-Studie: Deutsche Schüler schneiden so schlecht ab wie nie«, www.tagesschau.de/inland/gesellschaft/pisa-studie-128.html

18 Ifo-Institut, 18.04.2023: »Chancenmonitor 2023: Bildungschancen hängen stark vom Elternhaus ab«, www.ifo.de/pressemitteilung/2023-04-18/chancenmonitor-2023-bildungschancen-haengen-stark-vom-elternhaus-ab